权威·前沿·原创

皮书系列为
"十二五""十三五"国家重点图书出版规划项目

中国PPP蓝皮书

BLUE BOOK OF PPP IN CHINA

中国 PPP 行业发展报告
（2018~2019）

CHINA'S PPP INDUSTRY DEVELOPMENT REPORT
(2018-2019)

主　编／中央财经大学政信研究院

社会科学文献出版社
SOCIAL SCIENCES ACADEMIC PRESS (CHINA)

图书在版编目(CIP)数据

中国 PPP 行业发展报告 . 2018～2019 / 中央财经大学政信研究院主编 . -- 北京：社会科学文献出版社，2019.6
（中国 PPP 蓝皮书）
ISBN 978－7－5201－4730－9

Ⅰ.①中… Ⅱ.①中… Ⅲ.①政府投资－合作－社会资本－研究报告－中国－2019 Ⅳ.①F832.48②F124.7

中国版本图书馆 CIP 数据核字（2019）第 080502 号

中国 PPP 蓝皮书

中国 PPP 行业发展报告（2018～2019）

主　　编 / 中央财经大学政信研究院

出 版 人 / 谢寿光
组稿编辑 / 恽　薇　陈　欣
责任编辑 / 陈　欣

出　　版 / 社会科学文献出版社·经济与管理分社（010）59367226
　　　　　　地址：北京市北三环中路甲29号院华龙大厦　邮编：100029
　　　　　　网址：www.ssap.com.cn

发　　行 / 市场营销中心（010）59367081　59367083
印　　装 / 天津千鹤文化传播有限公司

规　　格 / 开　本：787mm×1092mm　1/16
　　　　　　印　张：23.75　字　数：356千字

版　　次 / 2019年6月第1版　2019年6月第1次印刷

书　　号 / ISBN 978－7－5201－4730－9
定　　价 / 138.00元

本书如有印装质量问题，请与读者服务中心（010－59367028）联系

▲ 版权所有 翻印必究

编委会顾问

厉以宁　北京大学光华管理学院名誉院长
郑新立　中共中央政策研究室原副主任
孙晓华　中华全国工商业联合会原副主席
高德柱　中国银行总行原副行长
马忠智　中国证券监督管理委员会原副主席
陈洪宛　国家发展和改革委员会财政金融与信用建设司司长
刘尚希　中国财政科学研究院院长
徐东华　机械工业经济管理研究院院长、党委书记
安启雷　中国人民银行金融稳定局原副局长
孟　春　国务院发展研究中心宏观经济部副部长
王　炯　中原银行股份有限公司行长
肖乾珠　中国人民银行办公厅原副主任
王宝华　中共中央组织部机关事务管理局原党委书记

编 委 会

主　　编　马海涛　裴棕伟
执行主编　安秀梅　王　莹
撰 稿 人　（排名不分先后）

明树数据	薛起堂	尹　昱	丁伯康	宋　杰
杨宝昆	林　峰	薛　涛	温来成	徐保满
朱　玲	闫拥军	谭　臻	朱　静	龚海英
黄　静	连国栋	肖太寿	冯　涛	李贵修
史　虹	吕汉阳	耿　帅	王　政	陈青云
姬春香	席景元	王忠华	陈　功	应文杰
傅　晓	朱红梅	王照波	覃铭然	汪耿超

主编单位介绍

关于我们

中央财经大学政信研究院（以下简称"研究院"）成立于2017年7月9日，是国内第一家以政信领域学术研究、决策咨询、学科培育、人才培养、社会服务、文化传承为主要职能的高校智库，是政信领域学术研究、战略咨询、金融服务的开放性公共研究机构。

研究院以服务国家经济社会发展为己任，以健全国家治理体系、提升国家治理能力为宗旨，以政府信用、政府金融行为和政府公信力研究为核心，以政信与国家治理、政府信用评级、政府与社会资本合作、政府投融资、政府金融服务等为主要研究领域。

代表性研究成果

（1）"中国PPP蓝皮书"。该丛书是中国PPP行业发展领域的第一套蓝皮书，填补了国内PPP行业研究的空白。蓝皮书对中国PPP发展的历史和现状进行了全景式实证分析，重点从法律、金融、财务、税务、合同管理、运营管理等维度分析了PPP行业项目运行的风险及有效管控路径。

（2）"中国政信金融发展指数（2018）—地市级指数"。该指数量化跟踪我国地市级政府及相关主体的政信金融活动，刻画各地市级政信金融活动的发展状况，监测政信金融活动中的风险及其对当地经济、金融、财政的影响。

（3）"中国政信发展蓝皮书"（暂定）。该丛书涵盖中国政信发展的历史与现状、政信法规政策、政信体系、政信运营与管理、政信金融指数等内容。

（4）"中国政信发展论坛"。该论坛以政信文化为引领，以提升政信业态为目标,以政信金融、政信法规、政信生态为研究主题,围绕国家政信发展的热点方向展开研究和探讨,为各级政府和企业提供政信领域的顶层设计及决策咨询。

(5)"中国PPP投资论坛"。该论坛以全面打造PPP经济共同体、促进中国PPP健康有序发展为己任,融合社会资源,构建政府与社会资本合作对接机制,为政府和企业提供研究和咨询服务。

(6)"中国政信大讲堂"。采取政信领域专家主讲、中央财经大学政信智库专家现场答疑等方式,围绕国家政信发展的热点方向和问题,为政府和企业提供政信领域的顶层设计、专家咨询服务。

(7)"中财PPP大讲堂"。采取国家发改委和财政部PPP专家库双库专家、行业领域专家主讲,中央财经大学PPP智库专家现场答疑等方式,围绕PPP运行中的法律法规、债务化解、平台转型、资产证券化、PPP项目全流程咨询管理,为政府和企业提供顶层设计、专家咨询等服务。

政信智库

研究院着力打造中央财经大学政信专家智库,为政信行业发展、政府信用体系建设、政府与社会资本合作提供顶层设计、实施方案、教育培训、咨询评估等支持,助力地方政府债务化解和系统性金融风险防范,以及"一带一路"、新型城镇化、雄安新区等国家重大战略的实施。截至目前,研究院已建立中央财经大学PPP智库专家库,聘任财政部、国家发改委PPP专家库双库专家等来自PPP全流程各个领域、环节的近百位专家入库,为政信研究院在PPP各个领域项目的开展提供有力保障。同时,研究院建立了PPP咨询机构库,已聘请20家机构入库。

摘　要

《中国PPP行业发展报告（2018~2019）》是专注于中国PPP行业创新发展领域研究的具有公允性和权威性的综合研究报告，也是目前国内少有的PPP行业全景式回顾和建议性研究成果。

本报告以构建中国PPP命运共同体为愿景，以提质增效、创造价值为主题，对中国PPP发展的历史和现状进行了全景式回顾和分析，进而重点从法律、金融、财务、合同管理、运营管理、绩效管理等维度分析了PPP项目运行中的风险及有效管控路径，并展望2019年中国PPP行业发展的趋势，对中国PPP行业发展中的热点问题进行了专题研讨，以期为中国政府和社会资本合作提供指引，给中国PPP从业人员提供理论和实践指导。

本报告的创新之处体现在以下几点：（1）全面、系统地分析和跟踪国内PPP项目特别是主要行业PPP项目的运作进展；（2）涵盖交通运输、市政工程、环保、文旅、教育、农业、养老、医疗等行业的PPP应用指南、示范案例以及运营管理等，起到PPP产业投资指南和工具箱的作用；（3）所有问题均从政府需求和企业需求两个角度出发，分别提出相应的政策建议和发展策略；（4）兼顾学术性和应用性、政策性和实践性，宏观、中观和微观结合，强调相关理论和实践研究的前沿性和时效性，确保了本报告的权威性；（5）特别着眼于PPP的良好实践，注重PPP项目的实际落地，为PPP项目中的各方提供切实解决方案。

全书包括总报告以及政策篇、行业篇、热点篇、金融篇、风控篇和绩效篇共七个部分，将专家学者的研究成果和一线参与者的实际经验结合起来，从公共财政理论、公共治理理论、战略管理理论等跨学科、多理论结合的角

度，采用规范分析与实证分析相结合、系统综合分析与比较分析相结合、文献研究与个案分析相结合的方法展开研究论述。

本书的主要数据、资料来源为国内权威部门、国内外智库机构、大数据平台发布的最新信息及统计数据，研究的案例来自PPP项目一线参与者的实践总结，堪称本领域最具权威的数据和案例集合。

我国学术界研究PPP模式的历史较短，亟须形成完整的体系，本书的问世不仅填补了学术领域系统性研究中国PPP行业创新发展的空白，而且成为中国PPP参与各方进行基础理论学习、传播相关价值理念和开展实际操作的权威参考资料，具有非常重要的价值。

关键词：PPP　风险控制　绩效管理

Abstract

China's *PPP* Industry Development Report *(2018–2019)* is the comprehensive research report with impartiality and authority focusing on the research in PPP innovation and development in industries of China, which is currently the first constructive monograph with a panoramic review on PPP model in industries of China.

Based on the vision of building community of shared future for PPP in China and concept of raising the quality and efficiency of PPP development, *PPP Innovation and Development Report in Industries of China (2019)* analyzes the risk and effective control path of PPP project from the aspects of law, finance, contract management, actual operation and performance management. This book also discussed some hot spots in PPP industries' development of China, reflecting the current situation of PPP development in industries of China in the year of 2018, expecting the trend of PPP development of China in 2019, providing guidance for the cooperation between government and social capital, theoretical and practical reference for PPP practitioners of China.

The innovative features of this report are embodied in the following points: (1) comprehensive and systematic analysis and tracking of the progress of PPP projects operation especially in main industries of China; (2) PPP introduction guidance, demonstration cases and operation management, covering industries of transportation, municipal engineering, environmental protection, cultural tourism, education, agriculture, aged care and health care, playing the role of PPP industry investment guidance and toolbox; (3) proposing corresponding policy suggestions and development strategies for all the problems, starting from the angle of government demand and enterprise needs; (4) taking into account both academic and practical nature, policy and practice, the combination of macroscopic, meso and microcosmic, emphasizing the forefront and timeliness of relevant theories and practice research, so as to ensure the authority of this report; (5) particularly focusing on the good practice of PPP, the actual landing of PPP projects, and the practical solution for the participants of PPP projects.

The whole book includes a general report, six parts about PPP policy, PPP in industries, hot spot in PPP, financial services in PPP model, risk control and performance management in PPP. Combining the research results of experts and scholars and the actual cases from participants in PPP projects, this book carries on the whole research from interdisciplinary and theoretical perspectives of the theory of public finance, the theory of public governance, the theory of strategic management and so on, using the research methods normative analysis and empirical analysis, system analysis and comparative analysis, literature research and case analysis.

The main data and sources of this book are the latest information and statistical data released by domestic authorities, domestic and foreign think tanks and large data platforms. The case in this book come from the practice of PPP participants of China. These data and cases are the most authoritative in PPP field.

The academic study on PPP model has a relatively short history in China and there is an urgent need for a complete system. The publication of this book, will not only fill the blank of systematic research on PPP innovation and development in industries of China in the academic field, but also will be authoritative sources to PPP participants in China to study basic theory, put forward ideas and to practice, which has a very important value.

Keywords: PPP; Risk Control; Performance Management

目 录

Ⅰ 总报告

- **B.1** 2018年中国PPP市场环境分析 …………………………………… 001
- **B.2** 2018年中国PPP宏观环境研究 …………………………………… 025
- **B.3** 2019年中国PPP发展展望 ………………………………………… 055

Ⅱ 政策篇

- **B.4** 2018年PPP政策概述 ……………………………………………… 065
- **B.5** PPP重要政策分析解读 …………………………………………… 072
- **B.6** PPP发展中的法律问题及优化建议 ……………………………… 087

Ⅲ 行业篇

- **B.7** 交通运输行业PPP模式应用 ……………………………………… 094
- **B.8** 市政工程行业PPP模式应用 ……………………………………… 122
- **B.9** 环保行业PPP模式应用 …………………………………………… 134
- **B.10** 文旅行业PPP模式应用 ………………………………………… 145

B.11	养老行业PPP模式应用	158
B.12	教育行业PPP模式应用	171
B.13	农业PPP模式应用	187
B.14	医疗卫生PPP模式的发展	199

Ⅳ 热点篇

B.15	开发区产城融合投资模式浅析	209
B.16	地方政府融资平台转型	217
B.17	PPP与地方政府债务化解应用研究	231
B.18	PPP模式在乡村振兴中的运用	240
B.19	全域旅游PPP模式研究	253

Ⅴ 金融篇

B.20	强监管政策对PPP融资的影响	267
B.21	2018年金融支持PPP作用增强	272
B.22	如何破解PPP融资难问题	291

Ⅵ 风控篇

B.23	当前我国PPP发展中的主要问题	295
B.24	PPP全生命周期法律风险解析	299
B.25	PPP全生命周期法律风险防范	311
B.26	财政视角下的PPP项目法律风险防范	317

Ⅶ 绩效篇

B.27 PPP 绩效管理现状、存在问题和难点 ………………… 325

B.28 PPP 项目全生命周期动态化绩效管理体系 ……………… 333

B.29 完善 PPP 绩效管理政策建议 ……………………………… 351

总 报 告
General Reports

B.1
2018年中国PPP市场环境分析

北京明树数据科技有限公司*

摘　要： 本报告对2018年PPP市场运作情况和宏观政策环境进行了深入分析。市场运作方面，报告基于明树数据观测的财政部在库项目数据、全年在库项目及示范项目变化情况以及财政部和全口径PPP项目成交数据，系统分析2018年我国PPP市场的运作情况、特征及发展趋势。宏观政策环境方面，2018年是PPP继续深化管理和监管的一年，PPP进入深度调整期。PPP乱象整理出清效果显著，回归理性，项目合规监管常态化，风险管控全面提升，地方隐性债务防控加码，PPP市场整体趋于稳定。

---

* 北京明树数据科技有限公司，国内领先的基础设施和公共服务投融资数据资产运营商，是国内政府和社会资本合作（PPP）领域大数据应用的开创者和引领者。

关键词： 中国PPP 市场环境 宏观政策

一 PPP市场情况分析①

本部分主要基于明树数据搜集的截至2018年12月31日的财政部在库项目数据、全年在库项目及示范项目变化情况，以及财政部和全口径PPP项目成交数据，系统分析2018年我国PPP市场的运作情况和特征趋势，全面反映PPP项目整体需求情况并预测未来的PPP市场。

（一）在库项目总体情况分析

1. 在库项目整体规模

截至2018年12月31日，财政部综合信息平台项目库（包含项目管理库和项目储备清单）在库项目总计12553个，总资金规模17.55万亿元，其中，管理库在库项目8556个，资金规模12.90万亿元。2017年发起的项目规模和数量最大，2016年其次（见图1）。经过两年的发展热潮，PPP市场需求减弱，加之随着2018年PPP项目监管从严，2018年总体发起项目规模和数量骤然下降，说明中国PPP市场发展逐步由注重数量向注重质量方向转变。

2. 行业分布情况

按照财政部PPP综合信息平台项目库的分类方法，本报告将PPP项目按以下19类行业进行分类：保障性安居工程、交通运输、教育、科技、林业、旅游、能源、农业、城镇综合开发、其他、社会保障、生态建设和环境保护、市政工程、水利建设、体育、文化、养老、医疗卫生、政府基础设施。按照上述类别对12553个项目进行分类统计的结果如图2所示。

从项目数量角度来看，2018年，市政工程、交通运输、生态建设和环境保

---

① 本报告图表数据均来自明树数据。

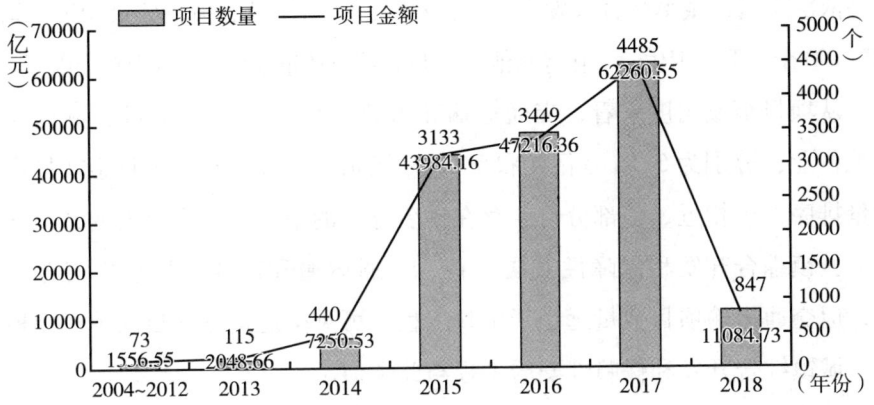

图 1　在库项目发起时间分布情况

注：截至 2018 年底，财政部综合信息平台项目库在库项目总计 12553 个，其中 11 个项目发起时间为 2019 年或 2020 年，数据明显错误，所以此处进行了剔除。

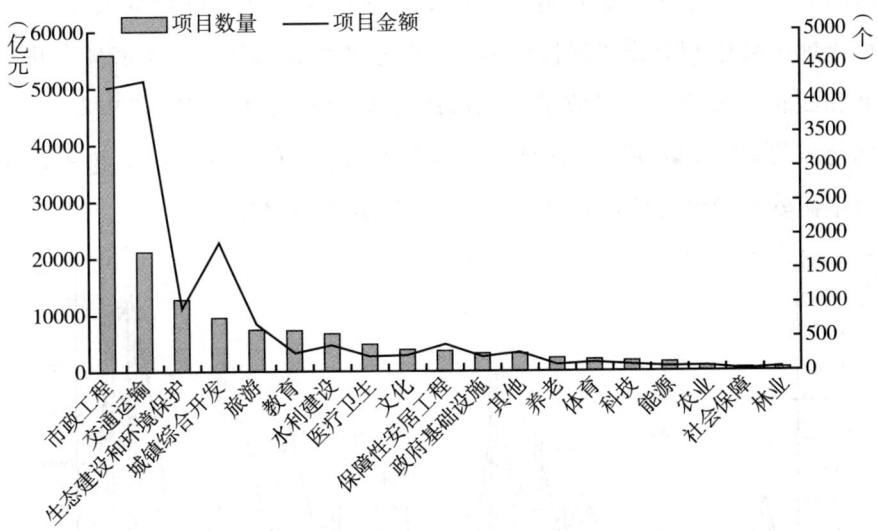

图 2　在库项目行业分布情况

护三大行业数量保持高位，项目数量均破千个。市政工程项目数量为 4659 个，其后是交通运输项目数量为 1767 个，生态建设和环境保护项目数量为 1060 个。由于 2018 年在生态环境保护方面出台的鼓励政策较多，相对上年来说，生态建设和环境保护的项目数量和规模有较大幅度的提升。其余行业 PPP 项目数量按照降序依次来看,城镇综合开发、旅游、教育、水利建设的项目数量相近,均在500~800个。医疗卫生、文化等其他行业PPP项目数量较少,均在500个以下。

从项目金额角度来看,交通运输和市政工程行业PPP项目金额远高于其他行业,分别为5.15万亿元和5.02万亿元。各行业PPP项目金额排序与数量排序大体相近,但部分行业存在排名异位的情况,较为突出的是交通运输、城镇综合开发和保障性安居工程。交通运输和市政工程总投资金额相近,但交通运输项目数量远小于市政工程,可见交通运输项目的单体规模较大。城镇综合开发和保障性安居工程与此类似。

3. 区域分布情况

截至2018年底,我国PPP项目区域间和区域内分布不均衡的现象十分明显。除中央本级项目(共计12个,总投资合计124.77亿元)外,我国七大区域PPP项目数量与金额分布情况如图3所示。从项目数量来看,华东与西南地区采用PPP模式项目较多,占比分别为26.95%和23.82%,华中、华北和西北地区PPP项目数量占比依次为17.29%、11.00%和9.85%,而华南与东北地区PPP模式的应用相对较少,占比依次为6.74%和4.36%。项目金额分布趋势与项目数量大体相似,在此不再赘述。

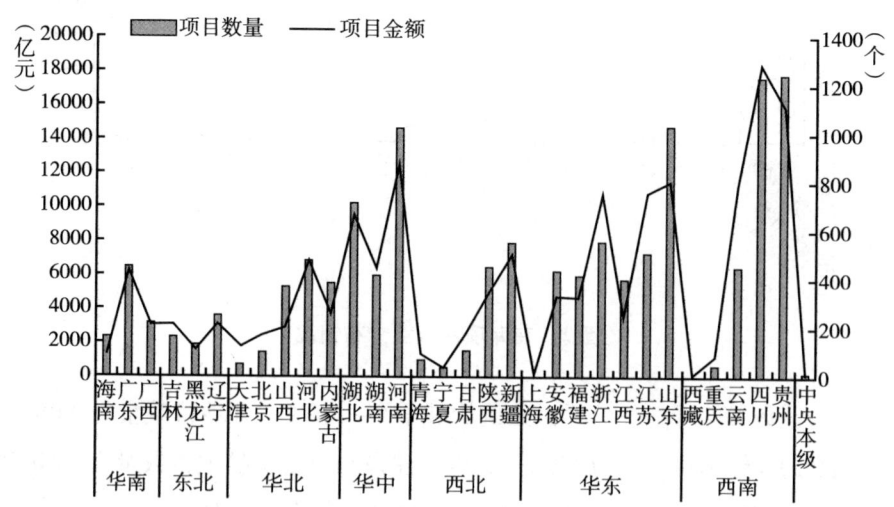

图3 在库项目区域分布情况

华东地区经济发展较好,现代化程度较高,政府公共服务观念相对深入人心,西南地区基础设施建设相对滞后,财力较为薄弱,因此这两个区域对PPP模式需求较大。除此之外的其他区域中,西南的四川、贵州和华中的河南表现也较为突出。东北地区的宏观经济与投资环境较差,社会资本不足以承担大规模的基础设施建设。华北地区的北京、天津等地区政府财政资金相对充裕,对社会资本需求普遍不大,对PPP模式的需求量也相应较小。

4. 在库示范项目情况

在库示范项目是指限期整改和正常在库的示范项目,这些项目保留在库内并有示范级别。根据明树数据统计,截至2018年底,这两类示范项目总计989个,总金额2.16万亿元,地区分布情况见图4,行业分布情况见图5。989个在库示范项目中,云南省的示范项目数量最多,占比达到8.70%。数量较多的其他地区依次为:河南(占比8.29%)、山东(占比8.19%)、河北(占比5.86%)、湖北(占比5.86%)。行业方面,市政工程领域拥有超过四成的示范项目,这与所有在库PPP项目的行业分布趋势一致。市政工程领域开展PPP模式较为成熟,在该领域树立标杆也有助于发挥示范项目的引领作用。

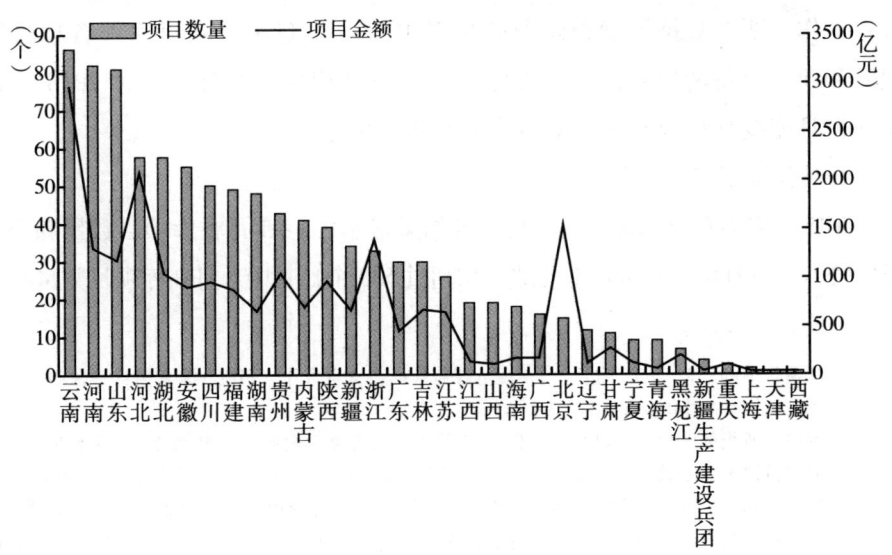

图4　在库示范项目分地区统计

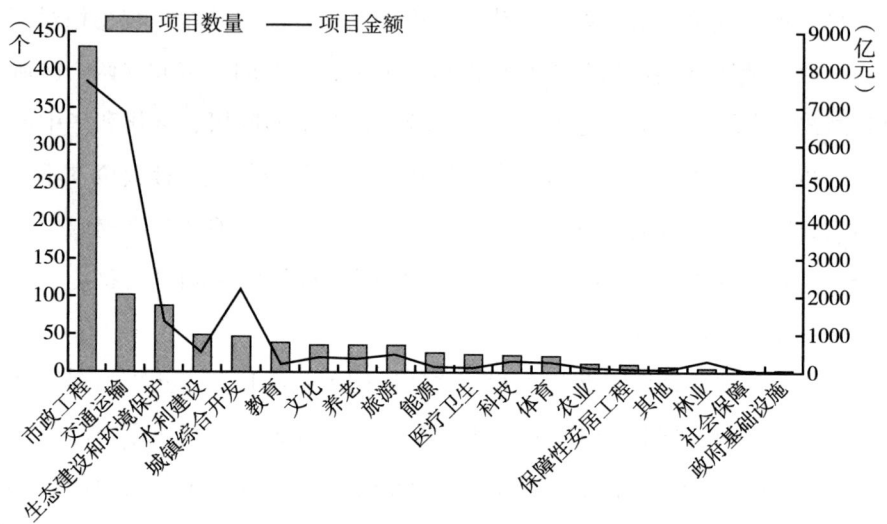

图 5 在库示范项目分行业统计

（二）在库项目及示范项目变化分析

在"92号文"[1]的要求下，2018年各地区均展开对PPP项目合规性的审查工作。明树数据持续跟踪财政部PPP综合信息平台项目库（含项目管理库和项目储备清单）的每月在库项目数量和规模，统计分析了2018年在库项目月度变化情况与项目减少[2]月度变化情况。

1. 总体项目变化情况

2018年各月的项目库在库项目统计结果显示，3~5月在库项目数量和金额降幅较大，每月项目数量较上月减少均超过500个，其中4月在库项目数量减少

---

[1] 本报告中的"92号文"指《关于规范政府和社会资本合作（PPP）综合信息平台项目库管理的通知》（财办金〔2017〕92号）。

[2] 本报告所指的PPP"项目减少"以"92号文"发布之日财政部PPP综合信息平台项目库中的项目情况为基础。"92号文"发布之日处于识别阶段的纳入项目储备清单，"92号文"发布之日处于准备、采购、执行、移交阶段的纳入项目管理库。对比统计日较"92号文"发布日财政部PPP综合信息平台储备清单和管理库中的项目的变化情况，可以统计项目库的"项目减少"情况。本报告不考虑阶段变化导致项目在储备清单与项目管理库之间变动的情况。

819个,5月在库项目数量减少585个。该现象反映"92号文"的影响广泛而深远,在规定的清理时限(2018年3月底)之后,各地区仍对在库项目进行了全面细致的核查。虽然PPP市场整体规模减小,但是随着商业属性明显、项目推进困难、未实行按效付费等违法违规项目的清理,合规PPP项目的发展空间反而更大。2018年9月开始,随着多项利好政策的发布,在库项目数量和金额开始"触底反弹",9~12月的在库项目数量和金额逐月稳步上升,给予了市场更大的信心。2018年财政部PPP综合信息平台项目库月度在库项目情况见图6。

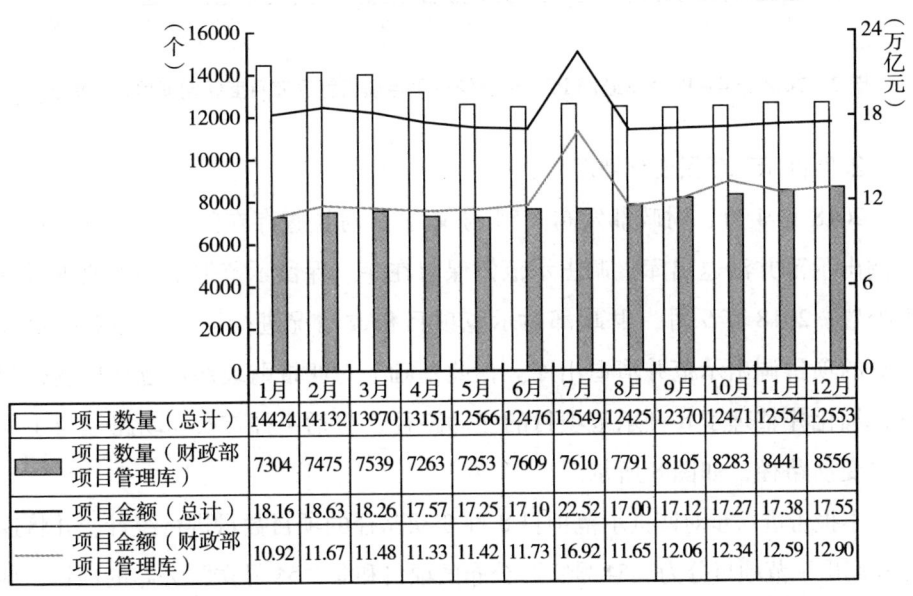

图6 2018年财政部PPP综合信息平台项目库月度在库项目统计

根据明树数据的统计,"92号文"发布至2018年12月31日,财政部PPP综合信息平台项目管理库项目减少共计2137项,储备清单项目减少共计4217项,项目库共减少项目6354个。"92号文"规定的清理时限之后,从管理库项目减少来看,4月和5月各月新增的项目减少数量和金额较大,9~12月各月新增的项目减少数量和金额较小,这与上文所述的在库项目变化趋势一致,也是在库项目数量和金额变化趋势的直接影响因素。2018年4~12月的管理库月度项目减少统计情况见图7。

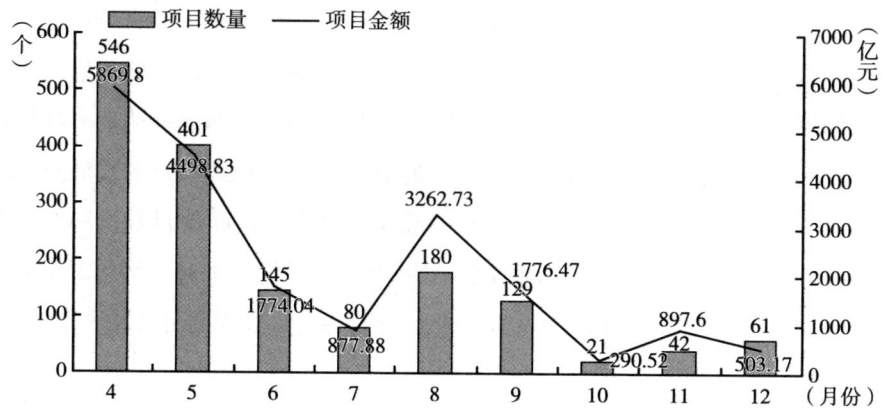

图 7 2018 年 4~12 月财政部 PPP 综合信息平台项目管理库月度新增项目减少情况

2. 四批示范项目变化情况

2018 年 4 月，财政部发布"54 号文"①，对核查存在问题的示范项目按照调出示范并清退出库、调出示范但保留在库、保留示范但限期整改进行分类处置。2018 年 9 月，财政部对示范项目整改情况进行通报，将限期整改失败的项目调出示范并清退出库。在此基础上对四批财政部示范项目进行跟踪，细化并整理了 8 种示范项目的变动路径，包括 4 种首次变动路径与 4 种再次变动路径，如图 8 所示。

本报告进一步对四批示范项目 8 种变动路径的项目数量进行统计，并将退库和调出示范项目分为"54 号文"公布的项目和非"54 号文"公布的项目，截至 2018 年底的统计结果如表 1 所示。根据统计结果，可以得出以下结论。

（1）被清退出库的示范项目中，部分项目没有在"54 号文"中进行公布，或在"54 号文"发布之前已经调出示范并清退出库。

（2）调出示范的项目仍有进一步被清退出库的风险。

（3）四批示范项目正常在库的比例依次是：第一批（56.67%）＜第二批（61.65%）＜第三批（72.87%）＜第四批（97.47%），可见，第一、

---

① 本报告中的"54 号文"指《关于进一步加强政府和社会资本合作（PPP）示范项目规范管理的通知》（财金〔2018〕54 号）。

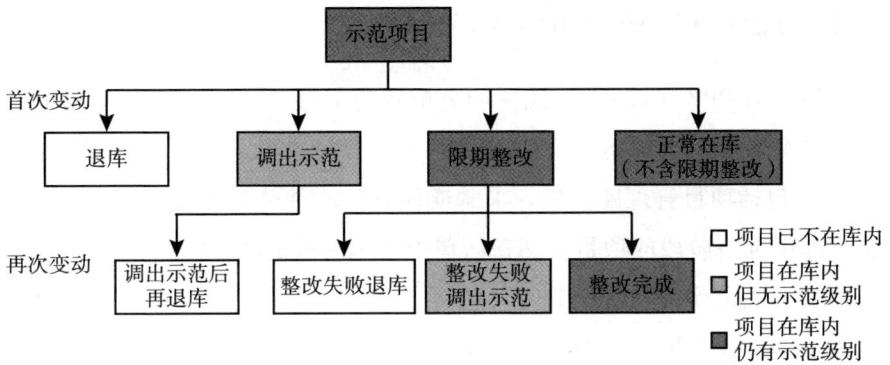

图 8　示范项目变动路径

第二批示范项目合规性较低,这可能是由于早期的 PPP 项目实施经验少并且管理流程不完善,缺乏项目监管和审查;"92 号文"发布之后评选的第四批示范项目合规性较高,可见规范性政策的发布对提高 PPP 项目的质量意义重大且效果明显。

表 1　四批示范项目不同变动路径项目数量统计

变动途径	示范批次	第一批	第二批	第三批	第四批	合计
退库	"54 号文"退库	—	2	28	—	30
	非"54 号文"退库	7	28	5	10	50
	"54 号文"调出示范后再退库	—	—	19	—	19
	"54 号文"整改失败后退库	1	1	1	—	3
	小计	8	31	53	10	102
调出示范	"54 号文"调出示范	1	—	34	—	35
	非"54 号文"调出示范	1	17	1	—	19
	"54 号文"整改失败调出示范	—	—	3	—	3
	小计	2	17	38	0	57
限期整改		3	31	49	—	83
正常在库(不含限期整改)		17	127	376	386	906
各批示范项目总计		30	206	516	396	1148
正常在库项目比例		56.67%	61.65%	72.87%	97.47%	

资料来源:明树数据。

中国PPP蓝皮书

（三）2018年PPP市场成交分析

本报告对PPP项目成交数据①的分析有两个口径。

一是财政部PPP综合信息平台项目库数据（本文以下称为"财政部项目库"），包括项目管理库中进入采购或执行阶段并公布了成交信息的项目，若管理库中准备阶段的项目及储备清单中识别阶段的项目实际已公开中标信息，则纳入成交项目分析范围。

二是全口径PPP项目数据（本文以下称为"全口径"），是明树数据观测的全国所有公开采购的PPP项目，包含财政部在库项目中的执行阶段项目，以及未入财政部项目库的成交项目。

本报告中数据统计时间截至2018年12月31日。

1. PPP成交整体分析

根据明树数据的统计，2018年财政部项目库中共成交2185个项目，总投资规模为2.73万亿元；全口径共成交2513个项目，总投资规模为3.16万亿元。

从2014~2018年的成交情况来看，PPP项目成交数量和金额在2014~2017年呈快速增长趋势，并在2017年达到成交趋势的顶峰。但在高速增长的过程中，"明股实债""固定回报""保底回购"等问题不断显现。随着2017年第四季度开始的防风险、化债务以及"92号文"的发布，PPP模式规范管理的大幕拉开。2018年，"54号文"、"资管新规"以及PPP绩效管理相关政策相继出台。在从严监管的背景下，2018年PPP项目的开展与实施趋向谨慎，PPP项目成交数量和金额均呈现下降趋势，火爆的PPP市场逐渐冷静，最终2014~2018年的PPP市场成交情况呈现"倒U"形，如图9所示。

月度成交情况显示，2018年PPP市场的成交情况总体呈"U"形发展。

---

① 在成交数据的统计方面需要注意：（1）财政部项目的成交情况不考虑分标段招标和打包招标情况，成交项目入库即纳入财政部口径；（2）统计财政部项目的中标社会资本和项目公司情况时加入了分标段招标中各标段项目和打包招标项目包的中标社会资本和项目公司情况，并剔除了分标段招标中的总项目和打包招标项目包内的各项目；（3）统计全口径项目的成交情况、中标社会资本情况和项目公司情况时，剔除了分标段招标中的总项目和打包招标项目包内的各项目。

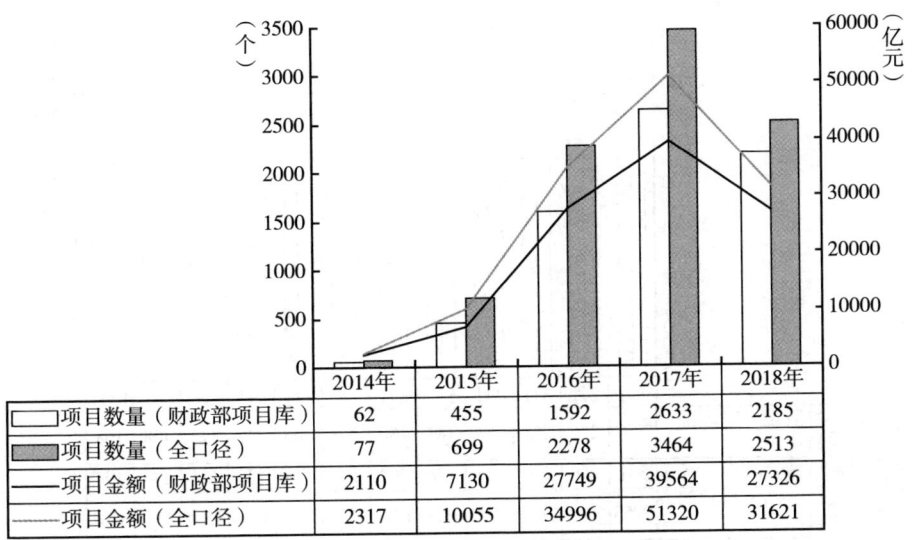

图9 2014~2018年PPP项目年度成交情况统计

"92号文"规定各地区PPP项目的清理要在3月底之前完成，加上规范清理的长效影响，2018年前3个季度PPP项目成交数量与金额呈现下降趋势。2018年9月开始，多个利好PPP发展的政策相继发布，包括鼓励地方依法合规采用PPP模式撬动社会资本投入补短板重大基础设施项目，要求对民营企业参与的PPP项目给予政策倾斜等，逐渐合规化的PPP模式再次受到市场的青睐，PPP市场开始回暖，PPP项目的成交情况开始"抬头"，9~12月成交数量和金额呈现增长趋势，并在12月达到2018年各月成交规模的峰值。2018年月度成交情况如图10所示。

2. PPP各地区成交分析

2018年，从PPP项目成交数量来看，河南省成交PPP项目数量最多，财政部项目库成交221个项目，全口径成交261个项目；广东、山东、贵州、山西、湖北等地成交项目数量也较多。从成交项目金额来看，河南成交项目金额最大，财政部项目库共成交2742.44亿元，全口径共成交3136.24亿元；贵州、浙江、云南、山东、湖北等地成交项目金额也较大。2018年PPP项目成交数量和金额排名靠后的地区主要包括北京、青海、重庆、宁夏和上海。2018年各地区PPP项目成交情况见图11。

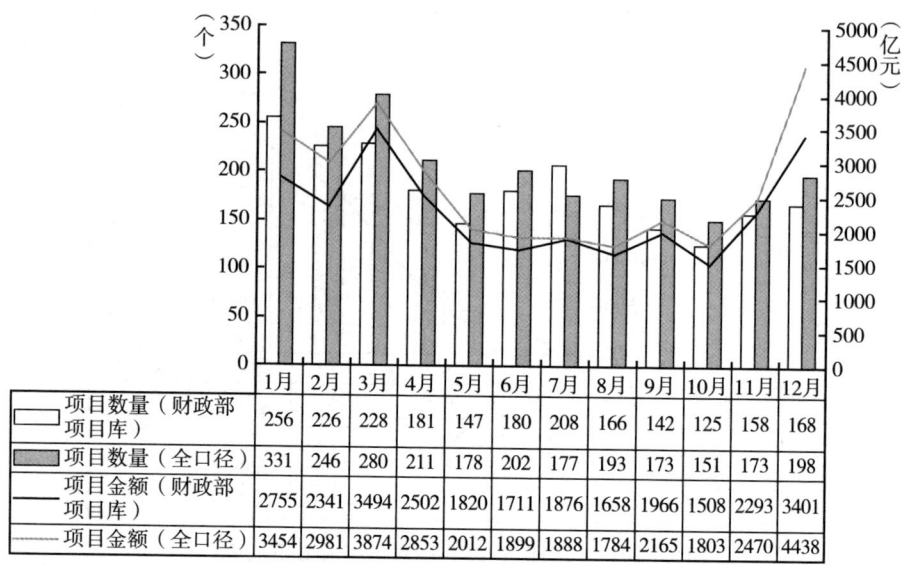

图10 2018年PPP项目月度成交情况统计

注：全口径成交数据在统计时剔除了分标段招标中的总项目和打包招标项目包内的各个项目。因此，可能出现财政部项目库成交项目数量多于全口径成交项目数量的现象。2018年7月，财政部项目库中的多个生态建设和环境保护类项目为打包招标项目，在进行全口径统计时，为了避免重复统计，这些项目被剔除。

3. PPP各行业成交分析

从各行业PPP项目成交情况来看，2018年市政工程和交通运输类PPP项目成交金额在各行业中保持领先：以财政部项目库数据为统计基础，这两个行业分别有0.71万亿元、0.69万亿元成交，共占总成交金额的51.14%；以全口径PPP项目数据为统计基础，这两个行业分别有0.81万亿元、0.87万亿元成交，共占总成交规模的53.02%。按各行业的细分领域项目数量统计，市政工程项目主要集中在市政道路、污水处理、垃圾处理、管网等细分领域，轨道交通类项目数量较少，但其平均单体规模较大；交通运输项目主要集中在一级公路、二级公路、高速公路等细分领域。

从各行业PPP项目成交数量来看，市政工程类的PPP项目数量最多。其次，生态建设和环境保护类项目的成交数量与金额也较为突出。2018年政府工作报告特别强调，将"防范化解重大风险、精准脱贫、污染防治"三

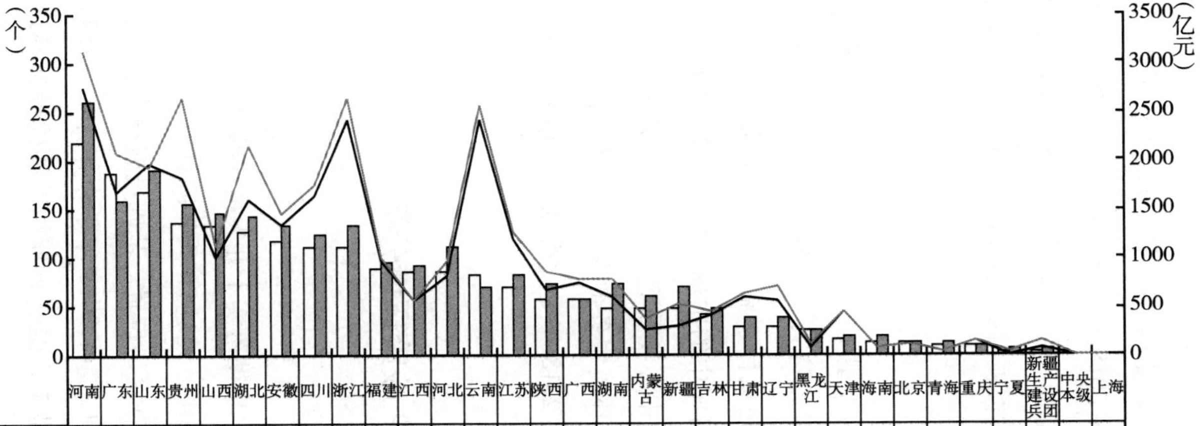

	河南	广东	山东	贵州	山西	湖北	安徽	四川	浙江	福建	江西	河北	云南	江苏	陕西	广西	湖南	内蒙古	新疆	吉林	甘肃	辽宁	黑龙江	天津	海南	北京	青海	重庆	宁夏	新疆生产建设兵团	中央本级	上海
项目数量（财政部项目库）	221	188	170	137	135	129	118	113	113	88	87	86	84	71	58	56	49	47	47	41	28	28	24	16	14	12	10	8	3	3	1	0
项目数量（全口径）	261	160	193	157	148	145	133	124	133	95	93	111	96	84	75	59	75	61	70	49	39	39	26	18	20	13	13	10	6	5	1	1
项目金额（财政部项目库）	2742	1682	1891	1823	1010	1619	1348	1630	2409	977	558	830	2406	1189	668	753	602	266	282	428	613	560	93	432	78	115	29	143	14	83	5	0
项目金额（全口径）	3136	2094	1933	2632	1100	2172	1468	1734	2627	1014	577	952	2565	1297	868	766	768	354	539	460	649	695	94	437	89	119	42	143	39	152	5	3

图 11　2018 年各地区 PPP 项目成交情况统计

个领域放在政府工作的突出位置。国家也在防治大气污染、水污染、做好农村环境污染治理以及城市垃圾分类、黑臭水治理等方面出台了较多的政策。因此生态建设和环境保护类项目在2018年受到了较高的重视。此外,城镇综合开发、教育、水利建设等类型的项目成交数量与金额也较为领先,体育、农业、林业、养老、社会保障类项目的成交数量和金额较为落后。各行业PPP项目成交情况见图12。

4. PPP社会资本中标分析

从行业背景来看,社会资本的类型主要包括技术服务商、建筑承包商、非银行金融机构、建筑承包商背景投资人、材料设备供应商和其他运营商等。2018年的PPP市场中,无论是项目金额还是项目数量,建筑承包商都是当之无愧的主力军:财政部项目库中的中标项目金额1.49万亿元,在成交项目中占比54.40%;全口径的中标项目金额1.74万亿元,在成交项目中占比55.01%。除此之外,综合环境服务商在PPP市场的参与度也较大,这与生态建设和环境保护类项目在2018年受到市场关注相关。2018年不同类型社会资本成交情况见图13。

二 PPP政策环境分析

(一)PPP政策整体态势

2018年是改革开放40周年、"贯彻落实十九大精神的开局之年"、我国"十三五"规划实施承上启下的一年,经过2018年降杠杆之后,工作重心已经转向"六个稳",稳投资被摆在突出位置。基础设施投资又在稳投资中发挥着基础性作用,因此仍是重中之重。2018年下半年开始,在财政部完成PPP项目管理库清理整顿的基础上,结合近期加大基础设施领域补短板力度的要求,一些银行开始加大对基础设施建设领域投资的力度,政策回暖。2018年底,中央经济工作会议明确提出,要逆周期调节,实现高质量发展,发挥投资的关键作用,大幅度增加地方政府专项债规模。2019年宏观政策明显转向,着力点在于加大基建投资力度,基建项目执行进度会明显

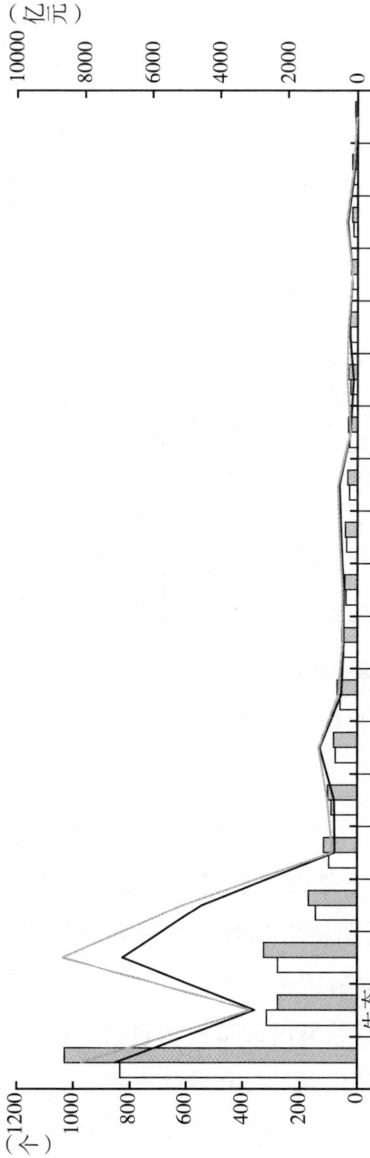

	市政工程	生态建设和环境保护	交通运输	城镇综合开发	教育	水利建设	旅游	医疗卫生	政府基础设施	文化	其他	保障性安居工程	科技	能源	体育	农业	林业	养老	社会保障
项目数量（财政部项目库）	833	315	277	146	100	91	76	61	48	40	38	28	28	24	24	19	15	15	7
项目数量（全口径）	1030	278	325	170	118	104	83	71	54	44	42	34	33	33	28	22	18	18	8
项目金额（财政部项目库）	7099	2991	6875	4530	665	682	1094	466	413	401	479	517	206	123	240	152	287	90	15
项目金额（全口径）	8107	3080	8658	5085	732	880	1128	552	445	432	526	581	210	302	276	154	326	123	25

图 12　2018 年各行业 PPP 项目成交情况统计

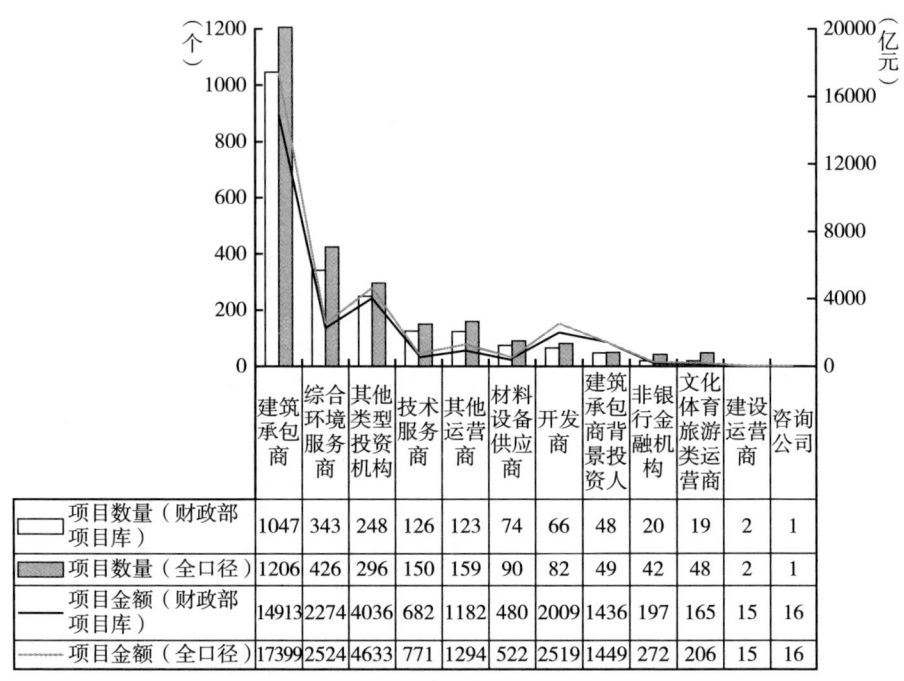

图13 2018年不同社会资本类型成交情况统计

注：其他类型投资机构指企业主营业务为投资类且控股股东不为建筑承包商的企业，如宁波市政公用投资有限公司、浙江中大集团有限公司等。

加快。预计2019年基建投资或将成为拉动投资的关键力量。PPP是基础设施建设模式转型发展的重要载体，作为基础设施投资的重要政策选择或将在2019年打开全新的发展局面。本节依托明树数据政策库分类梳理2018年基础设施PPP投融资领域的政策要点，编制相关政策时序图，把握全年政策脉络，并对2018年基础设施PPP投融资领域的政策态势进行总结。

1. PPP项目清理成效显著，规范管理仍为2018年政策主线

2017年11月，财政部办公厅印发"92号文"，要求各地在2018年3月底前完成对不符合规定的PPP项目的集中清理工作，PPP进入整改规范期，这给PPP市场踩了个"急刹车"。PPP规范工作有序开展，各地陆续公布核查结果并开始规范PPP发展，部分地方严控PPP。2018年4月，"54号文"公布对示范项目的处置结果，拉开了财政部执行"能进能出"原则第一次较

大规模核查处置 PPP 项目的序幕，同时也是"92 号文"公布后的"阶段性成果"，不可否认，规范化本身就是促进 PPP 持续发展的一个积极市场信号（见图 14）。

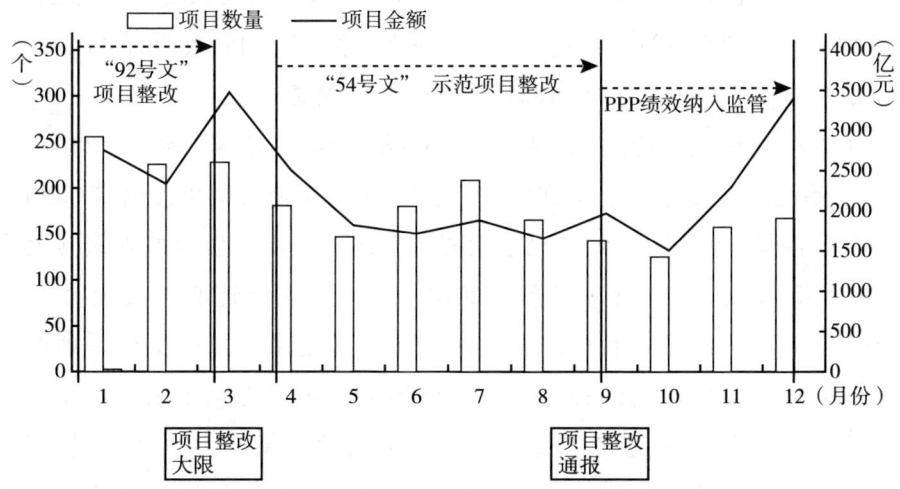

图 14　2018 年 PPP 项目成交走势与规范管理政策出台节点

中央层面，3 月底整改大限后，合规审查效用溢出，成效显著。根据明树数据的统计，"92 号文"发布至 2018 年 12 月 31 日，财政部 PPP 综合信息平台项目管理库项目减少共计 2137 个，储备清单项目减少共计 4217 个，项目库项目减少 6354 个。2018 年 4 月，财政部公布了重点核查前三批 752 个示范项目的阶段成果，对 173 个问题项目进行分类处置，不合规的 PPP 项目陆续得以清理。项目库的变动趋势已逐步稳定，项目落地率增长呈上升趋势，项目合规性越发受到关注。经过近一年的清理整顿，PPP 规范清库工作或已告一段落，PPP 整体进入深度调整期。另外，PPP 项目的绩效管理也被纳入严监管的范畴。9 月中央发文要求加强 PPP 项目的绩效管理与按效付费。可以预见的是，规范发展将从 PPP 项目的合规运作，逐渐深入 PPP 模式的各个领域。地方层面，自 2018 年初开始，各地 PPP 规范工作相继开展。对 2018 年七个省份在规范推进、拓宽投融资形式、创新发展基础设施以及

PPP方面表现突出的经验进行总结，发现规范发展成为各地PPP工作的核心。梳理和观察2018年中央和地方的相关政策后可以窥见，规范管理仍为2018年的政策主线。财政部PPP中心主任焦小平在2018年第四届中国PPP融资论坛上也表示，财政部项目库不会再出现在库项目大幅波动的现象，规范管理PPP的利空政策已经基本出尽，业界翘首企盼PPP条例的早日出台。

2. 投融资风控趋严，PPP投融资领域管控全面提升

2018年中央不仅加强对地方政府（财办金〔2017〕92号、财金〔2018〕54号）、国有金融企业（财金〔2018〕23号）、中央企业（国资发财管〔2017〕192号）等不同投融资主体的规范性要求，还进一步加强对地方债（财库〔2018〕72号）、专项债（财预〔2018〕28号）、债转股（发改办财金〔2018〕1442号）、资产管理产品等融资工具的要求。这些文件均强调了政策制定部门对风险的防控。一个具体的PPP项目无论未来可能用到哪种融资工具，都必须遵守这些政策的要求，做好风险防控和合规工作。党的十九大报告明确指出，要坚决打好防范化解重大风险的攻坚战。为防范和化解地方政府债务风险和金融风险，财政部、银保监会、国资委陆续颁发了有关PPP不同投融资主体的规范性政策文件，进一步提高融资和风控要求。

（1）对地方政府的规范性要求。2017年以来，"92号文""54号文"相继颁布，进一步规范PPP项目运作，禁止政府承诺固定回报、政府指定机构担保、以债务性资金充当项目资本金、未建立按效付费机制等不合规操作，同时明确了合格社会资本方、项目清退出库等情形。

（2）对国有金融企业的规范性要求。2018年3月，财政部颁布《关于规范金融企业对地方政府和国有企业投融资行为有关问题的通知》（财金〔2018〕23号），对国有金融企业参与地方政府、国企、PPP项目的投融资行为进行了规范，要求国有金融企业在参与PPP项目融资时，坚持"穿透原则"，全面提高融资规范要求。2018年4月，中央正式发布业界称为最严"资管新政"的《关于规范金融机构资产管理业务的指导意见》（银发〔2018〕106号）。"资管新政"从坚持严控风险的底线思维出发，从募集方

式和投资性质两个维度对资产管理产品进行分类，分别从投资范围、杠杆约束、信息披露等方面对金融机构做出了相关要求，标志着对金融机构资产管理业务的监管更加规范和严格。"资管新政"对PPP项目最直接的影响主要体现在PPP项目资本金穿透管理，对地方政府PPP项目资本金来源和地方融资平台产生了巨大的影响。

（3）对中央企业的规范性要求。2017年11月，国务院国有资产监督管理委员会颁布《关于加强中央企业PPP业务风险管控的通知》（国资发财管〔2017〕192号），对央企PPP业务的投资审批权限、准入条件、项目评估、规模控制、资本金落实、增信规范、项目管理、会计核算等进行了严格的管控，并严肃责任追究，实施终身责任追究制度。

2018年12月，中央经济工作会议表示2018年要稳妥处理地方政府债务风险，做到坚定、可控、有序、适度。预计2019年，基础设施PPP投融资的环境和风控要求将继续提升。

3. 地方政府隐性债务管理加强，PPP项目中隐性债务的认定逐渐规范

2018年，中央严控地方政府隐性债务、防止地方隐性债务增量的严控政策思路在进一步加强。2018年2月，国家发改委和财政部两部门首次联合发布《关于进一步增强企业债券服务实体经济能力严格防范地方债务风险的通知》（发改办财金〔2018〕194号），要求推进城投企业与地方政府信用分离，促进城投企业市场化转型，从而实现防范化解地方债务风险及遏制地方政府隐性债务增长的目的。8月，中央印发《中共中央国务院关于防范化解地方政府隐性债务风险的意见》和《地方政府隐性债务问责办法》，明确表示合规的PPP不属于隐性债务，违规的PPP被视为隐性债务。9月，中共中央办公厅、国务院办公厅印发《关于加强国有企业资产负债约束的指导意见》，提出"要厘清政府债务与企业债务边界。坚决遏制地方政府以企业债务的形式增加隐性债务。严禁地方政府及其部门违法违规或变相通过国有企业举借债务，严禁国有企业违法违规向地方政府提供融资或配合地方政府变相举债；违法违规提供融资或配合地方政府变相举债的国有企业，应当依法承担相应责任"。

中央政府对隐性债务增长过快、风险不可测等问题高度重视，一场遏制隐性债务增长的风暴在各地刮起。2018年，各地认真开展隐性债务清理，部分地方简单认定PPP项目就是政府隐性债务，导致PPP项目前期工作推进停滞，甚至出现了"一刀切"不做PPP项目的声音，给PPP发展造成了较大的影响，PPP项目中形成的政府中长期支出责任是否属于隐性债务的问题也引起较大争议。2018年9月，财政部印发了《关于规范推进政府与社会资本合作（PPP）工作的实施意见（征求意见稿）》，明确指出"规范的PPP项目形成中长期财政支出事项不属于地方政府隐性债务"。11月，焦小平在第四届中国PPP融资论坛上明确"依法合规的10%支出红线以内的PPP支出责任并不属于隐性债务"。12月，王毅在北京大学PPP论坛上进一步要求在PPP条例出台之前，财政部将厘清PPP项目政府支出责任与地方政府隐性债务的边界。中央的一系列表态对于地方参与PPP有积极的提振作用。

4. 先抑后扬，促基建补短板，促进民企加速发展

在延续2017年底的整改规范政策基调的基础上，2018年上半年中央及各部委持续不断地出台政策规范PPP市场，"92号文"后续清理仍在继续，"54号文"又出台推动示范项目整改。"资管新规"等出台，在防范风险尤其是防范地方隐性债务风险上下足了功夫，同时有关地方债、专项债、债转股、资产管理产品等融资工具的文件也层出不穷。大量项目被调整出库，在"资管新规""委贷新规"等文件的指引下，不合规投融资模式也被禁止，PPP进入深度调整时期。

2018年下半年，中央在重新权衡消费、进出口和大型项目投资的资源配置方案后，决定将基础设施和公共服务项目投资作为促进经济发展的重点，在政策层面促进了新一轮PPP大回暖。10月《国务院办公厅关于保持基础设施领域补短板力度的指导意见》提出，鼓励地方依法合规采用政府和社会资本合作（PPP）等方式，撬动社会资本特别是民间投资进入补短板重大项目。之后财政部在《关于加强中国政企合作投资基金管理的通知》中，要求积极探索与民营资本合作的模式、路径，对民营企业参与的PPP

项目要给予倾斜。11月，文化和旅游部呼吁更多的社会资本投资文旅产业。中央政策层面全面回暖。

PPP是政府部门在基础设施及公共服务领域引入社会资本的一种合作模式。推广PPP已经成为重新激发民间投资热情的利器。2018年，焦小平在第四届中国PPP融资论坛上表示，地方政府要拿出更多的优质项目向社会资本推出，加强向民营企业推进优质的项目力度，使民营企业平等享受PPP的国家财政政策。中央和地方也在年末密集出台政策进一步优化民企营商环境，为民企"减负"。11月，国税总局积极响应下发了《关于实施进一步支持和服务民营经济发展若干措施的通知》，将进一步促进民营企业减税降负放在首要位置。随后，各地纷纷响应中央关于发展民营经济的号召，结合地方的发展特征和现状积极出台相关政策"组合拳"，助力民营经济的发展。PPP作为基础设施投融资的重要模式，将继续发挥重要作用，并且中央也会不遗余力地推动PPP全面应用于更多的细分领域，并运用其特性撬动市场中各类主体的资金、资源参与整个基础设施建设。

5. 重点行业聚焦，国家政策推动文旅、生态环境保护等行业发展

2018年在PPP市场趋于稳定、政策有所回暖的态势下，一度全面收紧的PPP文旅板块得到政策倾斜，社会资本重回文旅项目。2018年11月13日，文化和旅游部、财政部联合下发《关于在文化领域推广政府和社会资本合作模式的指导意见》（本文以下简称《意见》），这是继2018年4月两部门发布《关于在旅游领域推广政府和社会资本合作模式的指导意见》后，再次呼吁社会资本以PPP的形式投资文旅项目。《意见》鼓励社会需求稳定、具有可经营性、能够实现按效付费、公共属性较强的文化项目采用PPP模式。国家再次提出要在行业内鼓励推广PPP，这给低迷的PPP市场注入了活力。2018年，中央在文化旅游领域出台的政策较多且比较细化，重点关注农村旅游发展提质、对旅游文化项目的资金支持以及对旅游扶贫的资助等。

2018年政府工作报告特别强调，将"防范化解重大风险、精准脱贫、污染防治"三个领域放在政府工作的突出位置。因而污染防治类行业也是2018年PPP关注的重点行业。2018年国家在防治大气污染、水污染、做好

农村环境污染治理、城市垃圾分类及黑臭水治理方面出台了较多的政策。尤其是城市黑臭水治理是表现较为突出的领域，首个涉水实施方案公布，示范城市出炉，城市黑臭水治理行业加速发展。

总体来看，2018年是PPP继续深化管理和监管的一年，PPP进入深度调整期。PPP市场乱象整理出清效果显著，项目合规监管常态化，风险管控全面提升，地方隐性债务防控加码，PPP市场整体趋于稳定。在大力发展基础设施和公共服务的趋势下，PPP模式作为基础设施投融资模式的重要选择在年末回暖，政策释放诸多利好信号，PPP立法呼之欲出，或将在2019年打开全新局面。

（二）中央层面政策概述

在延续2017年底政策基调的基础上，2018年规范管理旗帜鲜明，上半年中央及各部委持续不断出台政策规范PPP市场，2018年1月，基础设施和公共服务领域政府和社会资本合作条例立法提案提交人大。2018年3月底，"92号文"整改大限到来，各地相继公布整改结果。2018年4月，财政部发文公布示范项目整改结果，并要求部分项目限期整改。2018年9月，财政部通报"54号文"整改情况，轰轰烈烈的整改工作暂时告一段落，项目库整改效果明显，至2018年底，项目库共减少项目6354个。随后，财政部对前三批752个示范项目中173个问题项目进行分类处置，不合规的PPP项目陆续得以清理。项目库的变动趋势逐步稳定，项目落地率呈上升趋势，项目合规性越发受到关注。随着"资管新规""棚改债"问世以及加快地方债发行相关文件出台，中央在防范风险尤其是防范地方隐性债务风险上下足了功夫。有关债转股、资产管理产品以及规范企业投融资行为的文件也层出不穷。2018年在政策高压下，金融市场对PPP全面提高了放款条件和风控要求。

随着项目库规范清库工作的收尾，2018年9月，政策开始出现松动，利好PPP的政策相继发布，PPP逐步回暖。9月20日，中央明确将PPP纳入预算绩效管理范围。10月30日，中央提出要促基建、补短板。11月8日，

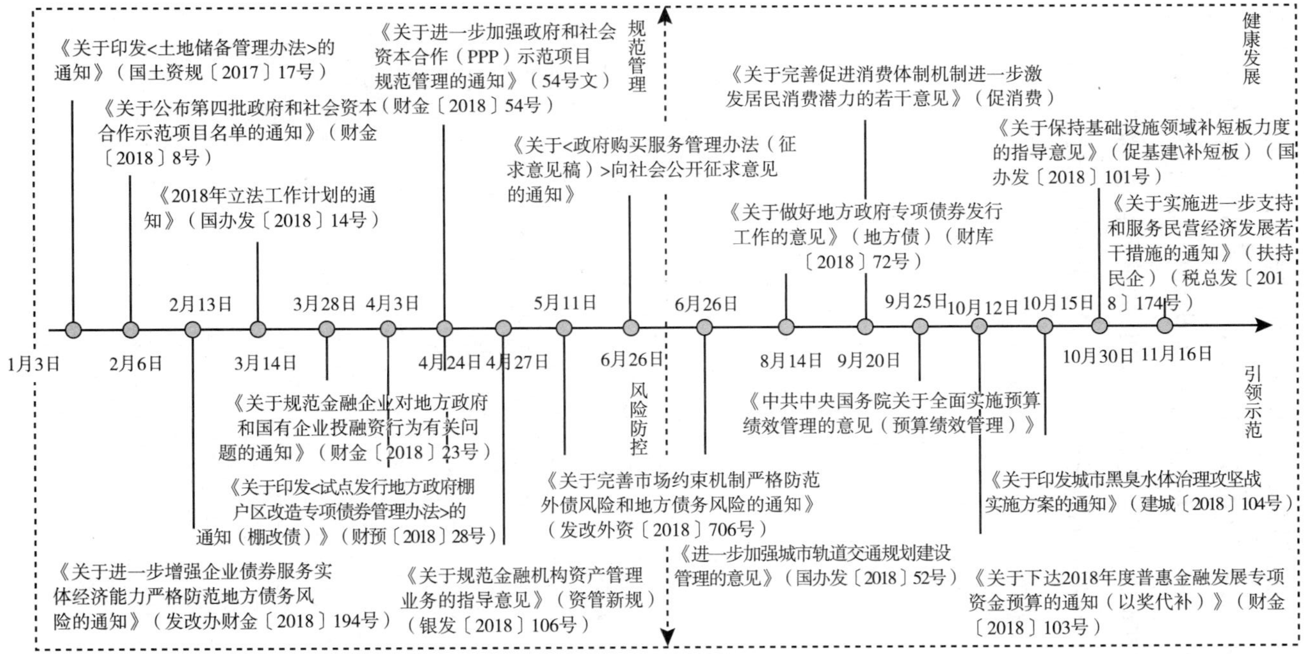

2018年中国PPP市场环境分析

图 15　2018 年 PPP 重点政策出台时序

资料来源：根据明树数据政策库整理。

023

财政部发文加强中国政企合作投资基金管理，对民营企业参与的PPP项目给予倾斜。同日，国务院发文推动落实优化营商环境政策，对符合规定的PPP项目加大推进力度。11月13日，文化和旅游部、财政部发文在文化领域推广PPP模式。11月16日，国家税务总局发文提出要促进民营经济发展。这一系列措施都在释放利好信号。PPP是开展基础设施和公共服务的一种创新模式，城镇化的不断推进带来基建和公共服务建设运营需求的增长，PPP回暖趋势将更加明显。

B.2
2018年中国PPP宏观环境研究

北京明树数据科技有限公司*

摘　要： 本报告从中国省、市级维度开展中国PPP市场空间研究，构建城市PPP投资潜力指数，测算地方财政承受能力，分析地方债务情况，系统地对中国PPP宏观环境进行深入研究，为各参与方提供有益的参考和借鉴。投资潜力指数排名相对靠前的城市主要位于"胡焕庸线"以东地区。在指数计算中表现较好的城市集中在华东、中南、西南地区。从各省份的市本级平均财政承受能力分析，东部省份的情况较为乐观，市本级平均财承相较10%红线普遍还有一定距离。对各省份负债率进行测算，可知贵州、青海、云南债务水平相对较高，西藏、广东、北京的债务水平相对较低。地方政府债券的发行机制仍在不断完善，其中专项债券占比逐步增大、种类逐步增多。

关键词： PPP投资潜力指数　财政承受能力　政府债务

---

* 北京明树数据科技有限公司，国内领先的基础设施和公共服务投融资数据资产运营商，是国内政府和社会资本合作（PPP）领域大数据应用的开创者和引领者。

中国PPP蓝皮书

一 城市PPP投资潜力指数

（一）研究背景

本报告以明树数据库为基础，将我国288个地级以上城市[①]作为分析对象，构建了城市PPP投资潜力指数，并在可持续发展的系统框架下，形成层层递进的多维度分析结果。大数据是低成本、高产出的基础设施，通过对数据信息的搜集与分析，尽可能消除信息不对称，有效提升资源在PPP市场的配置效率，以期为各参与方提供有益的参考和借鉴。本报告图表若未标注资料来源，均来自明树数据。

（二）评估框架

评估主要从以下三个维度进行。

（1）地方政府提供公共服务的内在实力：取决于当地的经济、财政、制度环境。

（2）PPP模式能为城市发展贡献的力量：公共服务供给的方式并非只有PPP模式，而在多大程度上应用PPP模式，取决于地方政府复杂的行为动机。可将当前已实施的财政部在库项目作为衡量标准，即已实施体量越大、操作越规范，则PPP模式将发挥越大的作用。

（3）当地公共服务供给量的增长潜力：取决于一座城市对公共服务的内在需求，需要从更长期、宏观的角度去思考。

因此，本报告将从信用风险、PPP市场供给、基本公共服务三个维度衡

[①] 其中，临夏州、甘南州、江门市、黔南州、黔西南州、黔东南州、三沙市、黑河市、大兴安岭地区、恩施州、湘西州、延边州、锡林郭勒盟、阿拉善盟、兴安盟、海西州、海南州、海北州、黄南州、玉树州、果洛州、运城市、凉山州、阿坝州、甘孜州、昌都市、山南市、林芝市、那曲地区、阿里地区、昌吉州、阿克苏地区、巴音郭楞州、伊犁州、喀什地区、哈密、塔城地区、吐鲁番地区、阿勒泰地区、和田地区、博尔塔拉州、克孜勒苏州、红河州、大理州、楚雄州、文山州、德宏州、西双版纳州、迪庆州、怒江州数据缺失。

量城市 PPP 投资潜力，其中，信用风险与 PPP 市场供给两个维度用于衡量当下，而基本公共服务用于衡量未来。本报告将分别从当下和未来开展数据分析，并综合三个维度进行计算，从而得出最终的城市 PPP 投资潜力排名。

（三）信用风险及 PPP 市场供给评估

城市是人口与空间的集聚，是基础设施与公共服务的主要载体。短期内，PPP 模式是否能在一个城市生根发芽并具有可持续性，取决于是否有肥沃的土壤，以及自身的行为偏好。本节从两个方面，即信用风险与 PPP 市场供给对当前城市的 PPP 投资潜力展开分析。

1. 信用风险评估

（1）评估框架

本节参考穆迪、大公国际、鹏元资信的地方政府信用评级思路，以及温来成、刘洪芳[1]的评估体系，将城市信用风险的一级指标设定为财政状况、债务状况、经济基础、制度环境。指标含义及数据选取如下。

财政状况反映地方政府承担支出责任的直接来源，可从收支金额、收入结构等角度进行衡量。一般而言，财政收入越多、结构越合理的地区履约能力越强，也有更大的 PPP 模式财承空间。

债务状况反映当前地方政府财政风险的主要情况。通过数据筛查能有效筛除债务水平过高的城市。负债率是国际通行的债务状况衡量指标，衡量显性债务水平，但由于我国存在城投公司这一特殊产物，部分政府债务隐性化，负债率无法衡量真实的债务风险。因此本节引入城投债务数据，根据审计署 2013 年发布的《全国政府性债务审计结果》，将其归类为可能承担一定救助责任的债务，并按文件给出的比例测算债务风险。值得注意的是，因当前地方政府的隐性债务风险较大，而实际数据不可得，因此本指标无法完全衡量城市的完整债务风险。

---

[1] 温来成、刘洪芳：《我国地方政府信用风险评估体系的构建及运用》，《中央财经大学学报》2016 年第 9 期，第 11~19 页。

经济基础是财政收入的内在支撑,也是衡量城市发展水平的核心因素。衡量经济基础的常用指标包括 GDP、人均 GDP、经济增速。GDP 的本质是广义的收入,因此 GDP 相关指标越大,代表当地收入水平越高,信用风险自然更小。

制度环境是一切经济活动的保障。本节选取了当地出台的金融政策数量、财政透明度来衡量制度环境,政策支持力度越大、财政越透明的城市通常有着更开明的政府与更好的信誉,信用风险相对较小。

本报告搜集了全国 288 个地级以上城市 2017 年的相关数据,指标的测算公式与数据来源如表 1 所示。

表 1 信用风险评估指标

一级指标	二级指标	单位	性质	指标测算公式
财政状况	一般公共预算收入	亿元	正向	一般公共预算收入
	财政自给率	%	正向	一般公共预算收入/一般公共预算支出
债务状况	负债率	%	负向	债务余额/GDP
	潜在负债水平	%	负向	(城投债有息债务余额×14.64%)/GDP
经济基础	GDP	亿元	正向	地区 GDP 总值
	人均 GDP	亿元/万人	正向	GDP 总量/年平均常住人口
	经济增速	%	正向	(当年 GDP/基期年 GDP)$^{[1/年数]}-1$
制度环境	金融政策数量	件	正向	—
	财政透明度	—	正向	财政透明度指数

(2)计算方法

在综合评价指数的构建方面,本报告参考了经济合作与发展组织编制的《综合评价指标构建手册》(OECD,2008),将计算涉及的技术环节简要归类为三个阶段(见图 1)。

图 1 综合评价的主要环节

①指标数据的无量纲化。借鉴叶宗裕（2003）对多指标综合评价方法的分析，因指标数据均为客观数据，报告在完成负向指标正向化后，使用均值化方法对原始数据进行处理。

②指标的赋权与权重。采用主观与客观方法结合的方式，通过组织专家评分确定一级指标权重，通过变异系数法对二级指标赋权，变异系数法的基本思路是：在评价指标体系中，指标取值差异较大的指标，更能反映被评价单位的差距。各项指标的变异系数公式如下：

$$V_i = \frac{\sigma_i}{\bar{x}_i}(i=1,2,\cdots,n)$$

式中，V_i 是第 i 项指标的变异系数，也称为标准差系数；σ_i 是第 i 项指标的标准差；$\bar{x}_i$ 是第 i 项指标的平均数。

各项指标的权重为：

$$W_i = \frac{V_i}{\sum_{i=1}^{n} V_i}$$

③指标的汇总模型。合并汇总的方法包括线性加权法、非线性加权综合法等，由于线性方法对指标数据适用性更强，因此本节采用线性加权法。结合上述权重系数，计算公式为：

$$y_i = \sum_{j=1}^{m} w_j x_{ij}(j=1,2,\cdots,m)$$

式中，y_i 是第 i 个被评价对象的综合评价值，w_j 是第 i 个评价指标 x_j 的权重系数。

（3）评估结果

将计算结果进行百分制转化后，对288个城市进行排名。得分越高代表信用风险越小、履约能力越强。各城市之间的评分差异较大，得分较高的城市在京津冀、长三角、珠三角以及成渝地区较为集中，相对其他地区的优势非常明显。前30名具体得分情况如表2所示，颜色越深代表数值越大，则

信用风险越小。

由结果可知，排前30多的大多为直辖市或副省级城市，这类城市一般有较好的经济与财力基础，抗风险能力自然更强。另外，债务状况与总得分之间的相关性较弱，体现了地方政府的债务状况与经济发展程度并无直接关系，本报告认为这可能更多取决于地方政府行为，值得加以关注。

表2 信用风险评估排名

排名	省份	市	财政状况	债务状况	经济基础	制度环境	信用风险评估总分
1	上海	上海	100.0	88.2	100.0	100.0	100.0
2	北京	北京	88.9	85.4	96.9	72.3	87.3
3	广东	深圳	69.7	99.0	90.2	61.4	72.6
4	天津	天津	64.4	85.4	80.4	58.7	66.6
5	重庆	重庆	60.0	79.6	81.0	54.1	63.0
6	江苏	苏州	57.6	91.9	79.8	46.8	60.3
7	广东	广州	54.0	90.6	86.9	48.8	59.8
8	山东	青岛	50.8	91.7	68.1	62.5	56.9
9	浙江	杭州	54.6	85.6	71.5	47.7	56.9
10	湖北	武汉	53.0	80.9	72.9	46.0	55.7
11	四川	成都	51.8	83.3	72.5	49.6	55.6
12	江苏	南京	52.0	71.3	70.5	51.2	55.4
13	浙江	宁波	51.6	82.8	66.2	49.5	54.3
14	江苏	无锡	49.1	90.1	68.2	44.3	52.3
15	河南	郑州	49.9	83.6	64.6	44.7	52.1
16	湖南	长沙	47.6	92.5	68.4	42.8	51.3
17	安徽	合肥	46.3	91.5	61.6	50.9	50.8
18	山东	济南	46.7	92.8	60.9	50.1	50.7
19	陕西	西安	46.3	73.5	61.8	51.1	50.3
20	福建	福州	46.2	94.1	61.4	47.4	50.0
21	福建	厦门	46.9	82.5	56.8	51.3	50.0
22	广东	佛山	46.6	93.0	65.5	41.7	49.9
23	辽宁	大连	46.4	78.0	60.0	48.5	49.6
24	江苏	南通	45.9	88.8	62.9	43.9	49.3
25	广东	东莞	46.0	97.8	61.4	43.6	49.3
26	山东	烟台	46.0	95.9	60.9	43.6	49.1
27	江苏	常州	45.4	81.7	62.2	45.7	49.0
28	江苏	徐州	44.9	88.1	59.7	44.6	48.2
29	福建	泉州	44.5	90.6	61.5	43.5	48.2
30	辽宁	沈阳	46.4	81.1	54.4	44.1	47.8

2. PPP 市场供给评估

（1）评估框架

本报告选取的一级指标包括 PPP 经验、示范效应、项目质量、开放程度、市场空间，从五个角度综合评估城市的 PPP 供给现状。指标含义及数据选取如下。

①PPP 经验。PPP 项目操作流程较为复杂，要求各方秉承合作精神，共担风险。实施 PPP 项目较多的地区有更强的推行意愿，一般来说继续实施新项目的交易成本也更小。本指标用截至 2018 年底各城市的中标数量及中标规模衡量 PPP 经验。

②示范效应。财政部累计发布了四批示范项目，给 PPP 项目的规范实施提供了参照标准。入选示范库的项目除获得奖励以外，对本辖区内其他项目也有一定的溢出效应，激励其他项目达到示范标准，形成自我约束机制，有助于规范当地 PPP 模式的市场环境。本指标以各城市 PPP 示范项目数量（累计）及规模衡量示范效应。

③项目质量。除项目体量以外，还应关注城市的项目质量。实施同样体量 PPP 项目的城市，因操作流程不同，信息完整度不同，也存在较大差异。本指标选取入库率、退库率作为衡量标准，入库率较高、退库率较低的城市往往更能满足财政部的规范标准。其中，入库率的统计范围为中标项目，退库率则为所有阶段项目，二者不存在函数关系。

④开放程度。PPP 市场存在隐性的"玻璃门"，部分地方政府在挑选社会资本时更偏向国企、央企，而对民企设置种种壁垒。这一现象反映了地区市场对不同性质社会资本的不平等性。此外，PPP 模式在各个行业的不均衡现象显著，如大量地区的项目集中于市政工程、交通领域。对于社会投资人而言，当地 PPP 模式涉及的领域越多，代表市场的开放程度越大，机会也越多。

⑤市场空间。将处于识别、准备、采购阶段的 PPP 项目作为可投资的潜在项目，以衡量 PPP 市场空间。潜在项目数量越多，投资人近期可投标的项目越多，这对于投资者来说是重要的参考信号。

指标的测算公式与数据来源如表3所示（数据时间截至2018年底）。数据搜集完成后，进行汇总与计算的方法与上节完全相同，在此不做赘述。

表3 PPP市场供给评估指标

一级指标	二级指标	单位	性质	指标测算公式
PPP经验	中标数量	个	正向	当地PPP中标项目数量
	中标规模	亿元	正向	当地PPP中标项目规模
示范效应	PPP示范项目数量	个	正向	当地PPP示范项目数量
	PPP示范项目规模	亿元	正向	当地PPP示范项目规模
项目质量	入库率	%	正向	中标财政部入库项目数/中标项目总数
	退库率	%	负向	财政部退库项目数量/（财政部在库项目与退库项目总数）
开放程度	民企参与度	%	正向	民企参与中标项目数量/总中标数量
	行业多样性	个	正向	项目覆盖的一级行业数量
市场空间	可投资的潜在项目数量	个	正向	处于识别、准备、采购阶段的PPP项目数量
	可投资的潜在项目规模	亿元	正向	处于识别、准备、采购阶段的PPP项目规模

（2）评估结果

将计算结果进行百分制转化后，对288个城市进行排名。得分越高代表PPP市场供给越充分、政府支持的力度越强。结果显示，荆门、北京、宜宾、济宁、郑州位列前五，均为PPP市场规模较大的城市。而根据全国的整体分布，可知PPP供给充分的城市较多位于华北、成渝等内陆地区。前30名具体得分情况如表4所示，颜色越深代表数值越高。

由结果可以看出，PPP市场供给情况并无明显规律性，前30位中既有北京这样的特大城市，也有云南保山等一般地级市，而东部、中部、西部各区域均有城市在积极推广PPP项目。荆门、北京、宜宾作为得分最高的地区，在PPP经验、市场空间、示范效应等方面具有明显优势。

3. 城市的四种类型

前两节对城市的信用风险、PPP市场供给进行了数据评估。本节将这两个维度结合起来，对城市进行归类。

2018年中国PPP宏观环境研究

表4　PPP市场供给评估排名

排名	省份	市	PPP经验	示范效应	项目质量	开放程度	市场空间	PPP市场供给评估总分
1	湖北	荆门	47.1	46.9	91.7	69.2	100.0	100.0
2	北京	北京	87.3	100.0	79.5	69.0	52.7	91.6
3	四川	宜宾	67.9	55.7	84.2	80.4	76.6	90.9
4	山东	济宁	69.6	84.7	63.1	94.3	52.7	80.8
5	河南	郑州	76.9	72.5	74.7	75.3	53.1	78.9
6	贵州	贵阳	65.5	53.4	86.6	67.9	66.0	78.9
7	四川	成都	70.9	52.2	90.6	52.1	63.8	78.1
8	江苏	南京	100.0	49.7	97.4	67.1	50.1	77.3
9	新疆	乌鲁木齐	76.5	73.6	88.5	70.9	51.1	77.1
10	贵州	毕节	57.5	46.2	77.1	82.4	68.8	76.8
11	江西	赣州	63.9	53.0	57.8	81.5	60.0	73.8
12	贵州	遵义	68.3	42.8	75.3	83.8	62.1	73.7
13	浙江	台州	67.9	78.8	83.1	80.2	47.4	73.0
14	湖北	武汉	88.8	49.9	88.9	58.6	49.7	72.5
15	山东	青岛	75.2	62.7	84.6	77.4	49.3	71.6
16	山东	菏泽	63.2	61.6	68.5	100.0	53.5	70.9
17	江苏	徐州	69.6	47.7	87.2	80.8	54.7	69.4
18	四川	乐山	48.0	43.8	96.1	58.9	66.5	69.4
19	贵州	安顺	46.7	47.2	83.2	70.3	64.6	68.5
20	吉林	长春	86.2	57.2	80.8	74.0	42.8	68.3
21	河南	南阳	57.6	42.6	89.5	84.4	60.5	68.2
22	云南	昆明	70.8	68.7	81.3	69.8	44.1	67.2
23	天津	天津	56.5	42.4	94.0	66.2	58.3	65.3
24	山东	潍坊	66.6	43.9	75.3	88.5	52.5	65.2
25	浙江	宁波	66.4	60.6	83.0	79.8	46.2	65.1
26	浙江	温州	71.7	41.4	93.7	80.6	50.8	64.7
27	浙江	湖州	64.0	77.6	85.5	72.8	40.6	64.6
28	贵州	铜仁	60.6	41.9	96.7	66.5	56.4	64.6
29	河北	沧州	55.6	56.5	86.9	76.2	51.1	63.7
30	云南	保山	61.7	64.1	71.8	68.0	45.8	63.4

将信用风险评估高于45分的城市定义为"信用风险较低"，低于45分则定义为"信用风险较高"；将PPP市场供给评估高于50分的城市定义为"PPP供给充分"，低于50分则定义为"PPP供给不充分"。把两个维度组

合在一起，可将城市划分为四种类型：①PPP供给充分且风险较低；②PPP供给不充分但风险较低；③PPP供给不充分且风险较高；④PPP供给充分但风险较高。划分方式如图2所示。

将城市分为四种类型后，通过数据筛选整理的分布情况如表5所示。

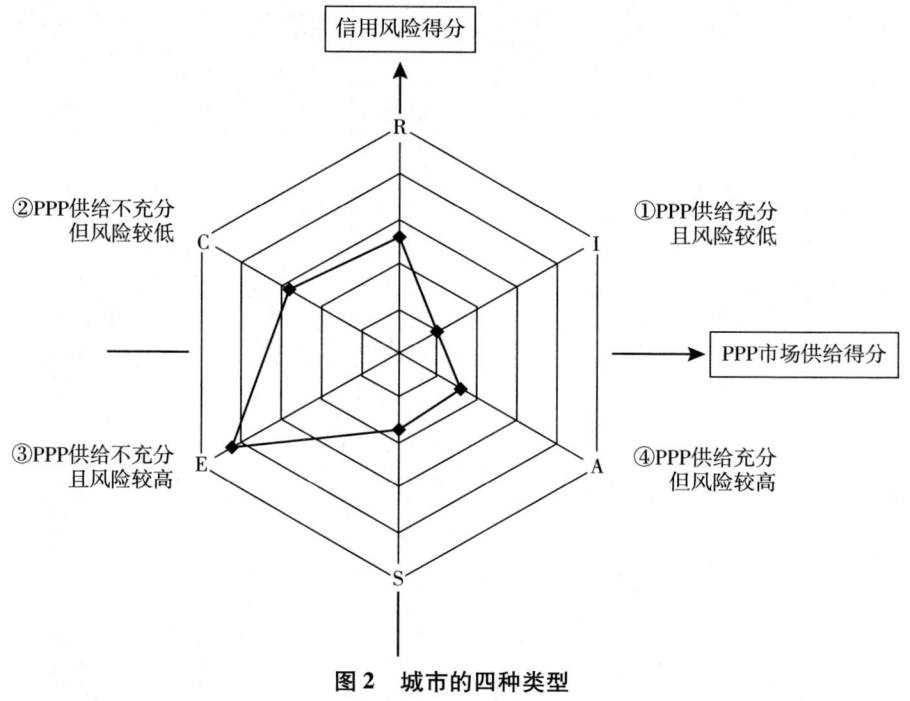

图2　城市的四种类型

表5　城市类型分布情况

城市类型	城市数量
①PPP供给充分且风险较低	49个城市，分别为（不分先后）：北京、济宁、郑州、贵阳、成都、南京、台州、武汉、青岛、徐州、长春、昆明、天津、潍坊、宁波、温州、沧州、襄阳、榆林、泰安、唐山、重庆、泉州、西安、长沙、漳州、洛阳、杭州、福州、新乡、绍兴、临沂、宜昌、扬州、淮安、南宁、南通、盐城、泰州、嘉兴、鄂尔多斯、沈阳、石家庄、许昌、大连、济南、东营、廊坊、芜湖
②PPP供给不充分但风险较低	22个城市，分别为（不分先后）：金华、淄博、惠州、威海、包头、合肥、镇江、太原、烟台、常州、南昌、广州、哈尔滨、中山、苏州、银川、珠海、无锡、东莞、上海、佛山、厦门
③PPP供给不充分且风险较高	134个城市
④PPP供给充分但风险较高	82个城市

属于类型①的城市有49个，进入此类型的城市PPP市场供给相对充分且风险较低，意味着地方政府既有充足的经济支撑，又有推广PPP模式的意愿，市场前景较好。

属于类型②的城市有22个，此类城市均为经济发展水平相对较高的城市。此类城市信用风险极低，自身条件优越，也正是基于这一原因，其项目支出大多可通过自身财力解决，从而不必应用PPP模式，某种程度上造成这一市场PPP供给相对不充分，从一个侧面反映此类城市总体财承状况较好，财承超限的风险较小，长期来看仍有较大的投资潜力。

属于类型③的城市有134个，属于这一类型的城市一般为中小城市，履约能力相对较弱，而由于各种原因，其PPP项目的供给不充分，属于活力相对较低的城市。短期来看，PPP项目在这一类型的城市面临较高的投资不确定性，需要进一步关注各个经济指标背后隐藏的风险。

属于类型④的城市有82个，这类城市多位于中西部地区，对利用PPP模式提振经济有较大的动力，但由于自身地理位置等原因，经济发展水平与大规模的基础设施投资不完全匹配。因此需要在关注其市场投资机会的同时，认识其潜在的信用风险。

需要说明的是，这一划分只是根据客观数据做出的简略划分，因涉及指标较多，只能在宏观层面笼统地反映其PPP市场环境，更细微的划分还需要根据不同情况分类讨论，对市场及风险做出更为细致的评判。

企业作为PPP的社会投资方，应结合城市特征与自身属性制定适当的投资策略。王皓良（2015）在城市PPP投资评级指数研究中，将基础设施投资企业划分为三个类型：第一类为行业内大型施工企业，业务模式以施工总承包为主，PPP业务占总营收的规模较小，如中建、中交、中铁建等大型央企均属于这一类型，这类企业有一流的技术水平，在融资成本、市场资源等方面均较一般企业有较大优势，但这类企业也受制于内部较为复杂的治理结构，以及"192号文"对其资产负债率的制约；第二类为整体实力与大型央企存在一定差距，但在某几个细分行业具有比较优势的企业，这类企业通常会采取差异化的投资策略，利用自身的规模效应获取市场份额；第三类企

业为中小型企业,以承担中小型项目为主,或与大型企业组成联合体进行投资。在PPP市场供给较充分、信用风险较小的城市,企业间竞争一般也更为激烈,采取稳健策略的企业可选择行业内项目发展空间大、信用风险相对较小的地区开展投资。

(四)基本公共服务评估

在对城市当前的PPP供给环境做出分析之后,还需要从需求角度对城市的投资潜力进行长期评估。当前我国各地区之间、城乡之间公共服务水平差异显著,近年来,实现基本公共服务均等化已成为我国重要的政策目标,也是推进新型城镇化的内在动力。这一概念重点强调公民应享有平等的基本公共服务,其中基本公共服务包括基本环境、基本安全、社会保障、医疗卫生、教育等领域,而平等的内在含义包括受益均等、主体广泛、优惠合理等原则。李开孟[1]认为基础设施及公共服务项目投资规模大、建设周期长、涉及众多利益相关方,满足公众利益及协同运营管理要求高,适宜应用PPP模式。而当前正在实施的项目也主要集中于这一领域。

在当前严控违规融资方式、基本公共服务又亟须改善的双重背景之下,预计PPP作为日趋成熟的投融资模式,将面临更大的市场需求。本节将从这一角度,在长期层面对市场需求展开量化分析。

1. 基本公共服务评估框架

当前对基本公共服务均等化的研究多集中于制度性层面,尚缺乏城市层面的分析。目前,我国基本公共服务最大的问题在于投入不足,借鉴武力超(2014)、魏福成[2]等使用的评价方法,本节使用综合评价法构建基本公共服务均等化指数,基于前文所述的主观与客观分析方法确定权重,从社会保

---

[1] 李开孟:《PPP模式创新及可持续发展的路径选择》,《招标采购管理》2018年第6期,第45~51页。

[2] 魏福成、胡洪曙:《我国基本公共服务均等化:评价指标与实证研究》,《中南财经政法大学学报》2015年第5期,第26~36页。

障、公共文化、医疗卫生、基础教育、基础设施、环境保护六个方面衡量基本公共服务水平，指标含义及数据选取如下。

社会保障是基本公共服务最重要的组成部分，通过城镇职工基本养老保险万人参保数、城镇职工基本医疗保险万人参保数进行衡量；公共文化是人民精神文明生活的重要部分，通过人均公共图书馆图书总藏量进行衡量；医疗卫生是当前财政事权与支出责任改革的重点领域，关系到人民基本的生活健康水平，通过人均医院、卫生院床位数进行衡量；基础教育是提升人才竞争力、改善当地全要素生产率的关键，通过万人普通中小学专任教师数进行衡量；基础设施在狭义层面指经济社会活动的基本公共设施，通过人均公共汽（电）车营运车辆数、人均居民生活用水量进行衡量；环境保护与人民生活息息相关，也是可持续发展的必然要求，通过污水处理厂集中处理率、一般工业固体废物综合利用率进行衡量。

指标的测算公式与数据来源如表6所示（2016年数据）。数据越小代表基本公共服务水平越低，在均等化的背景下面临的投入需求相对越大。数据搜集完成后，进行汇总与计算的方法与上节完全相同，在此不做赘述。

表6 基本公共服务评估指标

一级指标	二级指标	单位	性质	指标测算公式
社会保障	城镇职工基本养老保险万人参保数	人	负向	城镇职工基本养老保险参保人数/常住人口数
	城镇职工基本医疗保险万人参保数	人	负向	城镇职工基本医疗保险参保人数/常住人口数
公共文化	人均公共图书馆图书总藏量	千册/万人	负向	公共图书馆图书总藏量/常住人口数
医疗卫生	人均医院、卫生院床位数	张/万人	负向	医院、卫生院床位数/常住人口数
基础教育	万人普通中小学专任教师数	人	负向	普通中小学专任教师数/常住人口数
基础设施	人均公共汽（电）车营运车辆数	辆/万人	负向	公共汽（电）车营运车辆数/常住人口数
	人均居民生活用水量	万吨/万人	负向	居民生活用水量/常住人口数
环境保护	污水处理厂集中处理率	%	负向	污水处理量/污水排放总量
	一般工业固体废物综合利用率	%	负向	工业固体废物综合利用量/(工业固体废物产生量+综合利用往年贮存量)

2. 评估结果

将计算结果进行正向处理、百分制转化后，对288个城市进行排名。得分越高代表基本公共服务水平越低，均等化的市场需求越大。我国各城市之间基本公共服务不均等现象较严重。崇左、揭阳、普洱、上饶、陇南位列前5，代表基本公共服务水平与平均水平差异较大，有着较大的市场需求。前30名具体得分情况如表7所示（颜色越深代表数值越高）。

表7 基本公共服务评估排名

排名	省份	市	社会保障	公共文化	医疗卫生	基础教育	基础设施	环境保护	基本公共服务评估总分
1	广西	崇左	94.8	98.6	83.0	79.7	97.3	89.4	100.0
2	广东	揭阳	94.4	99.5	92.5	67.4	98.2	72.2	91.6
3	云南	普洱	95.4	98.7	79.8	83.4	98.2	71.3	91.5
4	江西	上饶	92.6	98.2	82.3	71.6	97.8	81.0	91.4
5	甘肃	陇南	99.5	98.9	88.1	65.0	98.2	76.2	91.3
6	安徽	六安	97.2	99.7	82.8	78.0	97.4	65.9	88.6
7	黑龙江	绥化	95.7	99.1	88.5	91.4	98.9	45.0	87.7
8	湖北	孝感	94.5	99.3	81.1	84.6	96.2	60.5	87.2
9	湖北	荆州	90.2	99.3	72.8	89.8	94.9	67.4	86.8
10	江西	抚州	92.7	98.7	87.4	71.6	95.9	65.5	86.6
11	湖北	黄冈	95.5	98.6	67.1	83.2	99.1	75.0	86.3
12	黑龙江	双鸭山	92.8	97.4	70.6	98.5	92.6	60.0	86.3
13	陕西	商洛	97.8	99.1	71.0	89.1	99.1	62.6	85.9
14	广西	百色	96.6	98.1	72.7	78.7	97.3	71.9	85.9
15	黑龙江	齐齐哈尔	78.3	99.2	71.5	94.4	95.8	69.4	85.8
16	安徽	宿州	98.1	99.6	83.5	84.7	98.5	51.5	85.6
17	广西	贵港	98.4	99.3	85.9	65.1	97.1	67.7	85.6
18	广东	潮州	90.9	99.0	94.2	75.9	92.3	53.4	85.6
19	广东	云浮	92.1	98.4	87.3	68.8	95.8	66.5	85.5
20	内蒙古	巴彦淖尔	89.4	98.2	70.1	92.1	97.8	64.9	85.3
21	广西	玉林	96.2	98.9	100.0	70.9	97.2	45.6	85.0
22	广东	肇庆	88.8	96.1	83.2	71.5	93.6	70.2	84.8
23	湖南	邵阳	97.1	99.4	73.8	85.4	97.6	61.1	84.7
24	江西	宜春	92.2	100.0	81.2	77.3	97.4	62.9	84.6
25	内蒙古	乌兰察布	89.6	96.5	82.2	88.5	94.0	53.7	84.4
26	辽宁	铁岭	88.2	99.3	83.1	88.3	97.1	52.3	84.3
27	西藏	日喀则	98.8	98.7	67.6	51.6	93.9	100.0	84.3
28	云南	昭通	99.7	98.9	77.2	70.8	98.8	67.3	83.8
29	湖南	岳阳	93.9	99.4	72.2	86.7	93.5	62.6	83.5
30	黑龙江	大庆	90.3	96.1	59.2	85.0	84.6	84.1	83.4

续表

排名	省份	市	社会保障	公共文化	医疗卫生	基础教育	基础设施	环境保护	基本公共服务评估总分
25	内蒙古	乌兰察布	89.6	96.5	82.2	88.5	94.0	53.7	84.4
26	辽宁	铁岭	88.2	99.3	83.1	88.3	97.1	52.3	84.3
27	西藏	日喀则	98.8	98.7	67.6	51.6	93.9	100.0	84.3
28	云南	昭通	99.7	99.7	77.2	70.8	98.8	67.3	83.8
29	湖南	岳阳	93.9	99.4	72.2	86.7	93.5	62.6	83.5
30	黑龙江	大庆	90.3	96.1	59.2	85.0	84.6	84.1	83.4

由结果可知，对基本公共服务需求最大的城市分布于东、中、西各个区域，反映即便相对发达的东部省份也面临较严重的省内不均衡，因此需要深入城市层面进行分析。而上述城市普遍特征是经济发展、城镇化水平较低，在当前政策的推动下，为了解决人民日益增长的美好生活需要和不平衡不充分的发展之间的矛盾，预计这些地区的基本公共服务水平将会得到显著提升。

（五）指数综合分析

根据上述分析结果，可在整体评估框架下计算城市 PPP 投资潜力指数。通过信用风险评估总分衡量当地的经济发展环境，通过 PPP 市场供给评估总分衡量 PPP 模式在提供公共服务中发挥的作用，通过基本公共服务评估总分衡量未来的发展空间。

综合以上三个得分，可得到最终的评价结果。因三个得分对于衡量投资潜力均非常重要，使用线性加权法容易造成"一美遮百丑"的问题，因此采用等权重并结合非线性加权法进行最终计算，指数排名相对靠前的城市主要位于"胡焕庸线"① 以东地区。其中，排名前 50 的城市，主要集中于山东、浙江、江苏、四川、湖北这几个省份，分别有 6 个、6 个、5 个、4 个、4 个。按区域进行分析，前 50 名的城市中有 46.0% 位于华东地区，数量最

---

① 中国地理学家胡焕庸（1901~1998）在 1935 年提出的划分我国人口密度的对比线，这条线的东南各省份，绝大多数城镇化水平高于全国平均水平。

多,其后为中南地区(18.0%)、西南地区(18.0%)、华北地区(10.0%)、西北地区(6.0%)、东北地区(2.0%)。由此可知,有着较好投资潜力的城市在华东、中南、西南地区较为集中。排名后50的城市,主要集中于甘肃、辽宁、黑龙江这几个省份,分别有11个、8个、6个。按区域进行分析,后50名的城市中有34.0%位于东北地区,数量最多,其后为西北地区(32.0%)、中南地区(22.0%)、西南地区(4.0%)、华北地区(4.0%)、华东地区(4.0%)。由此可知,在本报告的计算框架下,投资潜力相对较小的城市在东北、西北地区较为集中,应进一步关注其投资风险。

排名前10的城市分别为北京、天津、南京、成都、青岛、重庆、武汉、宁波、郑州、荆门,其中除荆门以外,均为副省级以上城市,反映了PPP投资潜力与经济发展水平有一定的关系,但反过来并不一定成立,如上海、深圳分别排在18位、95位,主要原因是PPP模式并非当地主流的投资手段,其PPP市场规模相对小。而荆门作为湖北省的一般地级市,在PPP市场供给与基本公共服务方面表现突出,因此投资潜力相对更大,但同时也应注意识别其信用风险。

表8为城市PPP投资潜力指数前100位的具体榜单。

表8 城市PPP投资潜力指数前100位

排名	省份	市	信用风险评估总分	PPP市场供给评估总分	基本公共服务评估总分
1	北京	北京	87.3	91.6	66.4
2	天津	天津	66.6	65.3	75.1
3	江苏	南京	55.4	77.3	73.0
4	四川	成都	55.6	78.1	57.2
5	山东	青岛	56.9	71.6	62.2
6	重庆	重庆	63.0	61.0	65.7
7	湖北	武汉	55.7	72.5	56.8
8	浙江	宁波	54.3	65.1	71.7
9	河南	郑州	52.1	78.9	49.7
10	湖北	荆门	44.4	100.0	77.5

续表

排名	省份	市	信用风险评估总分	PPP市场供给评估总分	基本公共服务评估总分
11	山东	济宁	46.0	80.8	67.3
12	浙江	杭州	56.9	58.8	53.4
13	浙江	台州	46.4	73.0	72.2
14	贵州	贵阳	45.8	78.9	66.8
15	江苏	徐州	48.2	69.4	63.9
16	浙江	温州	47.4	64.7	79.9
17	四川	宜宾	43.5	90.9	72.3
18	上海	上海	100.0	43.5	65.4
19	山东	潍坊	47.8	65.2	69.8
20	福建	福州	50.0	58.0	74.2
21	福建	泉州	48.2	60.4	77.1
22	吉林	长春	47.2	68.3	61.7
23	江西	赣州	44.6	73.8	75.4
24	陕西	西安	50.3	60.3	60.5
25	湖北	襄阳	46.0	63.3	77.1
26	河南	南阳	44.6	68.2	77.4
27	河北	唐山	46.6	61.0	71.3
28	湖南	长沙	51.3	59.0	49.1
29	山东	菏泽	44.5	70.9	68.1
30	云南	昆明	47.1	67.2	51.9
31	河北	沧州	45.2	63.7	76.4
32	新疆	乌鲁木齐	44.7	77.1	53.5
33	江苏	南通	49.3	53.8	72.5
34	贵州	毕节	43.4	76.8	66.4
35	贵州	遵义	43.9	73.7	63.5
36	四川	德阳	44.3	63.2	81.0
37	广东	广州	59.8	48.3	54.3
38	河南	洛阳	46.5	58.8	67.9
39	湖北	宜昌	46.4	55.6	81.3
40	江苏	苏州	60.3	46.3	65.6
41	浙江	绍兴	47.1	57.3	66.6
42	江苏	扬州	46.8	55.4	76.3
43	浙江	湖州	44.4	64.6	70.6
44	陕西	榆林	45.4	61.8	64.8
45	山东	泰安	45.1	61.4	68.8
46	福建	漳州	45.1	58.9	76.5
47	四川	乐山	43.2	69.4	71.2
48	安徽	合肥	50.8	49.3	70.8
49	山东	济南	50.7	51.7	56.8
50	河北	石家庄	47.6	52.4	71.1

续表

排名	省份	市	信用风险评估总分	PPP市场供给评估总分	基本公共服务评估总分
51	江苏	泰州	46.4	53.3	76.7
52	浙江	嘉兴	47.2	53.0	70.7
53	河南	新乡	45.3	57.4	68.0
54	内蒙古	鄂尔多斯	47.0	52.9	70.4
55	广西	南宁	46.5	54.3	67.8
56	江苏	盐城	46.2	53.3	73.9
57	河南	信阳	43.8	60.9	72.7
58	贵州	六盘水	43.3	63.0	74.1
59	山东	临沂	45.2	56.7	67.6
60	山东	德州	44.6	56.1	76.1
61	江苏	淮安	45.1	55.2	73.4
62	河南	平顶山	44.2	61.1	62.5
63	山东	日照	44.1	58.0	73.5
64	福建	南平	43.9	61.2	65.6
65	贵州	安顺	42.6	68.5	67.2
66	河北	邯郸	44.6	57.3	68.0
67	山东	烟台	49.1	49.0	68.7
68	湖北	黄冈	44.3	53.7	86.3
69	江苏	常州	49.0	48.8	69.0
70	辽宁	沈阳	47.8	52.4	56.5
71	辽宁	大连	49.6	51.9	49.5
72	内蒙古	赤峰	43.4	58.6	78.0
73	河南	开封	44.3	56.4	69.7
74	河南	驻马店	44.2	58.8	62.4
75	湖南	常德	44.4	54.4	73.3
76	浙江	丽水	43.8	58.8	63.9
77	湖南	岳阳	44.7	51.5	83.5
78	河南	许昌	45.1	52.3	71.8
79	河北	保定	44.4	53.0	76.5
80	海南	海口	43.6	59.9	60.2
81	河南	安阳	44.2	56.0	64.3
82	江苏	无锡	52.3	45.8	64.3
83	福建	宁德	44.0	54.0	75.9
84	云南	保山	42.2	63.4	75.3

续表

排名	省份	市	信用风险评估总分	PPP市场供给评估总分	基本公共服务评估总分
85	河北	廊坊	45.7	50.5	73.8
86	江苏	宿迁	44.9	52.2	71.5
87	江苏	镇江	45.8	49.2	79.5
88	陕西	宝鸡	44.4	53.1	72.8
89	河南	周口	44.1	55.2	67.3
90	安徽	阜阳	43.3	55.0	79.9
91	山东	聊城	44.7	52.3	72.3
92	湖北	荆州	44.1	51.2	86.8
93	江西	南昌	47.3	48.7	66.8
94	山东	淄博	47.3	49.7	60.8
95	广东	深圳	72.6	41.6	70.4
96	四川	达州	43.1	55.5	78.9
97	河南	濮阳	43.8	54.7	69.7
98	四川	南充	43.0	56.3	76.3
99	山东	东营	46.4	51.2	58.0
100	浙江	金华	45.9	50.0	68.7

二 地方财政承受能力分析

本节基于截至2018年底已落地的PPP项目，根据各项目的行业类型与交易边界条件，预估未来年度的财政支出责任，同时结合各地历年的财政支出数据，预测未来几年财政支出期望增长与支出数据，最终计算各地区财政承受能力比例与剩余空间。

（一）成交PPP项目数据维度与数据量

截至2018年底，全国全口径成交PPP项目9066个（含退库与未入库项目），累计投资总额超13万亿元。项目支出责任的测算主要按表9中的数据字段进行估计。

表9 构建财政承受能力估算模型的成交 PPP 项目数据维度

序号	数据字段	数据类型（单位）
1	项目类型	离散型
2	省份	离散型
3	付费方式	离散型
4	回报率	数值型（%）
5	项目规模	数值型（亿元）
6	项目合作期限	数值型（年）
7	项目建设期	数值型（年）
8	自有资金占比	数值型（%）
9	政府出资占比	数值型（%）
10	融资成本	数值型（%）
11	项目中标日期	数值型（日期）
12	项目公司设立时间	数值型（日期）

本报告试图利用每个 PPP 项目的上述数据字段构建财政支出责任估算模型，对于新成交项目做到实时计算，为模型的产品化打下数据基础；已落地项目若暂停实施或实施终止，也可以做到及时清退，动态调整项目支出责任估计值，及时释放财政承受能力剩余空间。由于部分项目信息的公开方式较为单一，数据字段的获取途径受限，故仍存在一定的数据缺失，并非所有项目都能通过公开渠道获取所有数据字段的数值。对此，通过分析其项目过程文件，包括两论报告、实施方案、采购公告与采购文件等，对成交项目的各类数据进行补全，同时扩充现有项目库的相应数据，减少数据缺失率并增加数据维度。

针对部分数据缺失的现状，模型在进行 PPP 项目财政支出责任测算前，首先利用针对 PPP 项目运作规律改进的基于距离最大化的数据聚类填充算法，补充部分缺失项目数据，使缺失数据匹配至最相似的数据聚类并进行相应填充；其次利用经过数据填充算法处理后的完整数据进行财政支出责任测算。缺失数据填充算法细节不再赘述。

为使分析具有代表性，本节通过市本级口径对各地财政的状况进行阐述，在财政层面只考虑市本级一般公共预算支出，在项目层面考虑市本级已落地PPP项目并剔除未入库的项目，只保留在库项目与减少项目。因此，符合条件的市本级PPP项目合计共2150个，总投资约5万亿元，分布在316个城市（部分属于新疆生产建设兵团）。

（二）PPP项目财政支出责任估算

1. 估算思路概述

根据前述参与计算的PPP项目数据字段，构建PPP项目财政支出责任估算模型。本报告把落地PPP项目分成两类进行处理，针对已入库且财承报告质量较高的项目，直接采用其计算结果，并把这一部分数据结果作为其余项目的参照组；针对剩余的项目，按运作模式标注其属性，计算时利用各项目补充完整的数据字段结合模型估算结果与参照组的数据调整形成最终结果，再与参照组中同类型的结果比对分析，直至满足预先设置的检验标准为止。由此即可得到每个项目在运营期每年的财政支出责任。

2. 项目支出计算结果

完成缺失数据的填充后，通过模型运算得到全国市本级地区2150个已成交项目2018~2023年的财政支出责任数据，年均支出约2700亿元。

估算结果从省份维度进行统计（合并新疆维吾尔自治区与新疆生产建设兵团的项目），2018年的支出情况中，河南、云南、新疆、四川等省份市本级PPP项目财政支出责任较大，其中，河南2018年市本级PPP项目财政支出129.9亿元，为全国最高。东部省份中，黑龙江与江西两省份市本级项目支出较少，均落后于其周边的其他省份。支出责任表明当地的PPP项目应用规模，这里只统计市本级的项目，并未考虑省本级与数量更为庞大的各省份区县级的PPP项目。

图3为2018年全国市本级项目支出责任行业分布，2018年市政工程类项目支出金额最大，为686.0亿元，对应的PPP项目投资总额超过1.9万亿元。表明市政工程领域仍是PPP应用的重点领域，利用PPP模

式运作项目对于缓解政府财政压力、平滑财政支出效果显著。财政支出责任次于市政工程的其他主要领域依次为交通运输、生态建设和环境保护、教育等。养老、农业、林业以及社会保障领域的 PPP 项目支出责任较小。

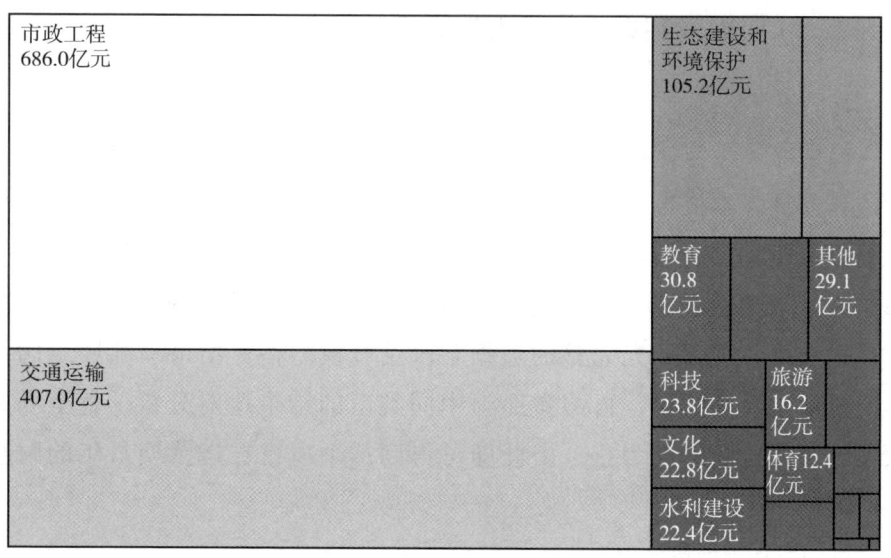

图 3　2018 年全国市本级项目支出责任行业分布情况

从时间维度来看，2018～2023 年各省份市本级项目支出责任趋势见图 4。全国各省份的支出总金额从 2018 年的 1500 亿元左右逐渐攀升至 2023 年的 3500 亿元左右，其中 2020 年与 2021 年的增速较快，可见近年来落地的 PPP 项目高速增长，经过 3 年左右的建设期后集中进入运营期，对财政支出责任形成一定压力。从省份来看，四川、河南以及新疆的支出责任金额在全国各省份中位居三甲，相应的 PPP 项目总投资超过 1.2 万亿元。

根据图 5，2018～2023 年的行业支出趋势非常明晰，2020 年与 2021 年财政支出责任陡升是由于市政工程领域 PPP 项目加速进入运营期，其增长幅度远高于其他领域。交通运输与生态建设和环境保护领域 PPP 项目支出责任次之，其他领域每年的支出责任均未超过 200 亿元。

2018年中国PPP宏观环境研究

		2018年	2019年	2020年	2021年	2022年	2023年
	安徽	58.97	69.20	109.19	124.51	129.86	131.15
	北京	85.56	51.82	70.39	72.92	74.95	99.35
	福建	35.10	66.74	84.66	94.04	96.11	100.21
	甘肃	21.80	25.77	23.17	23.91	24.75	24.60
	广东	51.99	95.91	116.54	128.94	135.49	142.81
	广西	64.47	100.79	123.17	130.45	138.12	135.91
	贵州	52.43	64.23	94.33	110.22	107.85	104.06
	海南	43.51	53.16	74.62	78.89	77.35	77.70
	河北	44.14	62.89	73.12	75.37	75.48	76.80
	河南	121.62	150.39	199.79	235.69	242.48	248.18
	黑龙江	13.09	42.95	43.42	113.15	92.49	105.94
	湖北	53.77	89.39	149.21	164.15	175.15	175.65
	湖南	59.25	82.33	111.05	141.62	160.28	163.59
	吉林	45.90	54.26	65.96	112.15	119.92	147.14
	江苏	57.04	79.77	92.36	139.8	143.47	143.29
	江西	17.32	24.74	36.48	45.55	45.22	45.27
	辽宁	39.40	50.79	55.24	57.51	70.56	83.88
	内蒙古	70.06	95.72	176.14	187.7	194.07	224.12
	宁夏	7.56	12.12	13.38	14.12	14.30	14.46
	青海	1.36	1.26	1.26	1.42	1.43	1.44
	山东	65.31	92.99	112.05	130.67	143.33	143.70
	山西	38.35	40.00	71.00	88.41	92.38	94.08
	陕西	36.38	53.12	80.13	95.94	96.57	98.73
	四川	96.47	115.76	180.34	241.25	259.34	260.47
	天津	3.40	3.20	5.01	8.79	8.81	8.81
	西藏	0.24	1.51	1.51	1.51	1.51	1.51
	新疆	99.09	126.6	201.52	242.39	261.80	283.34
	云南	100.94	111.1	122.10	141.81	141.55	144.84
	浙江	39.32	61.83	92.99	97.40	126.65	124.86
	重庆	13.89	17.55	18.70	73.77	77.09	77.09

图4 2018～2023年各省份市本级PPP项目财政支出责任趋势

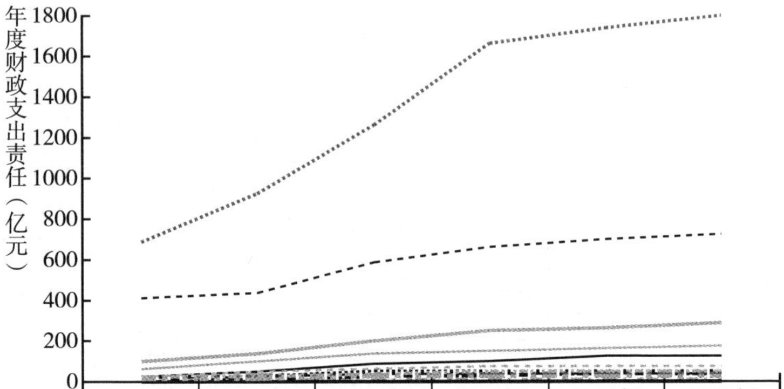

	2018年	2019年	2020年	2021年	2022年	2023年
保障性安居工程	29.44	46.79	90.88	93.83	126.30	128.65
城镇综合开发	56.94	97.09	134.21	153.26	164.97	171.09
交通运输	406.96	438.50	592.35	657.00	699.48	722.31
教育	30.84	45.84	60.24	70.78	71.20	71.14
科技	23.77	25.34	30.51	29.81	38.19	39.59
林业	3.07	3.32	4.33	4.29	4.50	5.43
旅游	16.24	21.58	34.05	40.40	41.97	42.38
能源	7.02	9.12	10.29	9.96	9.97	10.06
农业	1.44	0.91	2.60	2.64	2.65	2.64
其他	29.13	33.04	35.15	43.34	50.79	51.67
社会保障	0.49	1.26	1.41	1.26	1.21	1.28
生态建设和环境保护	105.18	140.05	195.45	255.38	263.32	291.41
市政工程	686.01	930.60	1262.48	1668.40	1734.60	1796.85
水利建设	22.36	30.05	48.64	51.06	52.69	53.65
体育	12.39	18.75	26.53	35.27	34.99	36.71
文化	22.80	24.76	39.25	46.67	47.69	47.84
养老	3.19	3.47	3.08	3.24	3.27	3.21
医疗卫生	10.86	17.48	25.81	29.33	30.54	30.02
政府基础设施	15.39	25.17	28.05	37.59	38.57	38.68

图 5 2018～2023 年各省份市本级 PPP 项目财政支出责任行业趋势

(三) 地方一般公共预算支出预测

针对 316 个城市的市本级一般公共预算支出, 主要考虑城市近 5 年的数据。实际计算时, 某些年份的数据缺失, 模型根据缺失值发生的具体年份采用邻近年份均值补全, 或根据地理区域信息寻找附近城市的完整数据作为近似估计。

拥有近五年较为完整的城市数据后，利用年均复合增长率（CAGR）公式对各地区的 2019~2023 年数据进行估算，公式如下：

$$CAGR(t_0, t_n) = \left[\frac{V(t_n)}{V(t_0)}\right]^{\frac{1}{t_n - t_0}} - 1$$

因 CAGR 对时间非常敏感，具有一定的局限性，故只预测今后五年的一般公共预算支出，以提高测算精度。

经过计算得到全国各地一般公共预算支出预测值之后，与各地相应年度的财政支出责任交叉比对，可得到当年财政承受能力占比的预测值。

（四）地方财政承受能力分析

1. 总体概况

经计算，2018 年全国市本级城市财承占比的分布中，财承空间吃紧的城市主要分布在西北、西南以及东北地区。东部城市的财承空间状况普遍较好，仍有不少 PPP 项目实施空间。

2. 省份维度

为了展示全国各省份之间的财承状况，本报告利用省内各市本级的总体财承指标来衡量，该指标将全省所有市本级项目的财政支出责任求和，再比上相应所有市本级城市的各年度一般公共预算支出预测值，可以考察某一省份的 PPP 模式利用情况与财承剩余空间的整体情况。基于不同财承状况，设置了中风险线与高风险线预警风险情况。如图 6 所示，云南的财承水平超出高风险线，这表明该省份超越 10% 红线的城市数量可能较多。贵州、新疆和海南三省份 2018 年的整体财承指标位于中风险线与高风险线之间，表明三省部分城市的财承剩余空间也相对吃紧。

从时间维度上看，本报告考察 2018~2023 年全国各省份市本级总体财承分布情况。如图 7 所示，六种颜色分别代表六年间各省份不同的财承区位。如前所述，在设定高风险线和中风险线后，发现新疆、贵州、云南和吉

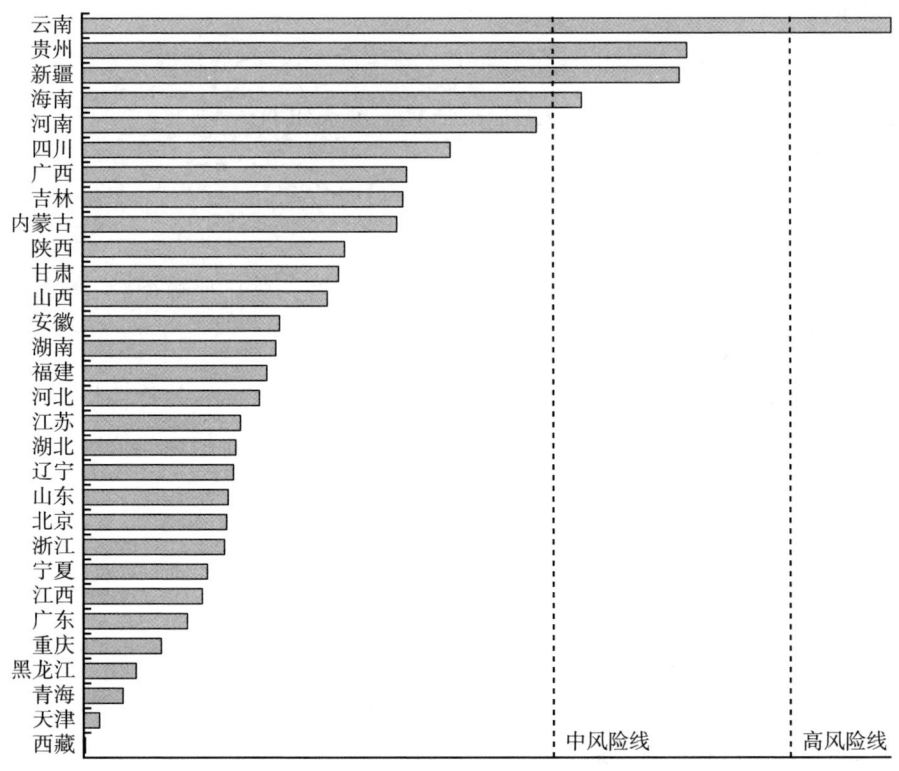

图 6　2018 年各省份市本级总体财承情况

林在接下来的几年里会有部分城市进入财承高风险区（高风险线以上），亟须提高警惕。今后几年可能处于财承中风险区（中风险线与高风险线之间）的省份有河南、四川、海南、内蒙古和陕西。对各省份在 2018~2023 年的总体财承指标求平均值，也可直观地看到这种趋势。

具体至城市项目情况来看，2018~2023 年新疆（包括新疆维吾尔自治区与新疆生产建设兵团）、四川、云南仍然是 PPP 财政风险防范工作的重点省份，估算结果显示其可能进入财承高风险区域的城市较多。相反，PPP 项目多但地区财政情况良好（浙江、广东等）和 PPP 模式应用较少（上海、西藏等）的省份情况较为乐观。

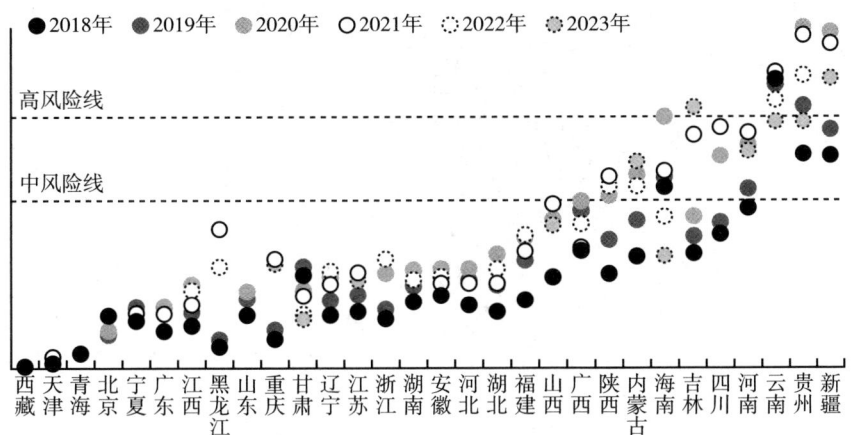

图7　2018～2023年各省份市本级总体财承分布

三　地方债务情况

在当前防风险、去杠杆的背景下，地方政府债务情况成为市场关注的焦点。地方政府债券自2014年《预算法》施行以来，发行量呈现跳跃式增长，应用范围逐渐扩大。特别是专项债品种，因新增额度较大且不计入财政赤字，成为当前地方政府融资的重要补充。根据财政部网站的公开数据，截至2018年11月末，全国地方政府债务余额18.29万亿元。其中，一般债务10.86万亿元，专项债务7.43万亿元，分别占比59%和41%（见图8）。一般债务占比稍多，但相比上年末的63%和37%，专项债务增长速度明显更快，反映专项债券逐渐上升的地位，及其在稳增长方面发挥的重要作用。

拆解18.29万亿元的地方政府债务，可知其中政府债券18.03万亿元，占比99%，而非政府债券形式存量政府债务仅为0.26万亿元（见图9）。反映了当前2014年末清理甄别认定的或有债务中部分符合条件的债务已基本完成置换，债务置换工作接近尾声。今后地方政府的新增债券绝大部分为新增债务。至此，旧有的债务历时三年终于大致完成了"债券化"。债券化在

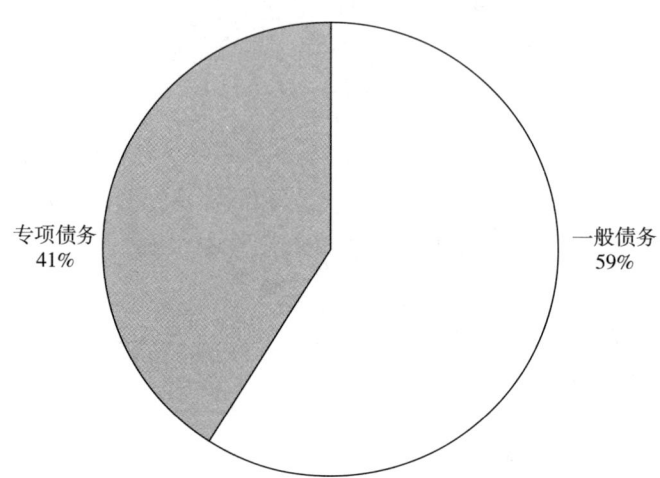

图 8　地方政府债务结构：专项债务与一般债务

提高规范性、降低还债成本方面有显著意义。而隐性债务作为游离在合法债券之外的包袱，在当前严控形势下并不具有显性化、合法化的空间，存在较大的财政风险，需要加以密切关注。

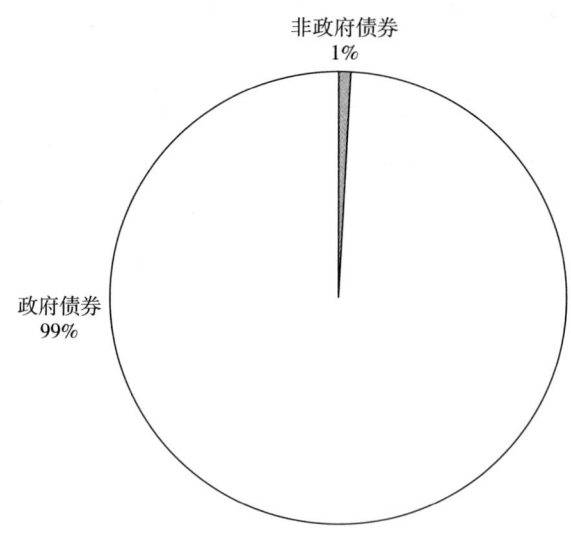

图 9　地方政府债务结构：政府债券与非政府债券

因地方政府当前负有直接偿还责任的债务主要以债券形式存在，因此可用债券余额衡量各地区的债务情况。根据 WIND 数据进行分析，截至 2018 年底，江苏的地方政府债券余额规模最大，为 1.29 万亿元，其后为山东（1.13 万亿元）、浙江（1.07 万亿元）。

以截至 2018 年底的债券余额作为地方政府的债务余额，以各省份 2017 的 GDP 数据作为经济总量进行粗略估算，通过"负债率＝债务余额/GDP"这一公式求得各地区的负债率。计算结果显示，贵州、青海、云南债务水平相对较高，位列前三，负债率分别为 64.5%、63.3%、41.3%；西藏、广东、北京的债务水平相对较低，位列后三，分别为 9.7%、10.8%、14.1%。

四 绿色债券发行情况

国内的绿色债券是指募集资金主要用于支持绿色项目的债券。而绿色项目通常是指有利于改善气候、空气、水、土壤、生态、能源消耗等的项目，具体包括节能、污染防治、资源节约与循环利用、清洁交通、清洁能源、生态保护和适应气候变化等。

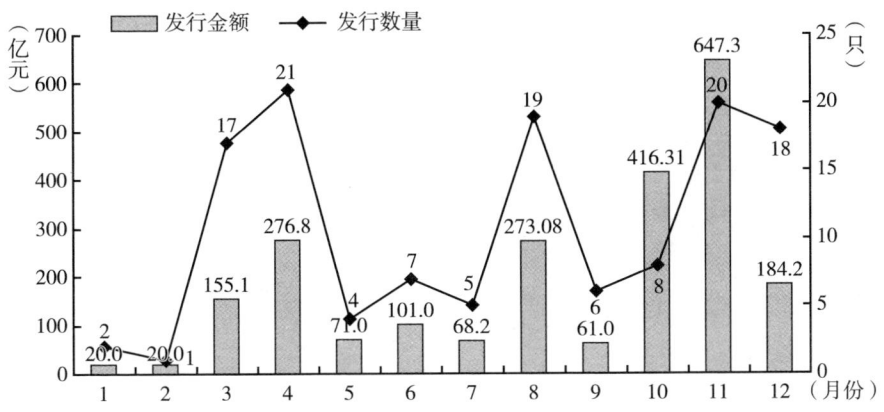

图 10　2018 年中国各月份绿色债券发行情况

资料来源：WIND。

2018年（境内）中国绿色债券发行金额达2293.99亿元，发行数量为128只，包括85个发行主体发行的金融债、企业债、公司债、中期票据、短期融资券。2018年中国绿色债券发行金额较2017年有所降低，月度发行金额及数量波动较大，整体呈现上升趋势；全年共有24个省份参与绿色债券的发行，北京发行绿色债券数量最多，福建绿色债券发行金额最大；2018年绿色金融债的发行金额和发行数量占比均较大，发行金额占比达59%；绿色企业债发行数量与金融债的发行数量相当，但其发行金额远远低于绿色金融债；发行主体以地方国有企业为主，国有企业在发行主体中的占比及其发行绿色债券的数量和金额占比均超过60%。

B.3
2019年中国PPP发展展望

北京明树数据科技有限公司*

摘　要： 2018年PPP项目的大规模清理已经基本结束，《基础设施和公共服务领域政府和社会资本合作条例》有望在2019年出台，将会进一步提升PPP市场的规范管理程度。可以预见，2019年PPP市场的成交数量和规模将开始稳步上升，但PPP项目的实施仍将趋向谨慎，2014~2017年的高速扩张现象难以复现。随着国家政策的出台，PPP前瞻方向逐步明朗，二级市场以及PPP项目全生命周期专业投资管理机构将迎来广阔发展空间。2018年末，伴随促基建、补短板政策信号不断释放，国家将经济增长的稳定预期逐步聚焦在大力发展基础设施和公共服务领域。PPP作为基础设施投融资的重要模式，也会随着法规、条例和相关规定的陆续出台成为推动下一阶段经济增长的"标准化"发展工具。中央也在不遗余力地推动PPP全面应用于各个细分领域，或将在2019年为中国PPP发展打开全新局面。

关键词： 中国PPP　规范管理　补短板

一　PPP发展机制

（一）PPP顶层设计将出台

自2017年《基础设施和公共服务领域政府和社会资本合作条例（征求

---

* 北京明树数据科技有限公司，国内领先的基础设施和公共服务投融资数据资产运营商，是国内政府和社会资本合作（PPP）领域大数据应用的开创者和引领者。

意见稿)》发布后,根据市场的反响,其内容的指导性和实操性仍存在较大的改善和提高空间。2018年2月底,《国务院2018年立法工作计划》明确由国家法制办、国家发改委、财政部共同起草《基础设施和公共服务领域政府和社会资本合作条例》(本文以下简称"PPP条例")。2018年11月的第四届中国PPP融资论坛上,焦小平主任表示"PPP条例"正在抓紧制定。截至2018年底,PPP条例暂未出台,预计将于2019年上半年发布。我国PPP项目在实操中缺少顶层设计文件的指导,容易出现部门混淆、概念混淆等,同时在逐渐走向规范化的进程中,适时推出正向引导性的顶层设计文件尤为重要,将奠定我国PPP的发展基调,在转型的重要时期指明方向。

(二)财承红线不能破

2018年底的第四届PPP融资论坛多次强调坚守10%红线的重要性,焦小平主任表明10%红线绝对不能破,这是合规的基础;王毅司长在北大PPP 50人论坛上表明10%红线的分母应该是一般公共预算支出,不可随意扩大分母范围,10%是政府承担PPP项目支出责任的"天花板"。推进PPP项目的规范运作,政府部门应在前期精确测算全生命周期内的各项支出责任,评估项目对当地财政的影响,利用项目信息管理系统等手段助力社会资本的投资决策与政府履约。在项目落地进入运营期后,政府部门也应注重项目绩效考核与按效付费,可借由项目绩效考核平台精确管理各项目的运营情况,掌握运营数据并及时调整各项财务数据。根据项目实际产生的金额预估未来年度收益,防范各类财政风险。

(三)绩效管理进一步增强和落实

随着地方政府债务管理趋严以及"92号文""54号文"等规范性文件的出台,PPP项目合规性要求逐渐明确并逐步落实,PPP从"广泛化"发展逐渐转向"精细化"发展。4年来,我国大量PPP项目推出并招标落地,很多项目逐渐进入建设及运营阶段。PPP项目的公共服务性要求加强政府监管以保障项目质量和服务满足社会需求,同时政府支出受债务严管和预算绩效管理约束变得更加谨慎,且预算绩效管理范围在其全面实施过程中得到延伸,覆盖PPP项目的绩效管理。因此实现PPP项目有效的绩效管理很有必要。政府或引入第三方对PPP项目进行绩效管理将有助于监管PPP项目及其相关参与方的履约情况,绩效管理结果将为财政支付提供依据,第三方的引入有助于为政府进行绩效管理提供新思路,提高政府部门工作效率,为政府决策和项目公司优化管理提供数据支撑。

二 PPP市场方向

(一)PPP成交量平稳提升,高速扩张不会复现

2018年,受"92号文""54号文""资管新规"等从严监管政策的影响,PPP市场成交量有所下降。但是经过2018年的大规模整改,PPP项目的合规性得到了大幅改善。2018年9月开始,受重大基础设施补短板、民营企业参与PPP项目得到政策倾斜等利好政策的影响,PPP市场的成交情况呈现回暖趋势,成交数量和金额在2018年12月达到当年各月峰值。可以预见的是,PPP项目的大规模清理已经基本结束,随着PPP项目合规性的提高,2019年PPP市场的成交数量和金额将开始稳步上升。2019年,"PPP条例"预计将出台,会进一步提升PPP市场的规范管理程度。因此,虽然2019年PPP项目成交量会有所回升,但PPP项目的实施仍将趋向谨慎,2014~2017年的高速扩张现象难以复现。

(二)财政部PPP项目库趋向稳定,"能进能出"原则不会改变

2018年3~5月,受"92号文"的影响,财政部PPP项目库减少项目较多,在库项目数量逐月下降。2018年9月开始,减少项目数量开始下降,项目库在库项目数量和规模趋稳,该现象一方面说明利好政策带来积极影响,另一方面反映财政部PPP项目库在库项目的大规模清退已基本结束。

虽然在库项目整体规模减小,但是不合规项目的清理也为合规PPP项目的发展腾出了更大的空间。

可以预见的是,2019年,财政部PPP项目库发展已经趋向稳定,不会再出现大规模项目被清退的情况,但是"入库"不代表项目合规,项目推进困难或项目实施过程中出现违规现象,仍有被清退的可能,项目库"能进能出"的原则不会改变。

2018年,根据"54号文"的要求,四批财政部示范项目也得到了整改,有助于示范项目在未来更好地发挥引领作用。除此之外,财政部PPP项目库加大了对项目管理库的管控力度,未完成物有所值评价和财政承受能力论证的项目不得进入项目管理库,因此,2019年,PPP项目的前期决策将得到高度重视。

(三)可行性缺口补助将受到青睐

"92号文"提出"审慎开展政府付费类项目"。2018年9月15日,财政部向各省财政部门发出了《关于规范推进政府与社会资本合作(PPP)工作的实施意见(征求意见稿)》,再次提出"原则上不再开展完全政府付费项目"。湖南等地区也积极开展了政府债务的监管工作。在强化按效付费机制与严控10%红线的情况下,PPP项目中的政府财政支出是否应归为政府的隐性债务仍待明确。

同时,使用者付费类项目市场风险较大,政府支持力度较小,项目收益的保障性较低,容易出现融资困难的问题,并在2018年减少项目中占据较大份额。可见,虽然使用者付费类项目能最大限度地减少政府的财政支出,但市场对使用者付费类项目仍较为谨慎。

在2018年底的财政部PPP项目管理库中,政府付费类项目的数量占比为39%,使用者付费类项目占比仅为7%,可行性缺口类项目占比最大,达54%。可行性缺口补助这一回报机制可以平衡政府财政压力和项目收益风险,在此背景下,2019年,可行性缺口补助类项目或许将受到政府与投资者的青睐。

（四）环保、文旅等行业开始升温

从行业方面看，2018年政府工作报告特别强调将"防范化解重大风险、精准脱贫、污染防治"三个领域放在政府工作的突出位置。国家也在生态环保领域出台了较多的政策。生态建设与环境保护类项目在2018年受到市场较高的重视，项目成交规模和增速在各行业中较为突出。2019年，生态建设与环境保护类项目将会继续升温。

2018年底，文化和旅游部、财政部联合下发《关于在文化领域推广政府和社会资本合作模式的指导意见》，而这也是继2018年4月两部门发布《关于在旅游领域推广政府和社会资本合作模式的指导意见》后，再次呼吁社会资本以PPP的形式投资文旅项目。相比2017年，2018年文化和旅游类项目的成交规模降幅较小。可以预见的是，随着政策的不断推出，2019年文旅项目也将得到大力发展。

三 PPP结构调整

（一）补短板持续发力，铁路轨交势头猛

中央政治局会议要求把补短板作为当前深化供给侧结构性改革的重点任务，加大基础设施、农业、民生、环保等领域补短板的力度。国务院常务会议指出，激发社会活力、推动有效投资稳定增长是推进供给侧结构性改革补短板、巩固经济稳中向好势头、促进就业的重要举措。2018年末，中央经济工作会议强调2019年要逆周期调节，实现高质量发展，要发挥投资的关键作用，大幅度增加地方政府专项债规模，可以预见，2019年补短板、促基建过程中，加大基建投资仍然是"稳增长、补短板"的着力点，PPP机制如果能够规范开展、有效运行，将在历经低谷后更好地发挥实效。

城市轨道交通规划自2018年7月恢复审批后，国家发改委在半年内批复6个城市的轨道交通建设规划，总投资额6343.9亿元，作为稳增长举措

之一的铁路建设势头良好,2018年第四季度以来,国家发改委密集批复多个铁路建设项目,涉及固定资产投资近千亿元。当前在补短板基调下,铁路投资有望再加速,轨交装备需求趋势向上。

(二)民营资本受关注,变革顺势求发展

民间投资作为稳增长、调结构、促就业的重要支撑力量,是中央及各地方政府重点关注的投资力量,2019年各地方发改委按要求将常态化向民间资本推介重点领域项目,激发市场活力,提升供给质量,加快基础设施提质增效。在补短板的基础设施领域,民营企业有大量的投资机会,尤其是用PPP模式参与基础设施建设与投资。另外,对于国有资本来说,将在促进形成强大国内市场方面有所作为,加大城际交通、物流、市政基础设施等投资力度,补齐农村基础设施建设和公共服务设施建设短板(如医院、文化体育、教育等基础设施)。从这方面可以看出,2019年大型建筑承包商等中央企业将在上述基建补短板的领域大有可为。

在国家重点推介与"一带一路"快速有效发展的背景下,民营企业也要积极推进自身的改革与发展,以适应新形势下的投资发展需求。目前民间资本在投资中还会遇到"市场壁垒",国家宏观层面会议多次提出支持民企发展的政策需要优化并进一步考虑政策落实的可行性,同时政府将加强实施监管。

未来,我国社会资本参与PPP项目道路固然坎坷,但在国家政策持续的支持下,一定会向市场化的方向发展,越来越多有实力、有技术、运营管理能力强的社会资本将参与到PPP市场中来。

(三)财政管理体制改革,提升PPP实施空间

财政事权划分改革、预算改革、税收改革是当前我国财税体制改革的主要方向。其中,预算改革自党的十八届三中全会以来取得明显成效,政府举债行为正在不断规范。税收改革随着"营改增"的全面推开也有了一定成效。而财政事权划分因涉及中央各职能部门的核心权力和利益调整,在推进

中仍面临较大阻力，进度也更为缓慢。党的十九大报告提出，"加快建立现代财政制度，建立权责清晰、财力协调、区域均衡的中央和地方财政关系"。

区域、城乡之间的差距是当前我国面临的重要问题，随着新型城镇化的不断推进，为了满足人民对美好生活的向往，公共服务必然还需要大量的投入。因此预计未来在发展水平较低的地区，中央将继续加大公共服务领域的财政投入，如2018年国务院办公厅印发《医疗卫生领域中央与地方财政事权和支出责任划分改革方案》就是明显的信号，文件将各地区中央分担比例进行分档，经济发展水平较好的东部沿海地区中央分担比例明显相对较低，而分担比例较高地区多集中于中西部。这一文件从事权与支出责任相匹配入手，重新调整中央和地方的财政关系，向贫困地区倾斜。随着财政管理体制改革的不断推进，贫困地区用于公共服务的支出将得到更多的财政支持。

财政管理体制的完善不仅构建了PPP项目实施的良好条件，还扩大了PPP项目实施的空间。财政部规定，每一年度全部PPP项目需要从预算中安排的支出责任，占一般公共预算支出的比例应当不超过10%，而对地方拨付的转移支付资金使得一般公共预算支出增大，降低了每年的财承比例，提升了一般预算支出用于PPP模式的剩余额度。此外，地方支出和中央支出捆绑在一起之后，不仅成果规模更大，而且管理水平、透明度、可比性也相应提升，绩效也会相应提高。

（四）地方政府债券优化，拓展基建发展结构

2018年12月29日，财政部印发了《地方政府债务信息公开办法（试行）》，其内容涉及地方政府债务信息的预决算、债券发行安排、重大事项、资金调整用途、财政经济信息、政府债务管理制度等多个方面。在信息披露不断完善的背景下，地方政府债券的发行市场有望进一步优化。

专项债与PPP模式可实现有效结合并发挥各自优势。当前，财政部对公开发行的普通专项债增加15年期限、20年期限的品种，丰富了期限结

构。20 年期的专项债与 PPP 项目合作期契合较好，为将专项债资金引入 PPP 项目提供了发展空间。此外，随着 2019 年专项债发行量的剧增，应用场景可能会进一步扩大。但由于专项债券的发行专业性强、程序较复杂，且当前评级信息无法反映真实的风险状况，保证风险隔离、清晰界定偿还资金来源值得进一步关注。

在健全市场机制、完善信用主体方面的建议如下：（1）地方政府发债权限可考虑由省级向具备条件的主体进一步放开，通过完善信用主体实现风险的有效定价；（2）地方政府可通过把握政策导向用好新增债券额度，对当前国家政策重点支持领域，如乡村振兴、生态环保、保障性住房、公立医院、公立高校、交通、水利等加大投入，从而实现资金的精准利用；（3）建立区域统筹平衡机制，通过"多退少补"在总体限额范围内对有结余地区的专项债额度进行有效利用；（4）推进投资主体多元化，加强买方市场建设，协调推进公募基金、保险资金、社保资金进入地方债市场，提高市场流动性。

四　PPP 前瞻方向

（一）PPP 二级市场发展令人期待

发展二级市场对于中国 PPP 领域的参与者来说具有重大的意义。二级市场的发展可以丰富 PPP 领域的投资人结构，让大量中长期资本或轻资产单位可以在合适的时点介入项目。对于初始投资人而言，发展二级市场可以提升资产流动性、提升项目价值、提升赢利能力、优化资产结构。

目前，国内 PPP 二级市场的萌芽已经出现，市场中已经有十余只 PPP 资产支持证券、资产支持票据等产品发布。以天金所为代表的交易所也在积极推进 PPP 二级市场交易平台的搭建和交易规则的制定，PPP 二级市场正在吸引越来越多的关注。但不可否认的是，目前 PPP 二级市场仍然存在一些制约发展的因素，包括一级市场竞争激烈导致回报率偏低，显著抑制了投资人对二级市场的兴趣；绩效考核风险在一级与二级投资人之间缺乏分配机制、"资管新规"对长期限投资人的限制、国企社会资本的资产转让问题以及地方政府存在顾虑等，均需要监管机构、社会资本、交易平台、金融机构以及地方政府共同努力来消除障碍。

展望未来市场发展，随着经历合规性改造的PPP项目逐渐进入完工期，根据英国PFI市场的经验[1]和我国PPP合同中普遍存在的股权交割限制，预计2~3年后国内PPP二级市场会迎来供给端的快速成长。在PPP项目合规性确立的政策环境下，具备稳定现金流的项目股权、收益权蕴含的金融创新空间是巨大的，一定会呈现百花齐放的局面，股权投资基金、REITs、ABS等多种产品将会满足各类投资人的不同偏好。

市场的创新与发展离不开政策环境和基础数据的支持。作为底层资产的PPP项目本身的标准化过程是二级市场发展的重要基石，信息披露的标准化和规范化、第三方专业服务机构作用的发挥、地方政府履约监督机制的完善以及再融资收益的合理分配等都是市场健康发展所必需的机制，二级市场交易数据库的成立也将为监管部门提供更加全面和清晰的监管视角。

（二）PPP项目全生命周期专业投资管理机构将迎来广阔空间

主动投资管理能力是国外较多数量基础设施领域投资管理机构的生存之道，大量养老金和机构投资人将中长期资产的配置委托给上述机构，获得较为稳定的中长期股权投资回报。在国内基础设施市场投融资领域中，金融机构参与的方式仍以债权融资或"明股实债"为主，通过向社会资本转移风险的方式来获得固定回报，从长期看，既不利于自身主动投资管理能力的构建，也失去了获得超额利益的机会。

随着"资管新规"的实施，原有中短期的"明股实债"产品在结构设计上面临障碍，PPP领域对于债务型资本金的禁止也从监管角度明确了只有

---

[1] 奉椿千、章贵栋、丁化美、李可书、于丽、肖光睿：《英国PPP二级市场的发展和对中国的借鉴意义》，明树数据，http://bridata.com/report/detail?id=4326。

真正的股权投资才能获得监管认可，因此原有一大部分以债权或"明股实债"形式配置在PPP领域的投资迫切需要向真股权方向转变。对于传统金融机构而言，培育和构建主动管理团队的成本高昂，期限漫长，因此寻找专业管理机构来负责管理或协助管理成为选择之一。

参照国际经验，预计会有一批独立、专业的基础设施投资管理机构在这一轮发展中成长，并根据自身擅长的行业、付费类型、介入节点等，基于风险偏好差异匹配不同资本的需求。上述机构的出现也将进一步推动我国基础设施领域中长期投资人的多元化。

（三）数字建造与运维支撑PPP可持续发展

随着市场对PPP项目绩效的关注越来越多，有效测量、调节和提升PPP项目绩效成为非常重要的问题，数字建造与运维为PPP项目绩效管控提供了有效的工具与平台。（1）PPP项目绩效数字化测量。使用有效的移动设备采集现场数据，结合规范的流程对PPP项目的产出进行动态数字化测量，实现客观、动态和智能化的绩效评估。（2）PPP项目数字化建造。利用BIM与物联网技术构建施工现场实时智能交互平台，实现现场一体化管控及全产业链的协同，提高PPP项目建造过程精细化水平，实现浪费最小化、价值最大化，提升施工绩效。（3）PPP项目数字化运维。利用BIM技术、实时感知技术、大数据技术与人工智能技术，把PPP项目升级为可感知、可分析、自动控制乃至自适应的智慧化系统和生命体，对运维过程进行智能优化、管理和维修，促使基础设施资产可维护性提升，并实现闲置资源充分利用，促进价值不断提升。

政策篇
Policy Reports

B.4
2018年PPP政策概述

谭 臻*

摘 要: 2018年,PPP已经进入规范期。为了加强PPP项目的规范管理和风险管控,本报告对国务院以及财政部、国家发改委等部委在2018年陆续发布的有关PPP的主要文件、部门规章逐一进行梳理和归纳整理。

关键词: PPP 政策 规范管理

2018年是改革开放40周年、"贯彻落实十九大精神的开局之年"、我国"十三五"规划承上启下的关键一年。《中华人民共和国国民经济和社会发

---

* 谭臻,北京圣伟律师事务所创始合伙人、监委会主任,财政部PPP专家库法律专家。

展第十三个五年（2016～2020年）规划纲要》是根据《中共中央关于制定国民经济和社会发展第十三个五年规划的建议》编制的，主要明确经济社会发展宏伟目标、主要任务和重大举措，阐明国家战略意图，是市场主体的行为导向，是政府履行职责的重要依据。因此，各个部委规范政府与社会资本合作模式（PPP）的政策也必然应该是符合"十三五"规划精神的。无论是国务院，还是财政部、国家发改委、"一行二会"（中国人民银行、中国证券监督管理委员会、中国银行保险监督管理委员会）等部委，其政策是基于履行行政机关的行政管理职责，结合实际并以"十三五"规划为重要依据而做出的。

供给侧结构性改革是"十三五"期间我国经济发展的主线，是所有国家部委政策不可偏离的脉络。而在沿这个主线推进改革的过程中，宏观政策的"稳"无疑又是核心。政府与社会资本合作（PPP）已被明确写进"十三五"规划，其第十七章第四节"深化投融资体制改革"、第六十一章"增加服务供给"第三节都明确提到了PPP。

贯穿在"十三五"规划中的"稳"的宏观基调，决定我国政府与社会资本合作的基调必然也是"稳"。"稳"就要有扶持政策、监管政策，对于偏离正轨的不合规PPP项目必然要监管、整改、清理。

2018年政府工作报告的总基调是坚持稳中求进，实现高质量发展，并特别强调要取得"防范化解重大风险、精准脱贫、污染防治"三个领域攻坚战的扎实进展。积极的财政政策取向不变，要聚力增效；稳健的货币政策保持中性，要松紧适度。

《国务院关于落实〈政府工作报告〉重点工作部门分工的意见》（国发〔2018〕9号）（本文以下简称《分工意见》）对政府工作报告内容做了详细落实，其涵盖政府工作报告的重要内容，并且将工作落实与具体的部委明确关联。《分工意见》指出，2018年工作的总基调是坚持稳中求进，高质量发展是要求，尤其强调了要让"防范化解重大风险、精准脱贫、污染防治"三个领域攻坚战取得切实成效。

由于财政部、国家发改委是国务院非常重要的职能部门，因此在这份落实政府工作分工的意见中，绝大多数领域可以看到这两个部门的身影。在《分工意见》中值得注意和强调的是，财政部是在"防范化解重大风险"方面被列在首位的部门。国家发改委、中国人民银行、审计署、中国银保监会、中国证监会等按职责分工负责。在《分工意见》中，财政部作为牵头单位负责的还有"积极的财政政策""财税体制改革"。落实"稳健的货币政策保持中性"的前三个主要部门分别是中国人民银行、国家发改委、财政部。而国家发改委在"支持民营企业发展"这个工作领域是首要牵头部门。国家的各项工作落实既要有主要的负责部门，又需要部门之间的协作。发文部门往往是牵头部门，而落实文件政策往往需要多个部门协同。

《分工意见》全面详细，通过它能宏观地把握 2018 年开展 PPP 项目的政策环境和政府工作的重心。

2018 年 3 月 17 日，十三届全国人大一次会议第五次全体大会表决通过了国务院机构改革方案。机构改革后，国务院正部级机构减少 8 个，副部级机构减少 7 个。在机构调整中，PPP 领域应该尤其注意到的是"组建中国银行保险监督管理委员会"，不再保留中国银行业监督管理委员会、中国保险监督管理委员会，加上此前已经成立的国务院金融稳定发展委员会（金稳委），"一行一委二会"的新金融监管框架已然形成。银行业、保险业制定重要法律法规草案和审慎监管制度的职责都划入中国人民银行。中国银监会和中国保监会的合并是符合重在攻坚、防范风险、服务实体经济的主基调的。在当前混业经营的大资管背景下，这样的监管框架显然也更有利于国家机关有效地对 PPP 项目融资进行穿透监管。

笔者通过归类，按时间顺序将国务院、各部委 2018 年出台的与 PPP 相关的主要政策、部门规章进行梳理（见表 1、表 2）。

表1 2018年国务院出台的重要规范性文件

序号	文号	文件
1	国办发〔2018〕4号	《国务院办公厅关于推进农业高新技术产业示范区建设发展的指导意见》

续表

序号	文号	文件
2	国办发〔2018〕14号	《国务院办公厅关于印发国务院2018年立法工作计划的通知》
3	国家发展改革委令第6号	国务院批准《必须招标的工程项目规定》
4	国发〔2016〕20号	《国务院关于落实〈政府工作报告〉重点工作部门分工的意见》
5	国办发〔2018〕23号	《2018年政务公开工作要点》
6	国办发〔2018〕35号	《国务院办公厅关于转发财政部、国务院扶贫办、国家发展改革委扶贫项目资金绩效管理办法的通知》
7	—	《中共中央 国务院关于全面加强生态环境保护坚决打好污染防治攻坚战的意见》
8		《关于建立"一带一路"国际商事争端解决机制和机构的意见》（中共中央办公厅、国务院办公厅）
9	国办发〔2018〕67号	《国务院办公厅关于印发医疗卫生领域中央与地方财政事权和支出责任划分改革方案的通知》
10	国发〔2018〕22号	《国务院关于印发打赢蓝天保卫战三年行动计划的通知》
11	—	《中共中央 国务院关于完善国有金融资本管理的指导意见》
12	—	《中共中央国务院关于支持海南全面深化改革开放的指导意见》
13	国办发〔2018〕18号	《国务院办公厅关于全面推进金融业综合统计工作的意见》
14	国办发〔2018〕52号	《国务院办公厅关于进一步加强城市轨道交通规划建设管理的意见》
15	财金〔2018〕87号	《财政部关于贯彻落实〈中共中央 国务院关于完善国有金融资本管理的指导意见〉的通知》
16	国办发〔2018〕65号	《国务院办公厅关于成立国务院推进政府职能转变和"放管服"改革协调小组的通知》
17	国发〔2018〕23号	《国务院关于推进国有资本投资、运营公司改革试点的实施意见》
18	国发〔2018〕27号	《国务院关于加快推进全国一体化在线政务服务平台建设的指导意见》
19	—	《关于加强国有企业资产负债约束的指导意见》（中共中央办公厅、国务院办公厅）
20	—	《中共中央 国务院关于完善促进消费体制机制进一步激发居民消费潜力的若干意见》
21	—	《中共中央、国务院发布关于全面实施预算绩效管理的意见》
22	—	《乡村振兴战略规划（2018~2022年）》（中共中央、国务院）

续表

序号	文号	文件
23	国办发〔2018〕93号	《国务院办公厅关于印发完善促进消费体制机制实施方案（2018~2020年）的通知》
24	国办发〔2018〕101号	《国务院办公厅关于保持基础设施领域补短板力度的指导意见》
25	国办发〔2018〕104号	《国务院办公厅关于聚焦企业关切进一步推动优化营商环境政策落实的通知》
26	国办发〔2018〕117号	《国务院办公厅关于对真抓实干成效明显地方进一步加大激励支持力度的通知》

表2　2017~2018年发布的重要部门规章

序号	文号	文件
1	财库〔2017〕210号	《财政部关于印发〈政务信息系统政府采购管理暂行办法〉的通知》
2	国土资规〔2017〕17号	《国土资源部 财政部 中国人民银行 中国银行业监督管理委员会关于印发〈土地储备管理办法〉的通知》
3	财库〔2018〕2号	《财政部关于印发〈政府采购代理机构管理暂行办法〉的通知》
4	保监发〔2018〕6号	《关于加强保险资金运用管理支持防范化解地方政府债务风险的指导意见》
5	财综〔2018〕8号	《财政部 国土资源部关于印发〈土地储备资金财务管理办法〉的通知》
6	财预〔2018〕19号	《关于建立健全长江经济带生态补偿与保护长效机制的指导意见》
7	水农〔2018〕54号	《水利部关于印发〈深化农田水利改革的指导意见〉的通知》
8	财库〔2018〕29号	《关于修订印发〈政府部门财务报告编制操作指南（试行）〉的通知》
9	财预〔2018〕35号	《关于印发〈预算稳定调节基金管理暂行办法〉的通知》
10	财金〔2018〕23号	《财政部关于规范金融企业对地方政府和国有企业投融资行为有关问题的通知》
11	财预〔2018〕28号	《关于印发〈试点发行地方政府棚户区改造专项债券管理办法〉的通知》
12	财税〔2018〕23号	《关于环境保护税有关问题的通知》
13	财税〔2018〕32号	《财政部税务总局关于调整增值税税率的通知》
14	财税〔2018〕39号	《关于降低部分政府性基金征收标准的通知》
15	银保监发〔2018〕1号	《关于印发〈融资担保公司监督管理条例〉四项配套制度的通知》
16	文旅旅发〔2018〕3号	《文化和旅游部 财政部 关于在旅游领域推广政府和社会资本合作模式的指导意见》

续表

序号	文号	文件
17	证监发〔2018〕30号	《中国证监会住房城乡建设部关于推进住房租赁资产证券化工作的通知》
18	财金〔2018〕54号	《关于进一步加强政府和社会资本合作（PPP）示范项目规范管理的通知》
19	银发〔2018〕106号	《关于规范金融机构资产管理业务的指导意见》
20	财库〔2018〕61号	《财政部关于做好2018年地方政府债券发行工作的意见》
21	财税〔2018〕41号	《财政部 税务总局关于保险保障基金有关税收政策问题的通知》
22	财预〔2018〕53号	《关于下达2018年中央对地方民族地区转移支付的通知》
23	农牧发〔2018〕6号	《农业农村部 财政部关于做好2018年畜禽粪污资源化利用项目实施工作的通知》
24	国资委 财政部 证监会令第36号	《上市公司国有股权监督管理办法》
25	发改外资〔2018〕706号	《关于完善市场约束机制 严格防范外债风险和地方债务风险的通知》
26	农财发〔2018〕22号	《农业农村部 财政部关于实施绿色循环优质高效特色农业促进项目的通知》
27	财农〔2018〕66号	《林业生态保护恢复资金管理办法》
28	农办财〔2018〕70号	《关于批准开展2018年农业产业强镇示范建设的通知》
29	发改财金〔2018〕1135号	《关于印发〈2018年降低企业杠杆率工作要点〉的通知（国家发展改革委、人民银行、财政部、银保监会、国资委）》
30	财综〔2018〕42号	《关于推进政府购买服务第三方绩效评价工作的指导意见》
31	财库〔2018〕72号	《关于做好地方政府专项债券发行工作的意见》
32	财会〔2018〕21号	《关于贯彻实施政府会计准则制度的通知》
33	环规财〔2018〕86号	《关于生态环境领域进一步深化"放管服"改革，推动经济高质量发展的指导意见》
34	财办建〔2018〕172号	《关于组织申报2018年城市黑臭水体治理示范城市的通知》
35	财办〔2018〕34号	《财政部贯彻落实实施乡村振兴战略的意见》
36	财金〔2018〕103号	《关于下达2018年度普惠金融发展专项资金预算的通知》
37	财税〔2018〕107号	《关于去产能和调结构房产税、城镇土地使用税政策的通知》
38	住房和城乡建设部令〔2018〕43号	《住房城乡建设部关于修改〈房屋建筑和市政基础设施工程施工招标投标管理办法〉的决定》

续表

序号	文号	文件
39	发改综合〔2018〕1465号	《关于印发〈促进乡村旅游发展提质升级行动方案(2018年~2020年)〉的通知》(国家发展改革委、财政部、人力资源社会保障部、自然资源部、生态环境部、住房城乡建设部、交通运输部、农业农村部、文化和旅游部、国家卫生健康委、人民银行、市场监管总局、银保监会)
40	财金函〔2018〕95号	《关于加强中国政企合作投资基金管理的通知》
41	财预〔2018〕167号	《关于贯彻落实〈中共中央 国务院关于全面实施预算绩效管理的意见〉的通知》
42	文旅旅发〔2018〕3号	《文化和旅游部 财政部关于在旅游领域推广政府和社会资本合作模式的指导意见》
43	财金〔2018〕122号	《关于提前下达2019年普惠金融发展专项资金预算指标的通知》
44	—	《关于推进全方位公共就业服务的指导意见》(人力资源社会保障部、国家发展改革委、财政部)

B.5
PPP重要政策分析解读

谭 臻*

摘 要： 为鼓励和规范PPP的运行，从2014年开始，国务院和国家发改委、财政部等有关部委陆续出台了相关文件，本报告在对主要文件、部门规章逐一进行梳理和归纳整理的基础上，对11个重要的政策文件进行了翔实的解读和分析。

关键词： PPP 规范管理 防控风险

2018年3月31日是财政部根据财办金〔2017〕92号文件（本文以下简称"92号文"）划定的PPP项目清库整改大限，彰显了"92号文"对于清理整顿PPP项目库的威力。"92号文"不仅清理了不合规的PPP项目，也让PPP项目的门槛比之前要高，整顿了PPP行业鱼龙混杂、以假乱真的乱象。国家对PPP项目"狠抓规范管理"的力度是PPP相关人员有切身认知体会的。

考虑到PPP已经在我国进入规范发展的新阶段。2018年以来，在业界翘首盼望PPP条例出台的同时，财政部、国家发改委也未再呈现类似2016～2017年密集发文的"竞赛"状态。在当前以防范风险为首要目标的攻坚战阶段，在经历了野蛮发展和规范清理阶段之后，可以断定，在国家部委机关中，财政部是主导PPP项目的主要职能部门，"92号文"是迄今为止影响最大的监管文件。2018年以来，财政部的发文频率以及文件的受关注

---

* 谭臻，北京圣伟律师事务所创始合伙人、监委会主任，财政部PPP专家库法律专家。

度都不如以往,其他部门的发文频率和对PPP从业人士的影响力更不及财政部。因此,笔者对于2018年PPP政策的宏观归类主要是以财政部PPP政策的指向为依据。每一项PPP政策的落实,都需要各部门之间的相互协作,比如防范政府隐性债务风险、降低企业杠杆等,这些均属于国务院制定政策的基本精神,因此在各个部门的政策中都有体现。

综上,笔者对党中央、国务院以及各个部委有关PPP的政策进行归类,并就若干重要政策进行简要的解读和分析。

一 规范管理类政策

(一)《关于规范金融企业对地方政府和国有企业投融资行为有关问题的通知》(财金〔2018〕23号)

2018年,PPP已经进入规范期。经过前两年的野蛮生长,业内人士也称PPP进入平飞期。2017年,"92号文""192号文"严厉地肃清了PPP市场的乱象,以至于在回顾2018年上半年针对PPP的监管政策时,似乎只有《关于规范金融企业对地方政府和国有企业投融资行为有关问题的通知》(财金〔2018〕23号)能让业内人士嗅到监管的味道。对于2018年来说,规范管理PPP的工作由于利空政策已经基本出尽,人们翘首期盼的PPP条例也有望出台。规范管理的价值有多大?衡量的标准之一即是被清库项目的后续消化。规范管理本身并不是为了清库,然而清库是规范管理的必然结果。《财政部关于进一步加强政府和社会资本合作(PPP)示范项目规范管理的通知》(财金〔2018〕54号)规定:"终止实施的,应当依据法律法规和合同约定,通过友好协商或法律救济途径妥善解决,切实维护各方合法权益。"友好协商意味着并不友好的谈判,法律救济途径意味着耗时耗力却可能依然难以完全获得支持的漫长诉讼。笔者在这里要强调,规范管理绝不仅指政府对项目的规范管理,社会资本应主动养成规范管理自身以及所参与PPP项目的意识,必要时聘请第三方咨询机构协助项目的合同管理。规范管

理类政策包括财政部对PPP项目库本身的管理性文件，也包括其他部委与PPP项目合规性有密切关系的文件。

PPP项目按融资性质可大致划分为股权融资和债权融资两大形式。其中，股权融资主要包括政府引导基金、社会化股权投资基金以及信托、资管、保险股权计划等；债权融资主要有发行债券、银行贷款、信托贷款、保险债权计划等多种途径。在实际PPP融资过程中，资本金融资、"明股实债"以及PPP项目规范运作一直是监管机构关注的重点。

财金〔2018〕23号文件从资金供给方的角度重点强调了具体监管PPP融资的三个方面。

（1）PPP项目资本金来源问题。国有金融企业在参与PPP项目融资过程中，对于PPP项目公司的资本金应坚持"穿透原则"进行审查，特别是PPP项目的社会资本方如存在以债务性资金出资等违规问题，不得为地方政府或国有企业违法违规或变相举债提供支持。

（2）对于存在"明股实债"等违规操作的PPP项目，国有金融机构不得向其提供融资。

（3）PPP项目规范运作问题。国有金融企业应以PPP项目规范运作为提供融资的前提条件，对于未按规定落实项目资本金、未按规定开展物有所值评价（VFM）和财政承受能力论证的，或者物有所值评价、财政承受能力论证等相关信息没有充分披露的PPP项目，不得提供融资。

（二）《中共中央 国务院关于全面实施预算绩效管理的意见》（财预〔2018〕167号）

1. 总体思路和基本原则

《中共中央 国务院关于全面落实预算绩效管理的意见》（本文以下简称《意见》）围绕"全面"和"绩效"两个关键点，对全面实施预算绩效管理做出部署。总体思路是：创新预算管理方式，通过结果导向、强调成本效益、硬化责任约束，力争用3~5年时间基本建成全方位、全过程、全覆盖的预算绩效管理体系，实现预算和绩效管理一体化，着力提高财政资源配置效率和使用效益，改变预算资金分配的固化格局，提高预算管理水平和政策实施效果。

基本原则：①坚持总体设计、统筹兼顾，统筹谋划、全面实施预算绩效管理的路径和制度体系；②全面推进、突出重点，坚持问题导向，聚焦提升覆盖面广、社会关注度高、持续时间长的重大政策和项目实施效果；③科学规范、公开透明，主动向同级人大报告，向社会公开；④权责对等、约束有力，明确各方预算绩效管理职责，健全激励约束机制，调动地方和部门的积极性和主动性。

2. 从"全方位、全过程、全覆盖"三个维度推动绩效管理全面实施

其一，构建全方位预算绩效管理格局。实施政府预算、部门和单位预算、政策和项目预算绩效管理。将各级政府收支预算全面纳入绩效管理，推动提高收入质量和财政资源配置效率，增强财政可持续性；将部门和单位预算收支全面纳入绩效管理，增强其预算统筹能力，推动提高部门和单位整体绩效水平；将政策和项目预算全面纳入绩效管理，实行全周期跟踪问效，建立动态评价调整机制。

其二，建立全过程预算绩效管理链条。将绩效理念和方法深度融入预算编制、执行、监督全过程，构建事前、事中、事后绩效管理闭环系统，建立绩效评估机制，强化绩效目标管理，做好绩效运行监控，开展绩效评价和加强结果应用。

其三，对预算绩效管理体系全覆盖。各级政府需将一般公共预算、政府性基金预算、国有资本经营预算、社会保险基金预算全部纳入绩效管理。把对政府投资基金、主权财富基金、政府和社会资本合作（PPP）、政府采购、政府购买服务、政府债务项目等涉及财政资金的基金和项目的绩效管理落到实处。

3. 主要创新体现

《意见》的创新主要体现在以下几个方面。

第一，拓展预算绩效管理的实施对象。从以政策和项目预算为主向部门和单位预算、政府预算拓展，从以转移支付为主向地方财政综合运行拓展，

逐步提升绩效管理层级，在更高层面统筹和优化资源配置。

第二，开展事前绩效评估。为从源头上防控财政资源配置的低效无效，《意见》将绩效管理关口前移，建立重大政策和项目的事前绩效评估机制。对新出台的重大政策或项目开展事前绩效评估，投资主管部门要加强基建投资的事前绩效评估，评估结果作为申请预算的前置条件。财政部门要加强新增重大政策和项目预算审核，必要时可以组织第三方机构独立开展绩效评估，审核和评估结果作为预算安排的重要参考依据。但是，事前绩效评估不是另起炉灶、另搞一套，而是结合预算评审、项目审批等现有工作开展，更加突出绩效导向。

第三，实施预算和绩效"双监控"。各级政府、各部门、各单位对绩效目标实现程度和预算执行进度实行"双监控"，发现问题要及时纠正，确保绩效目标如期、保质、保量实现。及时调整预算执行过程中的偏差，避免出现资金闲置沉淀、损失或浪费，纠正政策和项目实施中存在的问题，堵塞管理漏洞，确保财政资金使用安全、高效。

第四，建立多层次绩效评价体系。各部门、各单位对预算执行情况以及政策、项目实施效果开展绩效自评，各级财政部门建立重大政策、项目预算绩效评价机制，逐步开展部门整体绩效评价，对下级政府财政运行情况实施综合绩效评价，必要时可以引入第三方机构参与绩效评价。通过绩效自评和外部评价相结合的多层次绩效评价体系，落实部门和资金使用单位的预算绩效管理主体责任，推动提高预算绩效管理水平，全方位、多维度反映财政资金使用绩效和政策实施效果，提升财政资源配置效率和使用效益。

4. 在健全预算绩效管理方面的制度安排

加强制度建设是全面实施预算绩效管理的基础。

第一，完善预算绩效管理流程。完善绩效目标管理、绩效运行监控、绩效评价管理、评价结果应用等各环节的管理流程，制定预算绩效管理制度及其实施细则，使预算绩效管理有章可循。加快预算绩效管理信息化建设，促进各级政府和各部门、各单位的业务、财务、资产等信息互联互通。

第二，健全预算绩效标准体系。建立健全定量和定性相结合的共性绩效指标框架，构建分行业、分领域、分层次的核心绩效指标和标准体系，逐步实现绩效信息横向可比较、纵向可追溯。

5. 硬化预算绩效管理约束的具体措施

为使绩效真正有用、有约束力，《意见》提出硬化预算绩效管理约束的具体措施。

其一，明确绩效管理的责任主体。按照党中央、国务院的统一部署，财政部要完善绩效管理的责任约束机制，地方各级政府和各部门、各单位是预算绩效管理的责任主体。项目责任人对项目预算绩效负责，对重大项目的责任人实行绩效终身责任追究制，切实做到花钱必问效、无效必问责。

其二，强化绩效管理激励约束。按照权责对等原则，在明确绩效管理责任的同时，赋予部门和资金使用单位更多的管理自主权。要求各级财政部门抓紧建立绩效评价结果与预算安排和政策调整挂钩机制，将本级部门整体绩效与部门预算安排挂钩，将下级政府财政运行综合绩效与转移支付分配挂钩。

（三）《中共中央 国务院关于完善国有金融资本管理的指导意见》

1. 完善国有金融资本管理的主要目标

《中共中央 国务院关于完善国有金融资本管理的指导意见》（本文以下简称《指导意见》）指出，完善国有金融资本管理的主要目标是建立健全国有资本管理的"四梁八柱"，理顺国有金融资本管理体制，增强国有机构活力与控制力，更好地实现服务实体经济、防控金融风险、深化金融改革三大基本任务。其一，出台国有金融资本管理法律法规，明晰出资人的法律地位和职责边界。其二，资本布局更加合理。切实提高国有金融资本配置效率，做到有进有退，有效发挥国有金融资本在金融领域的主导作用。其三，规范委托代理关系，完善国有金融资本管理方式，强化资本管理手段，提高管理的科学性、有效性。其四，强化党对国有金融企业的领导，巩固党组织在公司治理中的法定地位，发挥党组织的领导作用。

2. 国有金融资本的范围

国有金融资本是指国家及其授权投资主体直接或间接对金融机构出资所形成的资本和应享有的权益。凭借国家权力和信用支持的金融机构形成的资本和应享有的权益，在符合法律规定的前提下，一并纳入国有金融资本管理。据此，除法律另有规定外，国有金融资本包括：①中央政府和地方政府直接或间接向金融机构出资形成的资本和应享有的权益；②主权财富管理（投资）机构向金融机构出资所形成的资本和应享有的权益；③凭借国家权力和信用支持的金融机构形成的资本和应享有的权益，如证券期货外汇交易场所、金融交易清算结算及征信类机构、金融消费者保护机构、金融资产登记托管等金融基础设施企业形成的国有金融资本等；④金融或非金融国有企业投资其他金融机构所形成的资本和应享有的权益。

3. 完善国有金融资本管理的政策措施

《指导意见》聚焦制约国有金融资本管理的问题和障碍，提出了具体政策措施。

第一，完善国有金融资本管理体制。国有金融资本属于国家所有即全民所有。国务院代表国家行使国有金融资本所有权。国务院和地方政府依照法律法规，分别代表国家履行出资人职责。《指导意见》第一次明确国务院、地方政府分别授权财政部、地方财政部门履行国有金融资本出资人职责。各级财政部门承担履行国有金融资本出资人职责的主体责任，以管资本为主加强资产管理，根据需要也可以分级分类委托其他部门、机构管理国有金融资本。要充分尊重企业法人财产权利，赋予国有金融机构更大经营自主权和风险责任。

第二，优化国有金融资本配置格局。合理调整国有金融资本在银行、保险、证券等行业的比重，推动国有金融资本向重要行业和关键领域、重要基础设施和重点金融机构集中，提高资本配置效率，实现战略性、安全性、效益性目标的统一。

第三，优化国有金融资本管理制度。健全国有金融资本基础管理制度，加强金融机构国有产权流转管理；落实国有金融资本经营预算管理制度，规范国家与国有金融机构的分配关系；加强金融机构和金融管理部门财政财务监管，维护国有金融资本权益；严格国有金融资本经营绩效考核制度，实行分类定责、分类考核；健全国有金融机构薪酬管理制度。

第四，促进国有金融机构持续健康经营。深化公司制股份制改革，推动具备条件的国有金融机构整体改制上市；推动国有金融机构回归本源、专注主业，督促其防范风险；健全公司法人治理结构，建立国有金融机构领导人员分类分层管理制度。

第五，协同推进，强化落实。国有金融资本管理情况要全口径向党中央和全国人大常委会报告，既要报告中央层面的情况，也要报告地方层面的情况，由财政部承担具体报告责任。

第六，加强党对国有金融机构的领导。充分发挥党组织的领导作用，坚持党建工作"四个同步"，把加强党的领导和完善公司治理统一起来；加强领导班子和人才队伍建设，切实落实全面从严治党"两个责任"。

4. 国务院授权财政部履行国有金融资本出资人职责

根据中央编办《关于金融类企业国有资产管理部门职责分工的通知》和此前财政部"三定"方案，财政部按规定管理国有金融资产。近年来，财政部以"管资本"为主，从产权登记、评估、转让等基础管理，到保值增值、绩效评价、薪酬管理、经营预算以及派出股权董事行使出资人权利等方面，不断完善管理制度，基本形成了比较系统的国有金融资本管理体系。但是，从法律地位和权责匹配看，国有金融资本出资人职责缺少明确授权，管理权责边界不清晰，很大程度上影响了国有金融资本管理职能的有效发挥。《指导意见》强调，国务院授权财政部履行国有金融资本出资人职责，明晰委托代理关系，完善授权管理体制，有利于压实部门管理责任，更好地管好、用好国有金融资本。

财政部履行国有金融资本出资人职责，将合理界定出资人职责边界，不缺位、不越位，通过"简政放权、放管结合、优化服务"加强市场化、法治化管理，建立健全激励约束机制，增强国有金融机构的活力。

5. 地方财政部门根据本级政府授权，履行国有金融资本出资人职责

根据《中华人民共和国企业国有资产法》、中央编办此前明确的职责分

工和财政部有关文件规定等,地方国有金融资本管理按照"统一规制、分级管理"的原则,由财政部门依法履行职责。但从实际情况看,地方国有金融资本管理模式多样,规则标准差异大,管理制度不系统。部分地方金融机构盲目扩张,追求多牌照,存在脱实向虚等隐患。为了规范产融结合、维护金融安全、防范金融风险,应对金融企业和非金融企业国有资本实施独立、分开管理,在这两类企业之间建立"防火墙"机制。同时,地方政府金融办将履行属地金融监管职责,明确由地方财政部门履行地方国有金融资本出资人职责,有利于厘清地方金融监管部门和履行出资人职责的机构的权责,更好地发挥金融体制改革的协同效应,防止相互推诿。

6. 对国有金融机构股权出资实施资本穿透管理

遵循实质重于形式的原则,以公司治理为基础,以产权监管为手段,对国有金融机构股权出资实施资本穿透管理。首先,各级财政部门要落实分级管理责任,按照穿透原则,对中央和地方各级国有金融机构加强国有金融资本投向等宏观政策执行情况的监督,严格落实国有金融资本基础管理制度。其次,国有金融机构母公司要加强对集团内各级子公司的资本穿透管理,严格股东资质和资金来源审查,确保国有金融资本管理制度层层落实到位。

对国有金融机构股权出资实施资本穿透管理,有利于加强国有资本监管,防范内部人控制,规范资本运作,提高资本回报。同时,在混合所有制改革的大背景下,对资本实施穿透监管,有利于全面掌握国有金融资本流动情况,监测国有股东权益的变动趋势。

实施资本穿透管理,主要从国有产权流转方面来进行全流程监管,在尊重公司治理的前提下进行,与分层授权、分层决策的公司治理结构并不矛盾,不改变决策结构,不干预公司自主经营。

7. 财政部门和金融监管部门在对国有金融机构监督管理上的区别

财政部门作为履行国有金融资本出资人职责的机构,其出资人职责与金融监管部门的市场监管职责,在出发点、目的和作用机制等方面都不同,不能混淆。出资人职责主要是对国有金融资本行使出资人权利和承担保值增值等责任。金融监管部门主要负责对各类所有制形式的金融机构的外部监管,通过"管风险、管法人、管准入"达到合规和审慎监管的目的。金融监管部门对金融机构承担重要的市场监管职能,若同时履行金融机构的出资人职责,势必影响金融监管的公正性、有效性和权威性,甚至带来道德风险。为避免利益冲突,应合理界定并厘清出资人与金融监管部门的边界,明确分离金融机构的市场监管职责与出资人职责。

当然,履行国有金融资本出资人职责的机构要与金融监管部门加强沟通协调和信息共享,形成工作合力。中央和国家机关有关部委、各级财政部门以及地方政府不得干预金融监管部门依法监管。

二 防控风险类政策

党的十九大要求,"深化金融体制改革,增强金融服务实体经济能力,提高直接融资比重,促进多层次资本市场健康发展……健全金融监管体系,守住不发生系统性金融风险的底线"。"十三五"规划提出"实施宏观政策要稳、产业政策要准、微观政策要活、改革政策要实、社会政策要托底"。2018年政府工作报告延续了2017年的思路,总基调是坚持稳中求进,高质量发展是要求,并特别强调了要取得"防范化解重大风险、精准脱贫、污染防治"三个领域攻坚战的扎实进展。积极的财政政策取向不变,要聚力增效;稳健的货币政策保持中性,要松紧适度。因此,对风险的防控,包括对系统性金融风险的防控、对地方债风险的防控、对外债风险的防控都体现在相关主要职能部门(财政部、发改委、"一行二会"等)的文件政策中。PPP模式如不规范开展可能会形成地方隐性债务风险。土地的一级开发由于没有运营内容,且土地储备资金的用途在《土地储备资金财务管理办法》中有明确的限制,PPP模式是不能运用在单纯的土地一级开发中的。降杠杆、规范举债既要堵后门,也要开明渠,因此相关部门每一年都会有关于地方债、专项债、债转股、资产管理产品等融资工具的规范性文件。在这些文件中,政策制定部门都会毫无例外地强调风险防控。一个具体的PPP项目无论未来运用哪种融资工具,都必须遵守这些政策的要求,做好风险防控工作。

（一）《国务院办公厅关于全面推进金融业综合统计工作的意见》

金融业综合统计是国家金融基础设施现代化的重要组成部分。全面推进金融业综合统计是有效监测金融服务实体经济成效，提高服务效率的关键信息基础，是前瞻性防范化解系统性金融风险、维护金融稳定的迫切需要，是全面深化金融体制改革、建立现代金融体系的重要举措。该意见提出了七个具体的统计任务，要求实现金融统计全覆盖。

（二）《关于印发〈土地储备资金财务管理办法〉的通知》（财综〔2018〕8号）

《土地储备资金财务管理办法》是2017年底印发的《土地储备管理办法》（国土资规〔2017〕17号）的配套文件，也是2016年印发的《关于规范土地储备和资金管理等相关问题的通知》（财综〔2016〕4号）文件精神的延伸。《土地储备资金财务管理办法》明确了土地储备资金来源，堵死了通过土地抵押、政府担保、城投债等模式增加地方政府隐性债务风险的暗道。PPP业内人士非常重视土地储备资金的相关文件，主要关注土地一级开发是否可以采用PPP模式，以及因此产生的相关资金来源问题。从财综〔2016〕4号文件到《土地储备资金财务管理办法》都明确了土地储备机构新增土地储备项目所需资金，应当严格按照规定纳入政府性基金预算，在土地出让收入、国有土地收益基金和其他财政资金中统筹安排，不足部分在国家核定的地方政府债务限额内通过省级政府代发地方政府债券或专项债券解决。建设单位不得担任土地一级开发过程中的融资主体。土地储备资金的使用范围受到了严格限制，只能用于征地拆迁、前期土地开发、配套费用、财务费用等方面。

（三）《关于市场化银行债权转股权实施中有关具体政策问题的通知》（发改财金〔2018〕152号）

该通知意在切实解决市场化银行债权转股权（本文以下简称"市场化

债转股")工作中遇到的具体问题和困难。债转股曾经在20世纪末救活过一批负债率高的国有企业,因此,债转股并不是新生事物。此轮债转股也与降低企业杠杆率有关。该通知明确,允许采用股债结合的综合性方案降低企业杠杆率;允许实施机构发起设立私募股权投资基金开展市场化债转股;规范实施机构以发股还债模式开展市场化债转股;支持各类所有制企业开展市场化债转股;允许将除银行债权外的其他类型债权纳入转股债权范围;以及允许实施机构受让各种质量分级类型债,等等。

(四)《关于进一步增强企业债券服务实体经济能力严格防范地方债务风险的通知》(发改办财金〔2018〕194号)

该通知旨在进一步发挥企业债券直接融资功能,增强金融服务实体经济能力,严格防范地方政府债务风险,坚决遏制地方政府隐性债务增量,坚决打好防范化解重大风险攻坚战。通知针对PPP项目发行债券融资做出规定:规范以政府和社会资本合作(PPP)项目发行债券融资,审慎评估政府付费类PPP项目、可行性缺口补助PPP项目发债风险,严控PPP模式适用范围,严禁采用PPP模式违法违规或变相举债融资。

《国家发改委办公厅关于印发〈政府和社会资本合作(PPP)项目专项债券发行指引〉的通知》(发改办财金〔2017〕730号)是体现"政策开路,为社会资本方和项目公司提供多种融资渠道"这一精神的政策之一。政府和社会资本合作(PPP)项目专项债券(本文以下简称"PPP项目专项债")是指由社会资本方或PPP项目公司发行,募集资金主要用于以购买服务、特许经营等PPP形式开展项目建设、运营的企业债券,现阶段支持重点为交通运输、能源、水利、环境保护、科技、保障性安居工程、农业、林业、医疗、卫生、养老、教育、文化等传统基础设施和公共服务领域的项目。事实上,PPP项目专项债是一种企业债券,它可以不受社会资本方自身条件的限制,但是PPP项目未来产生现金流的能力对于其发行至关重要。国家政策倡导的是审慎开展政府付费项目,因为此类项目政府财政负担较重,因此,发改办财金〔2018〕194号文件着重强调"审慎评估政府付费类

PPP项目、可行性缺口补助PPP项目发债风险,严格PPP模式适用范围,严禁采用PPP模式违法违规或变相举债融资"。由此可见,在2018年这样一个承上启下的重要年份,国家政策高度强调风险防范。企业债作为PPP项目社会资本的一种融资渠道,在2018年已不是开风气之先的举措。2018年5月8日,国家发改委核准的广州珠江实业集团有限公司发行的10.2亿元"社会领域产业政府和社会资本合作(PPP)项目专项债券"成为国内首支PPP项目专项债,在业内引起了广泛的关注。PPP项目的多渠道融资期待有更多成功案例。

(五)《试点发行地方政府棚户区改造专项债券管理办法》(财预〔2018〕28号)

财预〔2018〕28号文件在总则中阐述了三个目的:一是规范棚户区改造融资行为,遏制地方隐性债务增量;二是探索建立棚户区改造专项债券与项目资产、收益相对应的制度;三是规范适度举债,改善群众住房条件。这"三个目的"指向的正是我国棚改过程中存在的三个问题:一是过去各地有将其他项目包装成"棚改"项目变相融资的行为,增加了地方隐性债务风险;二是我国2018~2020年要打完1500万套棚改房的攻坚战;三是随着城镇化住宅质量需求提高,"棚改"任务加重,地方政府棚改资金压力也在增大。

2014年之前,全国各地"棚改"主要采用"政府主导,市场运作"模式(包括PPP模式),但限于债务压力,此种方式难以继续。同时,由于"棚改"项目周期长、回报率低,社会资本参与意愿也不高,因此我国"棚改"工程推进缓慢。目前的棚户区多处于城市边缘地带,商业开发价值较低,由于财政资金投入不足,大部分"棚改"项目需要通过信贷来筹措资金。但是,很多"棚改"项目无法达到信贷要求,"棚改"专项债也因此被寄予厚望。

该办法定义了棚户区改造与棚户区改造专项债券,对完成3年"棚改"攻坚战从多个方面予以保障和支持,指出偿债资金来源包括两部分:一是对应土地出让收入，这部分资金纳入政府性基金预算管理；二是棚改项目配套商业项目的销售、租赁等专项收入。

2018年6月20日，天津市红桥区棚户区改造专项债券（一期）成功发行，标志着自财预〔2018〕28号文件出台以来，全国首单"棚改"专项债正式落地。

（六）《关于完善市场约束机制严格防范外债风险和地方债务风险的通知》（发改外资〔2018〕706号）

国家发改委在其官方解读中说明了该通知的发文背景，指出部分企业尤其是房地产企业、地方政府融资平台企业等在自身实力有限的情况下，有不符合偿付能力的外债申请行为，形成了风险隐患。该通知提出：一是着力支持综合经济实力强、国际化经营水平高、风险防控机制健全的大型企业赴境外市场化融资；二是要求拟举借外债企业具有完善的公司治理结构、管理决策机制和财务管理制度，实现实体化运营，同时企业要加强外债的"借、用、还"全过程管理；三是鼓励企业外债募集资金重点用于支持创新发展、绿色发展、新兴产业、高端制造业、"一带一路"建设和国际产能合作等；四是规范拟举借企业外债信息的披露，在相关文件中，要明确举借债务由发债企业作为独立法人负责偿还；五是引导拟举借外债企业关注外汇市场变化，灵活运用金融产品，合理持有外汇头寸，有效防控外债风险；六是加强事中事后监管和对违规发债企业、中介机构等主体及其主要负责人的问责力度，实施跨部门联合惩戒，及时公开通报并限制相关责任主体新申请或参与外债备案登记工作。

（七）《关于规范金融机构资产管理业务的指导意见》（银发〔2018〕106号）

《关于规范金融机构资产管理业务的指导意见》（本文以下简称"资管新规"）与财办金〔2017〕92号文件的出台使明股实债、小股大债的模式走向末路。禁止资金池及期限错配的规定直接导致PPP项目融资中常见的

操作方式无法实行。"资管新规"中关于打破刚性兑付、限制杠杆比例、禁止多重嵌套的规定对包括PPP融资在内的整个社会资本融资产生重大影响。资管业务属于金融机构的表外业务,理应由投资者自担风险。银行如果对投资者进行刚性兑付,等于承担了投资者应当承担的风险,完全背离了理财的本质。控制杠杆比例是为了控制资管产品的泡沫,降低系统性金融风险。对多层嵌套资管产品投向私募基金的限制,直接将之前常用的"银行理财产品—信托或资管通道—私募基金"投资套路堵死。"资管新规"不仅形成了对影子银行的有力监管,而且与其他针对PPP的监管文件一起对PPP项目融资产生了重大影响,PPP项目融资难造成的困扰始终难以缓解。

(八)《金融资产投资公司管理办法(试行)》(中国银行保险监督管理委员会2018年第4号)

金融资产投资公司作为银行发起设立的债转股实施机构,是一类新型实施机构。为使此类机构有法可循,确保其规范开展债转股业务,提高债转股效率,同时有效防范金融风险,真实降低企业杠杆率,中国银保监会特制定本办法。一是明确金融资产投资公司设立、变更与终止要求;二是强调债转股必须遵循市场化、法治化原则;三是强调全面风险管理和风险隔离,要求金融资产投资公司和对其控股或参股的商业银行之间建立"防火墙";四是明确要求开展债转股及其配套业务,在鼓励"收债转股"的同时,允许通过多种模式开展债转股业务;五是强化监管部门事中事后监管职责。债转股是负债过高的企业解决债务问题的一种办法,但是对于PPP项目来说,在项目工程施工阶段(一般3年左右),普遍设置股权锁定期,故目前看,债转股对PPP项目公司的意义并不大,但对即将进入运营期的PPP项目应该是一个重要的再融资模式。

B.6
PPP发展中的法律问题及优化建议

薛起堂 王 政*

摘 要: 2017年至今,经过各项PPP政策的矫正和调控,PPP的发展目标逐步从规范走向提质增效,但与此同时,相关法律争议也逐渐露出水面,反映的问题较为突出,本报告就我国现行PPP模式相关法律问题进行了梳理,并提出了相应的优化建议。

关键词: PPP 法律问题 优化建议

随着中共中央和国务院相继出台防范化解政府隐性债务的政策文件,不合规的PPP项目由于可能构成政府隐性债务而势必会被叫停,但在防范债务风险的同时,也不应把PPP视作洪水猛兽,简而言之,不能把PPP当作熨平经济周期的工具。目前,《基础设施和公共服务领域政府和社会资本合作条例》正在由司法部牵头会同国家发改委和财政部紧锣密鼓地制定,有望在2019年颁布实施。在PPP项目的实施过程中,相关合同性质、采购方式、适用范围、项目公司股权锁定、项目资本金设置、绩效管理、权利界定分配、纠纷预防、资产证券化等法律问题亟待明确和优化。

一 PPP项目合作合同的性质

PPP项目涉及一系列合同关系,本报告中PPP项目合作合同仅指政府和

---

* 薛起堂,北京市惠诚律师事务所执行主任,国家发改委、财政部PPP专家库法律专家,国家PPP示范项目评审专家,中央财经大学PPP智库专家;王政,北京市惠诚(苏州)律师事务所主任,中央财经大学PPP智库专家。

社会资本方及项目公司签订的PPP项目合作合同。PPP项目合作合同属于行政合同还是民事合同，合同纠纷的解决适用行政诉讼制度还是民事诉讼制度（民事仲裁），一度是困扰PPP各相关主体的法律问题。

笔者认为，政府和社会资本方签署的PPP项目合作合同具有双重属性，如涉及行政许可方面的内容，关于特许经营权的规定应当属于行政协议性质，这也符合行政诉讼法及相关司法解释的规定。但是，即使PPP项目合作合同包含特许经营协议，特许经营协议也不能涵盖PPP项目合作合同的全部内容，除此之外，PPP项目合作合同的其他部分基本上是政府同企业直接的民事行为约定，双方处在平等地位，权利义务对等，属于民事合同性质，履行这部分合同过程中发生的纠纷可以选择民事诉讼或仲裁，这种定性也有利于民营企业更积极地参与到PPP项目中来。从数据上看，行政诉讼案件中行政相对人的胜诉率普遍较低，社会资本很可能会担心政府对案件进行干预。从实践上看，现实中大量PPP项目合作合同的争议解决条款选择了仲裁，发生纠纷时社会资本方还是比较信任仲裁的公允性，因为仲裁可能在比较大的程度上排除了政府的干预。

二　PPP项目的采购方式

实践中，在讨论关于PPP项目采购的法律适用问题时，关于其是适用《招标投标法》还是适用《政府采购法》，众口不一，而现有法律法规及规章制度对此也没有明确规定。笔者认为，PPP项目属于政府采购项目，政府选择社会资本方时应当适用《政府采购法》及其相关规定，则PPP项目采购的上位法应该是《政府采购法》。

政府采购分三种类型：政府采购工程、采购货物和采购服务。PPP项目属于广义的政府采购服务，是政府通过竞争性方式采购社会资本方提供的服务。但PPP项目不同于一般的政府采购服务，一般的政府采购服务比较单一，而PPP项目中政府采购社会资本方是一种复杂的同时包含工程、货物和服务的政府采购行为。《政府采购法》第四条规定，政府采购工程进行招标投标的,适用《招标投标法》。因为大量PPP项目涉及工程,所以,PPP项目采购又适用《招标投标法》及其相关规定。也正因如此,《招标投标法实施条例》第九条规定的"两招并一招"可以直接适用于PPP项目。

目前,我国关于PPP项目采购的法律体系如下。(1)法律:《政府采购法》、《招标投标法》以及《合同法》等,因为PPP项目采购的目的就是签订合同,签订、履行合同就适用《合同法》的相关规定。(2)行政法规:《政府采购法实施条例》《招标投标法实施条例》。(3)国务院规范性文件:《关于鼓励和引导民间投资健康发展的若干意见》《关于加强城市基础设施建设的意见》等。(4)部门规章及部门规范性文件:《政府和社会资本合作项目政府采购管理办法》《财政部关于印发政府和社会资本合作模式操作指南(试行)的通知》《政府采购竞争性磋商采购方式管理暂行办法》《基础设施和公用事业特许经营管理办法》等。(5)地方性法规及地方规范性文件:各地关于PPP的地方性法规和地方政府规范性文件。

PPP项目应当采用哪些采购方式呢?PPP项目属于政府采购,适用《政府采购法》规定的采购方式。《政府采购法》第二十六条规定的采购方式不包括询价,因为询价适用于额度较小的货物和服务项目的政府采购,而PPP项目金额都比较大,所以不适合采用询价方式进行采购。PPP项目中符合单一来源采购及邀请招标的情况比较少,也很少使用。竞争性谈判采用的是最低价评标法,而PPP项目比较复杂,一般采用综合评标法,因此竞争性谈判方式在PPP项目采购中也很少使用。在实践中,PPP项目经常使用的采购方式为公开招标和竞争性磋商两种方式。因PPP项目的标的额都较大,所以,大部分PPP项目符合公开招标的标准。《招标投标法》规定,国内符合条件的工程建设项目的施工、货物、服务采购必须进行招标。国家发改委发布的《必须招标的工程项目规定》对全部或部分使用国有资金投资或者国家融资的项目范围进行了界定:使用预算资金200万元以上并且该资金占投资额10%以上的项目,或者使用国有企业事业单位资金并且该资金占控股或者主导地位的项目。该规定同时对符合上述范围的

中国PPP蓝皮书

项目具体明确了需要进行招标的数额。另外，根据《市政公用事业特许经营管理办法》的规定，主管部门应当通过公开招标程序选择投资者或者经营者。

PPP的适用范围属于法定的招标范围。2015年5月19日，《国务院办公厅转发财政部、发展改革委、人民银行关于在公共服务领域推广政府和社会资本合作模式指导意见的通知》（国办发〔2015〕42号）列举了PPP的适用范围。而前述规定领域的项目都属于法定的招标范围。2014年12月31日，财政部颁布实施了《政府采购竞争性磋商采购方式管理暂行办法》（本文以下简称《办法》），在此之前，政府采购列明的五种采购方式中没有竞争性磋商。《办法》第3条第1款第1项进行了相关的规定。《办法》实施后，越来越多的政府采购开始使用竞争性磋商的方式进行PPP服务类项目的采购。然而，在PPP项目中直接使用竞争性磋商采购乃至《办法》的上述规定都有不合法之嫌。《政府采购法》及其实施条例以及与其配套的部门规章都已明确规定，政府采购项目以公开招标为原则，并对何种情况下可采取公开招标以外的其他方式进行采购有明确规定。涉及PPP的其他部门规章及规范性文件也都有类似规定，PPP项目应优先选择公开招标。竞争性磋商是政府采购的一种方式，同竞争性谈判的条件相似，唯一不同的是竞争性谈判采用的是最低价评标法，竞争性磋商采用的是综合评标法。也就是说，只有在符合竞争性谈判的条件时才可适用竞争性磋商。竞争性磋商和竞争性谈判都应该在项目金额不大的政府采购中使用。但是在实践中存在滥用的情况，只要是政府购买服务的项目，无论金额多大，都使用竞争性磋商方式采购，这种做法是不合法的。

综上，属于政府采购项目的PPP项目，适用《政府采购法》和《招标投标法》及其相关规定，也应当适用《政府采购法》规定的几种采购方式，PPP项目大部分属于公开招标的项目，应优先适用公开招标方式采购。《办法》要慎重使用。而且，公开招标于政府和社会资本方来说，都是一种最好的保护方式，所以建议政府在PPP项目采购社会资本方时优先考虑。

三　PPP 项目公司的股权转让问题

在 PPP 项目公司中，社会资本的股权是否允许转让，是否需要设定锁定期，一直是政府和社会资本方在合同谈判时的争议焦点。一般情况下，政府的立场是在 PPP 项目合作期内或合作期前几年内不允许社会资本方的股权进行转让，原因是其担心通过政府采购选择了有实力的大公司，如果允许转让股权，社会资本方有可能把项目公司的股权转给没有实力的小公司，这样对项目不利，政府方有风险，故政府会要求股权锁定期，在锁定期内社会资本方的股权不允许转让。但是，如果一概禁止股权转让的话，就会影响项目的顺利进行。因为 PPP 项目投资额非常巨大，项目公司使用的社会资本方自有资金一般占总投资的 20%~30%，项目公司的其他资金都是通过融资解决的。PPP 项目最常见的模式是 BOT 模式，项目公司没有项目资产的所有权，只有使用权，项目公司融资的手段通常只有收益权质押贷款或股权质押贷款。项目公司进行股权融资就要用项目公司的股权质押，如果政府方不允许股权转让，项目公司就不能实现股权融资，很可能导致后续资金缺乏，无法进行建设和运营。另外，项目公司后期的资产证券化也需要使用项目公司的股权，如果政府方不允许股权转让，项目公司也无法进行资产证券化。所以，在 PPP 项目中，政府方不应规定项目公司股权不能转让。为了项目能顺利融资和开展，同时防止社会资本方随意转让项目公司的股份，可以约定在社会资本方以投融资为目的且经政府同意的情况下，股权可以转让，这样才有利于 PPP 项目整体顺利进行。

四　政府性基金与 PPP 项目

大部分 PPP 项目中政府支出部分使用的是政府一般性公共预算资金，但在实践中，工业园区、产业新城等项目大部分使用的是政府性基金预算支出。在《关于推进政府和社会资本合作规范发展的实施意见》（财金

〔2019〕10号）文件颁布实施后，新PPP项目即使是园区类项目也不能再使用政府性基金支付了。依据该实施意见第二条"规范推进PPP项目实施"第（三）款的规定，新签约项目不得在政府性基金预算、国有资本经营预算中安排PPP项目运营补贴支出。所以，政府性基金不能安排PPP项目运营补贴支出。另外，需要指出的是，该实施意见也对权利进行了界定和分配。

五 PPP项目绩效考核问题及解决建议

目前PPP项目的绩效考核体系主要存在三个问题：（1）可操作性问题；（2）绩效考核内容扩大化；（3）考核结果的运用不合理。

PPP项目绩效管理方面，绩效指标区分为商业性与公共服务两部分，建议出台相关指引类文件，提高运营效率，规范投资回报机制。建设期考核首先应该以"过程控制考核"为主；其次必须是"资产形成"相关性考核，指标的设定应当牢牢锁定"资产形成"的两大维度，即时间维度和质量维度；最后要对所有指标采用"负面清单法"设定量化评价办法。

六 PPP资产证券化存在的法律问题

从推动PPP资产证券化的实践看，资产证券化领域也存在一些问题，让原始权益人不愿意积极主动参与PPP资产证券化，制约了基础设施领域PPP项目资产证券化业务的稳步发展。

规范PPP项目资产证券化业务的法规层次较低，税收成本不确定也制约了PPP项目资产证券化发展，政府信用和付费机制缺失导致基础资产净现金流不足，同时缺乏具有足够风险承受能力的多元化合规投资者。前述种种困境都是当前PPP资产证券化顺利向前推进的阻力，应予以重视并加以解决。

PPP资产证券化产品缺乏市场竞争力。优质PPP项目往往能够获得银行的低息贷款（目前很多此类项目的银行贷款利率为基准利率或基准利率下浮10%），在这种市场环境下，PPP资产证券化并不具有利率优势，很多优质PPP项目资产证券化融资的意愿不高。

  关于开展PPP项目资产证券化的政策建议。包括PPP项目在内的基础设施领域的资产证券化业务是推进公共基础设施项目市场化运作的重要举措，是投融资体制改革和金融体制改革在新时期的切入点，应从全局谋划，加强监管协调，推动立法并明确税务政策。现基于《信托法》就与PPP相关的资产证券化业务发展提出以下政策建议。第一，调整信托定义，承认信托财产双重所有权。第二，规范信托分类，明晰不同信托活动边界。第三，增加营业信托相关条款，促进其规范发展。第四，明确信托财产登记具体要求，提高可操作性。第五，增加信托受益权登记要求，提高信托透明度。第六，落实公益信托税收优惠政策，促进公益事业发展。

行业篇

Industry Reports

B.7 交通运输行业 PPP 模式应用

朱玲 黄静 朱红梅 覃铭然*

摘 要： 交通运输是"一带一路"倡议优先发展的行业，是重要的基础设施和公共服务领域，交通运输 PPP 对构建开放型经济新体制和全方位开放的新格局具有重要作用。本报告对交通运输 PPP 的发展历程进行了研究，以国内外铁路和城市轨道交通项目现场考察和调研的国际视角，分析总结了轨道交通项目运营现状和我国轨道交通 PPP 项目建设运营的相关数据，结合工作实践，对 PPP 项目全生命周期的工作内容和要点进行分析和总结，研究探讨建立全生命周期、动态、激励相容的绩效考核体

---

* 朱玲，北京城市快轨建设管理有限公司副总工程师、教授级高级工程师，国家发改委、财政部 PPP 专家库双库专家，中央财经大学 PPP 智库专家；黄静，北京城市快轨建设管理有限公司策划部部长；朱红梅，北京磁浮交通发展有限公司助理工程师；覃铭然，北京城市快轨建设管理有限公司设计管理部部长。本报告执笔人还有傅晓和王照波（负责交通运输 PPP 项目全生命周期工作要点和解析与交通运输 PPP 绩效考核研究部分）。

系和实施方案，提出我国轨道交通PPP的发展阶段并分析实践与创新的典型案例，为PPP项目的决策、建设和运营提供理论和实践依据，以促进PPP项目的可持续发展。

关键词： 交通运输　政府和社会资本合作（PPP）　发展实践与创新

一　交通运输PPP模式的发展实践与创新

（一）交通运输PPP的发展历程

我国交通运输发展经历了由"消除瓶颈"到"基本适应"，再到"适度超前""支持引领"的转变。整体发展的逻辑理念，由"十一五"之前的方式观，即强调以铁路、公路、水运、航空和管道等运输方式独立发展，转变为"十二五"时期的空间观，即突破分方式的局限，强调各种运输方式在时空格局上的融合，强调国际、区际、城际、城乡等不同空间维度的协调发展。"十三五"以系统观为统领，强化功能融合，在完善设施网络的基础上，打造综合交通枢纽、联程联运系统、智能管理系统、公共信息系统，逐步实现交通规划一张图、布局一张网、运行一张表、出行一张票。[①]

纵观世界轨道交通发展史，世界上第一条铁路于1825年在英国开通，第一条地铁是1863年建成运营的伦敦大都会线，我国第一条自主建设的唐胥铁路于1881年建成运营，至今都已逾百年历史。

我国轨道交通PPP的实践可追溯到1906年开工建设的新宁铁路，它是我国内陆最南端的民营铁路，由光绪皇帝1906年签字批准立项，华侨新宁县人陈宜禧先生集资兴办，自广东省斗山北街起，全长109公里，支线28.5公里，于1913年竣工运营。

---

① 国家发改委：《中国交通运输发展报告（2016）》，中国市场出版社，2016。

城市轨道交通的大规模推广始于 20 世纪 70 年代。目前有 50 多个国家的 150 多座城市开通了城市轨道交通，线路总长超过 1 万公里，纽约、伦敦、东京、巴黎等大城市已建成发达的轨道交通系统（见图 1）。

（1）纽约建设放射状的轨道交通线路网，引导市中心曼哈顿地区的人口向外围地区转移，其地铁全长 373 公里，是全球唯一 24 小时运营的地铁。

（2）伦敦 1863 年投入运营的伦敦地铁是世界上第一条地下铁路，目前有 11 条线路运营，线路里程 408 公里，275 个车站。

（3）东京地铁共 13 条运营路线，线路里程为 312 公里。

（4）巴黎地铁网有 14 条主线（M1～M14）、2 条支线（M3b、M7b），全长为 212.6 公里，多数线路走向与塞纳河垂直，服务于中心城区，其线路在巴黎交通枢纽中与其他轨道交通系统互通直达。

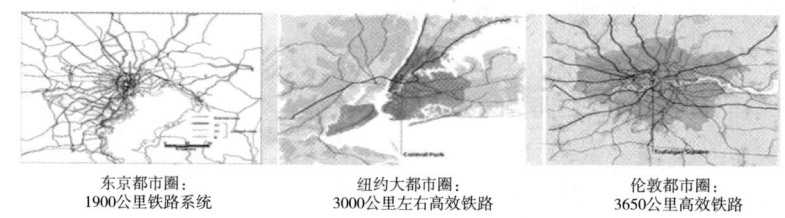

东京都市圈：
1900公里铁路系统

纽约大都市圈：
3000公里左右高效铁路

伦敦都市圈：
3650公里高效铁路

图 1　东京、纽约、伦敦轨道交通网

截至 2017 年底，56 个国家的 178 个城市的地铁交通平均每天载客量达到 1.68 亿人次。

2018 年 9 月，国际公共交通协会（UITP）发布了最新的世界地铁数据报告，就全球地铁的客运量、线路数、里程、车站数等一系列关键指标进行了统计。

2017 年，178 个地铁系统全年客运量达 537.68 亿人次。在过去的 6 年里，全球年地铁客运量增长 87.16 亿人次（增长了 19.5%）。

世界十大繁忙地铁城市年客流量如表 1 所示。

截至 2018 年底，我国上海、北京、广州、南京、重庆、武汉等 32 个城市开通运营 155 条城市轨道交通线路，总里程达 5139.693 公里，车站 3245

个。其中,乌鲁木齐为2018年新增开通运营的城市。中国城市轨道交通运营线路情况如表2所示。

表1 世界十大繁忙地铁城市年客流量

单位:百万人次

序号	城市	年客运量	序号	城市	年客运量
1	东京	3463	6	纽约	1806
2	莫斯科	2369	7	新德里	1789
3	上海	2044	8	广州	1730
4	北京	1988	9	墨西哥城	1678
5	首尔	1885	10	香港	1600

资料来源:《隧道建设(中英文)》2018年第12期。

表2 中国城市轨道交通运营线路

序号	城市	运营条数(条)	运营里程(公里)	运营车站(个)
1	上海	16	679.4	400
2	北京	21	617.67	376
3	广州	14	451.64	240
4	南京	10	376.95	176
5	重庆	9	321.99	185
6	武汉	10	321.39	206
7	深圳	8	286.44	199
8	成都	6	224.423	171
9	天津	6	221.8	159
10	青岛	4	173.38	83
11	大连	4	160.25	78
12	郑州	4	136.51	65
13	西安	4	124.1	95
14	苏州	4	120.24	97
15	杭州	3	117.36	84
16	长春	5	99	93
17	昆明	3	88.79	59
18	宁波	2	74.52	51
19	沈阳	2	65.16	48
20	无锡	2	55.72	46

续表

序号	城市	运营条数(条)	运营里程(公里)	运营车站(个)
21	合肥	2	52.38	47
22	南宁	2	52.3	43
23	长沙	2	50.6	43
24	南昌	2	48.43	41
25	东莞	1	37.79	15
26	贵阳	1	35.11	24
27	厦门	1	30.3	24
28	石家庄	2	30.27	26
29	福州	1	24.89	21
30	哈尔滨	2	22.65	23
31	佛山	1	21.46	15
32	乌鲁木齐	1	16.78	12
合计	32	155	5139.693	3245

注：表中数据仅包含中国大陆地区城市轨道交通，不包含磁悬浮、单轨交通及有轨电车，也不包含采用铁路制式的市域快轨交通。

资料来源：中国城市轨道交通协会微信公众号。

（二）交通运输 PPP 的实践与创新

PPP 项目适用的基础设施和公共服务领域项目是关乎百年大计的工程。虽然 PPP 项目的合作周期一般为 10～30 年，具有投资大、涉及范围和专业广、合作期限长等特征，但相对项目的全生命周期来说只是孕育期和成长期，是项目从无到有的重要时期。

据财政部政府和社会资本合作中心的统计数据，截至 2018 年 12 月 31 日，全国 PPP 入库项目 8649 个，入库项目金额 151226.32 亿元，其中，市政工程项目 3379 个，交通运输项目 1236 个，生态建设和环境保护项目 827 个，城镇综合开发项目 552 个，教育项目 418 个，水利建设项目 373 个，旅游项目 331 个，医疗卫生项目 251 个，政府基础设施项目 203 个，文化项目 193 个，保障性安居工程项目 158 个，科技项目 128 个，体育项目 113 个，养老项目 107 个，能源项目 106 个，农业项目 67 个，林业项目 33 个，社会保障项目 30 个，其他项目 144 个。

我国采用 PPP 模式建设的城市轨道交通项目具体有：首都机场快轨（奥运工程），北京地铁 4 号线、14 号线、16 号线、新机场线；徐州地铁 1 号线、2 号线、3 号线；昆明地铁 4 号线、5 号线；重庆地铁 9 号线；大连地铁 5 号线；成都地铁 18 号线、9 号线一期、17 号线一期；合肥轨道交通 2 号线；福州地铁 2 号线机电设备项目；呼和浩特地铁 1 号线、2 号线一期；南京地铁 5 号线；贵阳地铁 2 号线、3 号线；青岛地铁 1 号线、4 号线、6 号线、8 号线、13 号线、R3 号线；乌鲁木齐地铁 2 号线、3 号线、4 号线一期；郑州地铁 3 号线一期；芜湖地铁 1、2 号线；等等。另外，还有东莞、中山、长沙、西宁、绍兴、南通、南昌、天津、邯郸、绵阳等城市的轨道交通建设正处于 PPP 项目的准备或识别阶段。

综合国际、国内相关文献资料，笔者认为，我国轨道交通 PPP 的发展经历了三个阶段。

（1）20 世纪末至 2003 年，开创探索阶段

典型案例：首都机场快轨项目（奥运工程）。

（2）2003～2014 年，试点发展阶段

典型案例：北京市轨道交通 4 号线 PPP 项目。

（3）2014 年至今，推广创新阶段

典型案例：北京地铁 16 号线 PPP 项目、北京地铁新机场线 PPP 项目、杭绍台铁路 PPP 项目。

（三）典型案例

1. 北京地铁16号线 PPP 项目

（1）工程概况

北京地铁 16 号线 PPP 项目北起北清路北安河，南至宛平，穿过海淀区、西城区、丰台区（见图2）。线路全长约49.8公里，全部为地下线，共设车站29个，其中换乘车站13个，海淀区设北安河车辆段一个，丰台区设榆树庄停车场一个。财政部财金〔2015〕109 号，关于公布第二批政府和社会资本合作示范项目的通知，北京地铁 16 号线位列其中。

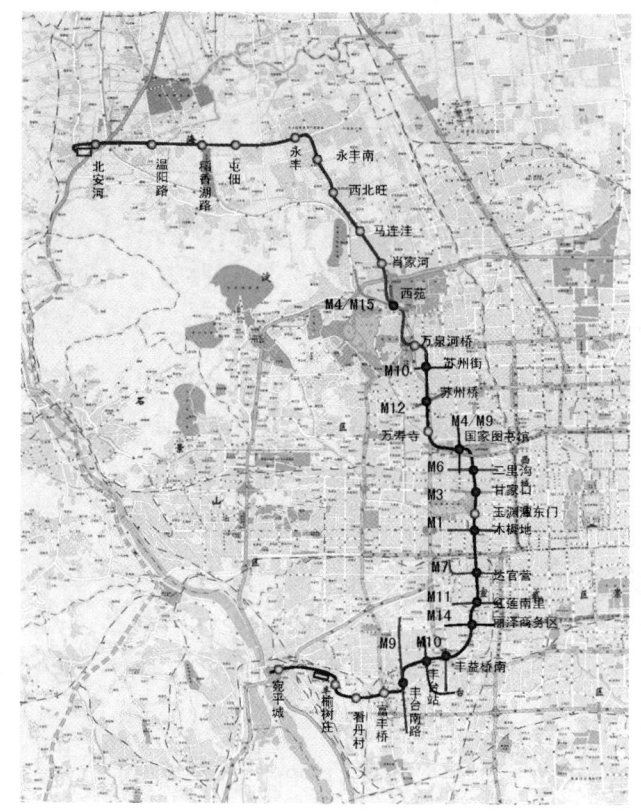

图 2　北京地铁 16 号线工程线路

（2）运作模式

2015 年 12 月，在香港举行"第十九届北京·香港经济合作研讨洽谈会"，北京市交通委代表北京市政府与北京京港地铁有限公司（本文以下简称"京港地铁"）签署了《北京地铁十六号线项目特许协议》，京港地铁采用 PPP 模式参与北京地铁 16 号线的投资和运营，并获得 16 号线 30 年的特许运营权。

北京地铁 16 号线是一条南北向的骨干线路，服务海淀山后、三里河行政中心区、丰台火车站、丽泽商务区、丰台科技园等重要的城市功能区，是北京首条全线采用 A 型车 8 节编组的轨道交通线路。

北京地铁 16 号线的计划总投资为 474 亿元，分为 A、B 两部分。A 部分为土建工程，由政府出资并所有，建成后租赁给京港地铁使用；B部分为系统及设备，由京港地铁按PPP模式特许经营。京港地铁将在特许经营期内，负责16号线A部分和B部分全部设施的维护及更新。

北京地铁16号线PPP项目首次在轨道交通建设项目中引入保险股权投资，资金规模、运作模式都开创了国内PPP之先河。

2. 北京地铁新机场线PPP项目

（1）工程概况

北京地铁新机场线PPP项目一期工程位于北京南三环以外，是交通线网中连接中心城区与大兴国际机场的轨道交通线路，途经丰台区和大兴区。该线路计划于2019年9月底与北京大兴国际机场同步开通运营。

北京地铁新机场线（本文以下简称"新机场线"）一期工程线路全长41.36公里，其中地下线和U形槽23.65公里，高架和路基段17.71公里。局部线路与新机场高速公路采用共构方式建设。新机场线全线设草桥站、磁各庄站、新机场北航站楼站3个车站，草桥站可与运营线路10号线、在建线路19号线换乘，磁各庄站可与规划北京市郊铁路S6线换乘。按线路规划，新机场线将从草桥站向北延伸至丽泽商务区并设置航空服务楼，可与在建北京地铁14号线、16号线及规划11号线实现换乘。新机场线"白鲸号"列车，最高运行速度160公里/小时，满足人工手动驾驶和全自动驾驶条件。

（2）北京地铁新机场线PPP项目运作模式与交易结构

新机场线一期工程项目总投资约292.63亿元，其中引入社会资本投资约173.61亿元。该项目采用PPP模式特许经营，分为建设期和特许运营期，其中建设期约35个月，特许经营期从全线贯通试运营之日起，期限为30年。

新机场线按建设内容分为A、B两部分，A部分投资约119.02亿元，占工程总投资的40.67%，主要包括新机场线前期工程和站前广场、草桥站（含城市航站楼）、新机场北航站楼站等相关工程；B部分为A部分之外的工程，投资约为173.61亿元，占工程总投资的59.33%，主要包括新机场线B部分前期专项工程和土建、装修、设备设施等。A部分由新机场线公司负责投资建设，B部分通过招标方式选择社会投资人投资建设。项目公司负责新机场线的运营管理、维护维修、更新改造和追加投资。特许经营期结束时，项目公司将新机场线A、B部分设施完好无偿地移交给新机场线公司或北京市政府指定部门（见图3）。

新机场线A部分由京投公司为本项目设立新的全资子公司负责投资，委托北京城市快轨建设管理有限公司负责建设管理。

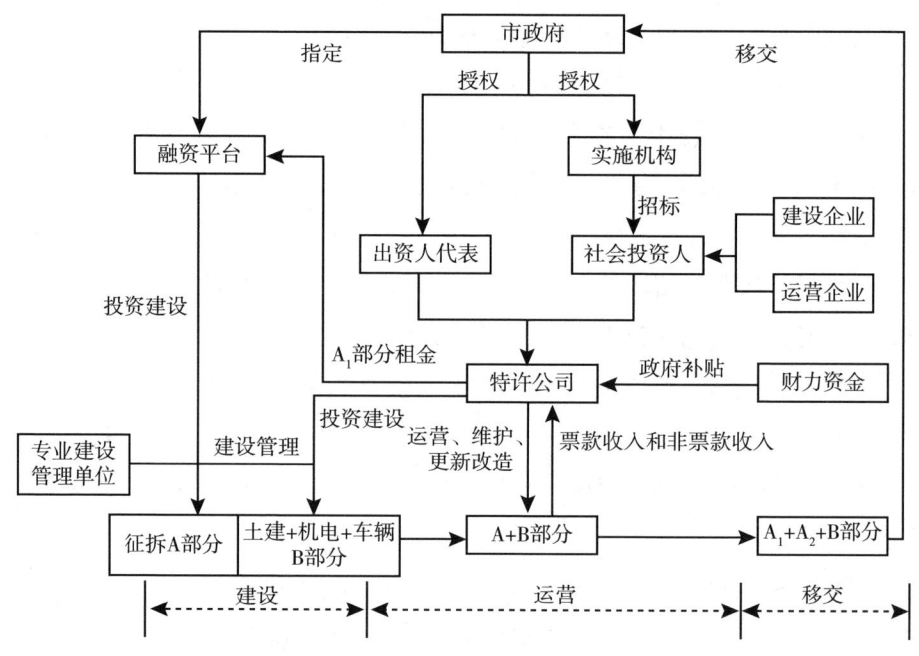

图3 北京地铁新机场线PPP项目运作模式与交易结构

如今，世界处于变革时代，"一带一路"和PPP给中国企业"走出去"在世界范围内参与基础设施和公共服务的投资、建设和运营打开了一扇窗，提供了实现的路径和更广阔的合作发展平台。

各行业专家学者组成学术研究和实践平台给了我们更多的勇气和信心，在国际国内各领域发出自己的声音，促进和规范PPP可持续发展，共同推进 PPP 立法的进程，也更有能力面对中国和世界 PPP 的未来，让中国交通在真正意义上惠及民众，承担引领时代的责任。

二　交通运输 PPP 项目全生命周期工作要点和解析

（一）项目准备阶段

1. 项目可行性研究报告

项目可行性研究报告对项目进行技术、经济等全面系统的可行性、必要性论证，包括工程总投资、资金筹措（来源）、经济评价（财务评价、国民经济评价、社会评价）、是否采用 PPP 方式、财政出资的可能性等。

项目名称：根据国家行政许可和财政部相关规定，按 PPP 项目入库要求，有国家级项目和省市级项目，需完善项目名称，加上省、市。

本报告仅重点列出项目可行性研究报告中与 PPP 实施方案密切相关部分的文件组成内容。

  1. 总概述
  1.1　工程名称
  1.2　任务来源
  1.3　研究依据
  1.4　研究范围
  1.5　项目功能定位
  1.6　主要研究结论
  1.7　问题与建议等
  2. 项目建设的必要性
  2.1　自然地理环境及省、市、县现状
  2.2　市县总体发展规划及社会经济发展目标
  2.3　项目建设的必要性

3. 工程地质与水文(专业1 工程地质专业)

地形地貌,工程地质与水文地质,地震安全性评价,防洪安全性评价。

4. 规划建设方案

项目可行性研究报告内容(此处略)。

5. 安全防护、环境保护与节约能源

6. 工程筹划

6.1 工程概况

6.2 工程设计

6.3 工程建设管理模式

6.4 工程前期准备工作

6.5 工程实施进度计划

6.6 工程招投标

6.7 工程实施的保证及措施

7. 投资估算

7.1 编制范围

7.2 编制依据

7.3 工程建设其他费用计取标准

7.4 其他有关问题

工程投资估算表

8. 资金筹措(PPP"两评一案"的主要内容)

9. 经济评价

9.1 财务评价

9.2 国民经济评价

9.3 社会评价

9.4 经济评价结论

附表:

现金流量表(全部投资、自有资金)

损益表

借款还本付息表

全部投资经济效益费用流量表

10. 研究结论

11. 下一步工作、存在问题与建议

2. 政府授权文件

（1）对项目实施机构、PPP 项目合同政府方签约主体（政府方出资代表，如有）等的授权。

（2）经审核批复的项目实施方案、物有所值报告、财政承受能力论证报告（含同级人民政府对实施方案的批复文件）。下文中所列分值引自财政部第四批 PPP 示范项目评审标准。

3. PPP 项目实施方案、物有所值评价、财政承受能力论证报告（所列分值为财政部第四批示范项目评审标准）

（1）项目的规范性（5 分）

项目是否经各级认真审核把关，申报材料的真实性、完整性、规范性是否符合相关规定的要求。

（2）实施方案的合理性（45 分）

①风险识别是否充分，风险分配是否合理（5 分）；

②是否设置绩效考核机制，是否实现激励相容（10 分）；

③项目产出范围和标准是否清晰，财务测算是否科学可靠（5 分）；

④项目融资可得性，融资方案是否合理，是否具备对社会资本的吸引力（5 分）；

⑤是否具有经营性现金流，投资回报机制是否以使用者付费为主（15 分）。

PPP 项目实施方案的主要内容包括：①项目概况：项目基本情况（含项目的进展、建设规模及主要内容、合作范围、期限、产出说明、绩效标准等）；②PPP 项目的必要性和可行性；③项目的风险识别和风险分

配框架；④项目的运作模式；⑤项目交易结构，包括投融资结构、回报机制及相关配套等；⑥合同体系；⑦边界条件；⑧监管架构；⑨采购方式及社会资本资格条件；⑩财务测算；⑪项目的绩效考核（含建设期、运营期）；⑫项目后评价；⑬退出机制；⑭借鉴价值（实践与创新）；⑮存在问题及建议。

（3）按审核通过的项目实施方案验证的物有所值评价报告（10分）

①开展了定性、定量评价，方法过程科学合理的，得8~10分；

②开展了定性、定量评价，但定性或定量评价方法、过程存在瑕疵的，得6~8分；

③仅开展了定性和定量评价，且评价的方法和过程科学合理的，得3~5分；

④仅开展了定性和定量评价，但评价的方法和过程存在明显瑕疵的，得0~1分。

（4）按审核通过的项目实施方案验证的财政承受能力论证报告（15分）

①进行了财政承受能力论证，支出责任测算科学，预计支出和预计增长率合理，统筹本级本年度全部PPP项目支出责任，且开展行业的均衡评估的，得15分；

②进行了财政承受能力论证，统筹本级本年度全部PPP项目支出责任，并开展行业的均衡评估，但支出责任测算不够科学，预算支出预计增长率不够合理的，得6~11分；

③进行了财政承受能力论证，统筹本级本年度全部PPP项目支出责任，但支出责任测算不够科学，预算支出预计增长完全不符合实际，且未开展行业的均衡评估的，得1~5分；

④进行了财政承受能力论证，只将本项目的财政支出责任与一般公共预算比值和10%红线相比，未写明本项目为本地首个项目的，或者开展财政承受能力论证，但未考虑10%红线的，得0分。

（5）项目实施进度（10分）

①已经完成采购进入执行阶段的，得10分；

②进入采购阶段，已发布中标通知，预计可在3个月内正式签约的，得8~9分；

③进入采购阶段，已发布采购公告，社会资本响应积极，预计可在6个月内正式签约的，得6~7分；

④进入采购阶段，已发布资格预审公告，预计可在9个月内正式签约的，得3~5分；

⑤已经完成项目准备工作，尚未发布资格预审公告，但审批手续齐备，预计可在一年内正式签约的，得1~2分；

⑥尚未完成准备阶段工作的，得0分。

(6) 项目的推广和示范价值（15分）

①符合PPP改革及行业发展方向，具备在全国范围内推广价值的，得9~15分；

②符合本行业发展方向或属于本地区重点项目，示范作用较大，具备在本地区或本行业推广示范价值的，得6~8分；

③在本行业或本地区应用较为普遍，具备一定行业代表性和推广示范价值的，得3~5分；

④在本行业或本地区应用十分成熟，推广示范价值较弱的，得0~2分。

(7) 优先支持领域（额外加分项，不超过10分）

①合作模式上具备突出的创新性，得5分；

②合作模式上具备较多亮点的，得4分；

③合作模式应用上具备一定亮点的，得2~3分；

④合作模式创新性方面无创新，得0~1分。

（二）项目采购阶段

(1) 项目的资格预审（含资格预审申请文件及补充公告）。

(2) 项目采购文件，包括投标须知、PPP合同草案、评审办法、评审小组组成、评审专家人数和产生方式、评审细则等。

(3) 补遗文件。

（4）资格预审评审、响应性文件评审的结论性意见。

（5）资格预审专家、评审专家名单，确认谈判工作组成员名单。

（6）预中标、成交结果公告。

（7）中标、成交结果公告、中标通知书。

（8）采购阶段调整、更新的政府方授权文件。

（9）同级政府签署 PPP 项目合同的批复文件、已签署的 PPP 项目合同，包括主要产出说明和绩效指标、回报机制和调价机制等核心条款。

（三）项目执行阶段

（1）项目公司设立、登记、股东认缴资本金的实缴到位情况，增减资情况，项目公司的资质情况。

（2）项目融资机构名称以及融资金额、融资结构和融资交割情况。

（3）项目施工许可证、建设进度、造价等与 PPP 项目合同有关约定对照审查的情况。

（4）社会资本或项目公司运营情况，绩效达标情况。

（5）绩效监测报告，中期评估报告，项目重大变更或终止情况，定价和历次调价情况。

（6）项目公司财务报告。

（7）项目公司成本监审，合同变更或补充协议签订情况。

（8）重大违约和履约担保提取情况，公众投诉处理情况等。

（9）本级政府或职能部门对项目可能产生重大影响的规定决定等。

（10）PPP 项目合同的签约方等项目相关方的重大纠纷、诉讼或仲裁事项（但根据相关司法程序要求不得公开的除外）。

（11）项目在 PPP 项目库及示范库变化情况，人大批准的 PPP 项目财政预算、执行及决算情况等。

（四）项目移交阶段

（1）移交工作组人员组成、移交程序及标准等。

（2）移交资产、设施或权益清单，移交资产或权益评估报告。

（3）移交设施达标检测情况。

（4）项目后评价报告及项目后续运作方式。

三 交通运输 PPP 绩效考核研究

（一）交通运输 PPP 项目的监管和绩效考核指标体系的构建

绩效考核是 PPP 项目实施过程中必要且有效的监管手段之一，应根据项目具体特点，在 PPP 项目立项阶段即规划和建立动态的与激励相容的绩效考核体系和指标。PPP 项目的绩效考核方案，在项目实施方案、物有所值报告、财政承受能力论证报告编制和评审，PPP 项目入库和示范项目评审中占有重要地位和评审分值。

1. PPP 项目的回报机制和绩效考核的政策依据

PPP 项目回报机制有政府付费、使用者付费、可行性缺口补助三种形式。

政府付费：政府直接付费购买公共产品和服务，包括可用性付费、使用量付费和绩效付费。

使用者付费：由最终消费者直接付费来购买公共产品和服务。

可行性缺口补助：使用者付费不足以满足项目公司成本回收及合理回报时，由政府给予项目公司一定经济补助，弥补使用者付费之外的缺口部分。

国办发〔2015〕42 号文件明确要求，"建立事前设定绩效目标、事中进行绩效跟踪、事后进行绩效评价的全生命周期绩效管理机制，将政府付费与绩效评价挂钩，并将绩效评价结果作为调价的重要依据，确保实现公共利益最大化"。

PPP 项目合同一般应包括绩效考核协议，明确在项目建设、运营和移交各个阶段中设备设施和服务的绩效考核标准、绩效监测方案和未达到绩效考核目标的后果。

《国家发展改革委关于开展政府和社会资本合作的指导意见》（发改投

资〔2014〕2724号明确规定,"项目实施过程中,加强工程质量、运营标准的全过程监督,确保公共产品和服务的质量、效率和延续性。鼓励推进第三方评价,对公共产品和服务的数量、质量以及资金使用效率等方面进行综合评价,评价结果向公众公示,作为价费标准、财政补贴以及合作期限等调整的参考依据。项目实施结束后,可对项目的成本效益、公众满意度、可持续性等进行后评价,评价结果作为完善PPP模式制度体系参考依据"。

《国家发展改革委关于印发〈传统基础设施领域实施政府和社会资本合作项目工作导则〉的通知》(发改投资〔2016〕2231号)指出,"项目实施机构应该会同行业主管部门,自行组织或委托第三方专业机构对项目进行中期评估,及时发现存在问题,制定应对措施,推动项目绩效目标的顺利完成"。

财金〔2014〕113号文件指出,"项目实施机构应每3~5年对项目进行中期评估,重点分析项目运行状况和项目合同的合规性、适应性、合理性,及时评估已发现问题的风险,制定应对措施,并报财政部门(政府和社会资本合作中心)备案"。

财政部2016年10月24日发布《政府和社会资本合作物有所值评价指引(修订版征求意见稿)》,要求"在2016年1月1日之后发起的PPP项目均应开展中期物有所值评价。中期物有所值评价在项目开始运营后3~5年内,考察项目物有所值实现程度,作为中期评估的组成部分"。

《PPP项目合同指南(试行)》(财金〔2014〕156号)规定,"项目公司可以由社会资本(可以是一家企业,也可以是多家企业组成的联合体),也可以由政府和社会资本共同出资设立,但政府在项目公司中的持股比例应当低于50%,且不具有实际控制力和管理权"。

绩效考核体系应根据不同的回报机制分别设置,既能保证项目公司的质量和效率得到有效监管,又契合具体情况,具有可操作性,同时强调全生命周期、动态、量化和与激励相容。

2. 绩效考核指标体系的构建

项目建设阶段主要考核工期目标、投资控制、安全质量等，考核指标体系按合同和设计文件以竣工验收合格为标准构建，项目运营阶段主要考核项目的财务表现、运营安全、运输服务、乘客满意度等，并将考核结果与政府补贴水平挂钩。在项目运营阶段，实施机构或第三方对项目的运营进行动态评估，评估频率以 2~3 年一次为宜，评估结果作为政府调整特许权及可行性缺口补助的依据。

（二）北京市轨道交通路网千分制评价的借鉴

1. 建设阶段

北京市安全质量监督总站和专家组每月对北京市在建工程进行检查打分，PPP 项目也在检查打分之列。住建部每两年对全国轨道交通在建项目派出专家组检查打分。

2. 运营阶段

自 2013 年，北京市启动轨道交通路网运营状况及风险指标评价，简称"千分制评价"，对包括北京地铁 4 号线、14 号线、16 号线等 PPP 项目在内的北京市轨道交通路网上各条线路按照统一标准和体系进行打分。"千分制评价"满分 1000 分，包括运营安全管理保障评价 400 分，设备设施隐患评价 300 分，车站大客流风险评价 300 分。该评价已进行了 5 年并在行业内发布了评价报告。目前，北京市轨道交通路网共运营 17 条线路，按 2017 年"千分制评价"结果，其中 PPP 项目北京地铁 16 号线北段、14 号线西段、机场快轨得分均在 900 分以上，在 17 条线路中名列前茅，这是非常可贵的，也是 PPP 项目物有所值和提质增效的具体体现。

（三）PPP 项目绩效考核案例解析

1. 福州地铁2号线 PPP 项目

（1）建立全生命周期绩效考核奖惩机制

为维持项目的正常运作，保障项目的建设质量、运营服务水平和妥善移交,福州地铁2号线PPP项目引入了全生命周期绩效考核机制。项目实施机构组织设立"福州市地铁2号线PPP项目考核委员会",全面考核福州地铁2号线的所有资产及投资、建设、运营管理行为。

(2) 研究提出政府补贴预付机制

在福州地铁2号线运营初期,由于轨道交通线网尚未成型,客流量相对较小,因此项目公司较长时间内经营活动净现金流可能为负值。简单地将社会投资人收益与项目公司经营活动现金流挂钩,将造成社会投资人长期难以获得收益分配,这可能产生两个后果:一是增加社会资本的资金成本,从而使社会资本对项目收益率的期望值升高;二是不利于财政部门平滑运营期间的财政支出,且后期财政支出压力较大。

因此,本项目参考社会投资人投入的资本金和银行中长期贷款基准利率,为社会投资人设定了一定的预付补贴值(以年初5年及以上期限央行基准利率乘以社会投资人投入资本金计算定额预付补贴)。社会投资人每年可获得的收益为预付补贴值与依据财务模型计算出的合理收益值两者中相对较高值,并考虑项目的奖惩情况。

(3) 引入超额收益分享机制

当政府方与社会资本方获得同等的收益率后,如果可分配利润仍有剩余,则按照2号线项目A部分(由福州地铁公司投资)和B部分(由项目公司投资)的总投资比例,在福州地铁公司与项目公司之间进行分配,项目公司由此获得的利润按照其各方股东的股权比例,同股同权进行二次分配。

2. 贵阳地铁3号线PPP项目

(1) 项目投融资结构

根据《贵阳市城市轨道交通3号线一期工程初步设计》,本项目概算总投资3223119.04万元(其中静态总投资2981746.84万元,铺底流动资金2640.00万元,建设期利息238732.20万元)。

根据国务院《关于调整固定资产投资项目资本金比例的通知》(国发〔2015〕51号)规定,城市轨道交通项目最低资本金为20%。根据国家发改委《关于贵阳市城市轨道交通第二期建设规划（2016~2022年）的批复》，项目资本金比例为项目总投资的30%。

项目资本金为项目总投资的30%，约为966935.71万元，拟由项目公司股东筹集资金解决，其中，市轨道公司代表政府方出资290080.71万元，社会资本676855.00万元。其余资金2256183.33万元通过银行贷款、股东贷款等方式筹措。

项目总投资（除铺底流动资金外）按建设期5年20%：25%：25%：20%：10%的比例投入，铺底流动资金在最后一年投入。

（2）运作模式BOT

项目采用建设—运营—移交（BOT）的模式进行（见图4）。

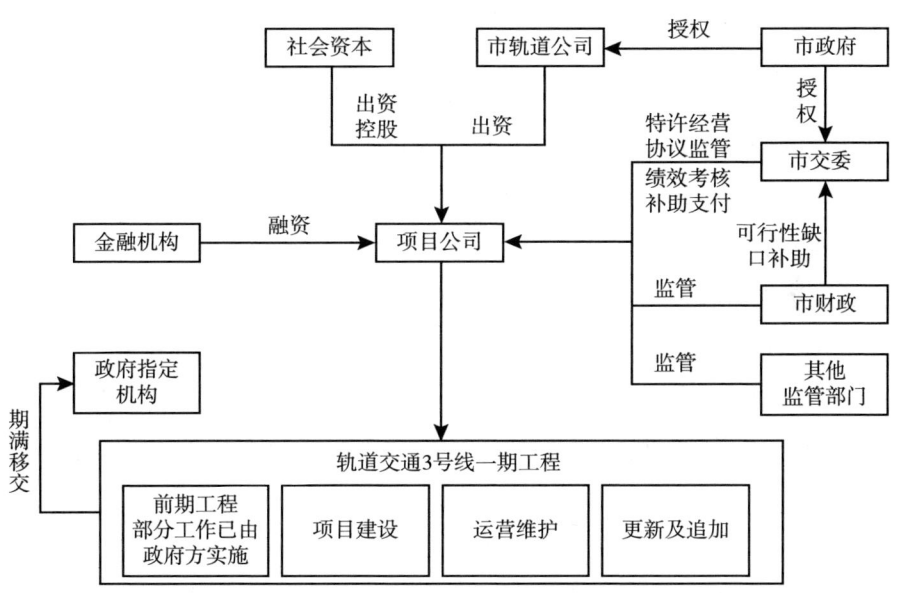

图4　贵阳地铁3号线PPP项目运作结构

（3）绩效考核机制

①建设期考核

建设期的主要考核指标包括建设质量验收、消防、设备安装调试、试运行、联调演练,只有在通过建设期绩效考核所列的各项考核内容后才启动发放可行性缺口补助,否则不予发放可行性缺口补助。

②运营期考核

项目公司保证所提供的轨道客运服务及项目设施管理维护符合相应的质量标准规定。

常规考核

在项目运营内,常规考核每年一次,满分100分,实行扣分制,扣完为止,并制定了主要内容及评分标准。

运营期绩效考核指标均按年进行统计。其中,运营时间、最大发车间隔指标为统计期内履行甲方对运营时间和最大发车间隔的要求。为便于统计考核,只考核乙方是否按甲方对运营时间和最大发车间隔的要求制定相应的运输计划,以及是否按此运输计划承诺安排日常生产,不考虑偶发性因素导致的统计期内部分日期未能按照甲方要求进行运营。

运营期绩效考核指标及评价标准可在进入运营期后,经双方协商依据最新政策、项目实际需求进行修正和调整。

随机巡查

市交委及其他政府指定机构可以随时对项目进行巡查。

③考核付费机制

建设期考核以项目通过政府方组织的项目工程验收及满足项目试运营条件,并作为进入运营期后政府支付可行性缺口补助的前提条件。

在运营期内,市交委及其他政府指定机构在对项目公司进行考核并核算当年应支付的可行性缺口补助后,将结果汇总上报给市财政局,由市财政局拨付相应资金,考核得分对应的考核基数应为当年分摊的建设成本的30%。

3. 深圳地铁12号线、13号线PPP项目

项目运作模式:采用BOT模式,由政府出资代表与社会资本共同组建PPP项目公司,负责B部分建设及整条线路运营维护,30年后无偿移交

(见图5和图6)。

- A、B部分划分：土建及铺轨工程划归A部分，系统设备及车辆划归B部分
- A部分租金：12号线5000万元/年，13号线3000万元/年
- B部分资本金比例：35%
- 政府出资比例：政府出资代表小额持股2%，部分重大事项拥有一票否决权
- 项目回报机制：影子票价模式
- 风险分担机制：影子票价调节机制、客流分成/分担机制、非票务收入分成/分担机制
- 考核机制：建设期工期+质量考核，运营期安全+服务考核，考核与补贴挂钩
- 移交机制：成立移交委员会，明确移交年限、内容、标准
- 采购方式：公开招标，设置合适的资格预审条件

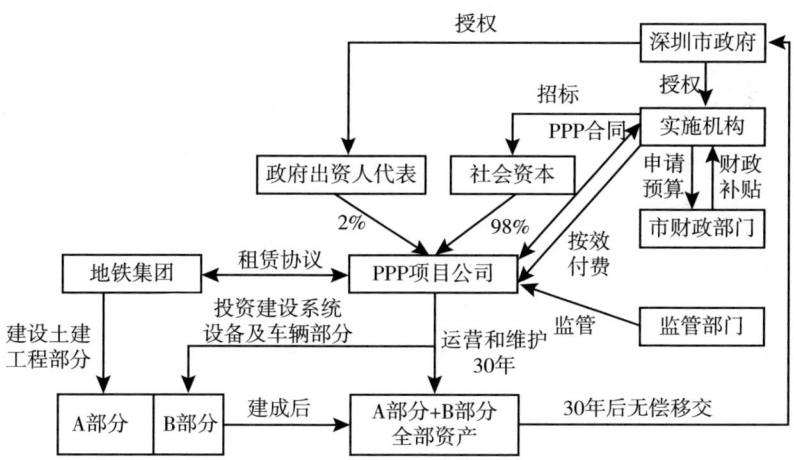

图5 深圳地铁12号线、13号线PPP项目结构

注：采用A、B包模式。地铁集团负责A部分建设，建成后租赁给项目公司；市轨道办、发改委联合公开招标社会资本；由政府出资代表与社会资本共同组建PPP项目公司、负责B部分建设及整条线路运营维护，30年后无偿移交。

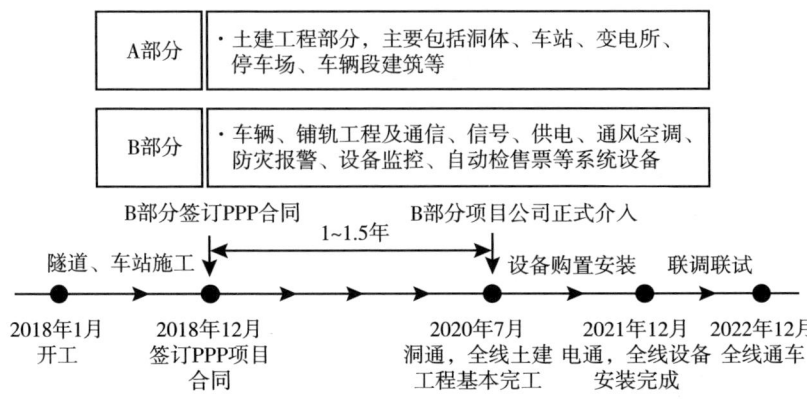

图6 深圳地铁12号线、13号线PPP项目A、B包划分原则

注：划分原则：以运营为导向，与运营关系密切的设备、车辆划归B包；界面划分清晰，便于施工界面切分，降低后期接口争议；保障工程进度，为社会资本预留充足时间。

4. 张家口市2022年冬奥会基础设施三线一场（公路和机场）PPP项目

（1）项目建设内容

本项目分两类，共四个子项。

第一类为公路项目，含三个子项：崇礼城区至太子城公路（SL74）改建工程；崇礼城区至长城岭公路（SL76）改建工程；崇礼城区至万龙（省道SL75张承高速公路万龙连接线）改建工程。第二类为机场项目：张家口宁远机场改扩建工程。

各子项建设内容如下。

①崇礼城区至太子城公路（SL74）改建工程

路线起点位于省道张榆线头道营平交口处，经二道营、三道营、马丈子、转枝莲，终于太子城村，路线全长约17.5公里。其中，设置涵洞26道，中桥6座314延米，小桥1座8延米，平面交叉3处，路侧绿化17.5公里。本项目为改建工程，主要控制因素为既有旧路。

②崇礼城区至长城岭公路（SL76）改建工程

路线起点位于省道张榆线（S231）小夹道入口处，向东沿旧路经大夹道沟村、窄面沟村、小石窑村至长城岭滑雪场，路线长15.067公里。其中，设置涵洞15道，中桥1座54延米，小桥3座（10延米、26延米、8延米各1座），平面交叉19处，景观绿化15.067公里。

③崇礼城区至万龙（省道SL75张承高速公路万龙连接线）改建工程

路线起点在东沟门村与省道张榆线（231）交叉处，向东利用旧路约0.5公里，下穿张承高速公路，经三道沟村、葫芦窝铺村、黄土嘴村至万龙滑雪场，路线长约8.3367公里。其中，设置涵洞10道，中桥1座48延米，小桥4座34延米，平面交叉10处，景观绿化及安全设施8.336公里。

④张家口宁远机场改扩建工程

该机场近、远期飞行区指标均为4C，本次工程主要建设内容如下。

- 跑道向东延长500米至3000米，宽45米，道肩宽5米，总宽50米；
- 跑道北侧新建1条2500米的平行滑行道，道宽18米，道肩宽3.5米，总宽度25米（跑滑间距182.5米），新建1条500米的平行滑行道，道宽18米，道肩宽3.5米，总宽度25米（跑滑间距256米）；
- 跑道两端各规划1条垂直联络滑行道，按照C类飞机运行进行设计，宽18米，道肩宽3.5米，总宽度25米；
- 扩建民航站坪11个C类机位，达到14个C类机位；
- 在平行滑行道东端北侧设置除冰坪，尺寸为97米×40米，并设置除冰液收集装置；
- 除冰坪周边建设3个通用飞机机位，尺寸为136米×86.5米；
- 除冰坪设置1条联络道，道宽18米，道肩宽3.5米，长39米；
- 本期航站楼面积需求约19500平方米，国际部分需求约5600平方米，既有航站楼面积约5418平方米，拟新建1座约14000平方米的2号航站楼；
- 新建航管综合楼1500平方米（其中塔台管制室50平方米）；
- 在航站区西侧靠近消防救援站附近区域设置通航设施，配套建设通信、导航、气象、供油、消防救援等工程及其他辅助设施。

（2）PPP 项目工程投资

本项目建设投资约 25.2 亿元。

（3）PPP 项目运作模式

根据本项目自身特点以及同类项目运作经验，采取"BOT（建设—运营—移交）"模式，项目结构如图 7 所示。

（4）项目公司股权结构

本项目中，拟由本次政府采购甄选的社会资本和政府共同出资成立项目公司（SPV 公司），SPV 公司注册资本 10000 万元，政府股权占比 10%，实际出资 1000 万元；社会资本股权占比 90%，实际出资 9000 万元。政府和社会资本方同股同权。

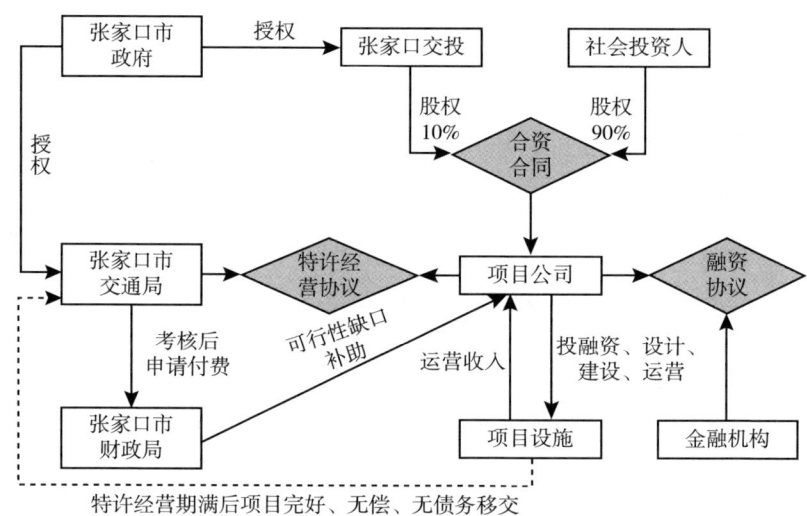

图 7　张家口基础设施三线一场 PPP 项目结构

（5）回报机制

据财政部《关于印发政府和社会资本合作模式操作指南（试行）的通知》（财金 33〔2014〕113 号）文件，PPP 项目回报机制包括使用者付费、可行性缺口补助和政府付费等方式。

本项目可通过公路及机场路沿线广告及围绕本项目的其他配套设施的经营（以协议约定为准）获得运营收入，但该运营收入短期内无法覆盖项目建设和运营成本，因此为保证项目的可持续运作，并使社会资本在保证公共服务供给的前提下获得合理的投资运营收益，预期采用可行性缺口补助的回报机制。运营收入及政府可行性缺口补助之和应覆盖项目公司的建设成本、运营成本以及合理回报要求。

（6）绩效考核

①可用性绩效考核

项目公司按照可用性绩效考核指标完成项目交竣工验收后，政府方应根据本协议约定向项目公司支付相关服务费。

项目公司未能按照可用性绩效考核指标完成项目交竣工验收的，政府方有权依据《特许经营协议》条款要求项目公司进行整改直至通过交竣工验收。如该种情况导致工程延误，则政府方有权依据《特许经营协议》约定向项目公司收取违约金。

②运维绩效考核

实施机构以定期考核及临时考核对项目公司运营维护和服务进行考察，考核结果将与可行性缺口补助支付挂钩。

公路项目运维绩效考核

按建设运营阶段设置定期考核和临时考核指标。考核分值的计算方法：定期考核按季度进行，分别计算每季度考核分值，得到4个考核分值，项目考核最终分值取4个分值的平均值，该平均值为该运营年度运维服务得分。

机场项目运维绩效考核

机场项目涉及国家机密及安全，且其运营维护具有较高的标准和较强的专业性，鉴于其特殊性，机场项目的运营维护应交由国家认定的机场管理专业组织或机构负责。目前，机场项目暂由河北机场管理集团进行运营维护。因此，机场项目运维绩效考核的内容、标准及细则按《运营服务合同》的约定执行。

四 建议与展望

1. 深入研究 PPP 项目所在地的法律法规和文化背景，永远不要低估项目的语言障碍和心理因素

以北京机场快轨车辆进口件竞争性采购谈判为例，朱玲总工程师作为谈判组长，全部否定了加拿大提出的 58 条技术和商务偏离，并要求仅签署中文版合同。经过非常艰苦的封闭式谈判和无数次的深夜国际电话会议，终于完成合同版本定稿，朱玲和加拿大项目经理在中文版合同上逐页进行了签名。合同谈判过程中，加拿大聘请的英文翻译在其自用的英文版合同中漏译了"流线型车型"几个字，直到合同执行两年后，机场快轨建成运营前夕的一次联合会议中，加拿大项目经理才发现这一翻译错误，造成加拿大相关方很大的经济损失。

2. 关于经济评价

目前，铁路项目可研报告经济评价采用的指标按国家铁路总局相关文件执行，项目收益考虑不足，运营维修维护成本等缺少实际运营数据支持，造成内部收益指标有可能低于预期。同时，城市轨道交通项目也缺乏单线运营成本测算和统计数据。

3. PPP 项目的风险识别防控与应对

根据项目所处的不同阶段，PPP 项目一般面临法律风险、政治风险、文化风险、汇率风险、设计风险、安全质量风险、差旅风险、恐怖主义活动风险、"不可抗力"风险等。应根据项目全生命周期所处的阶段，加强风险识别，制定可实施的防控与应对措施。

参考文献

1.《隧道建设（中英文）》2018 年第 12 期。

2. 中国城市轨道交通协会微信公众号。
3. 中国国际工程咨询有限公司：《福州地铁 2 号线 PPP 项目实施方案》，2018。
4. 北京大岳咨询有限责任公司：《贵阳市轨道交通 3 号线 PPP 项目实施方案》，2018。
5. 深圳市城市交通规划设计研究中心：《深圳地铁 12 号线、13 号线 PPP 项目实施方案》，2018。
6. 中国国际工程咨询有限公司：《张家口市冬奥会基础设施三线一场 PPP 项目实施方案》，2018。

B.8
市政工程行业 PPP 模式应用

连国栋[*]

摘　要： 从 2014 年推行 PPP 以来，市政工程类 PPP 项目从入库项目、入库规模、落地项目数各方面来看一直是主角，但在新一轮整改后该类项目也面临发展困境。基于此，本报告从市政工程类 PPP 项目操作中遇到的问题和困难入手，在项目统筹规划、存量项目管理和综合施策方面提出建议。

关键词： 市政工程行业　PPP 模式　对策

一　市政工程行业 PPP 发展的现状

2014 年以来，PPP 模式逐渐成为地方政府进行市政工程类项目建设主要模式。根据财政部政府和社会资本合作中心（CPPPC）管理库统计，市政工程类 PPP 项目在入库规模、入库项目个数、落地项目数等方面都居首位。截至 2018 年 12 月，财政部管理库入库数量为 8654 个，其中市政工程类项目占入库数量的 39.1%，总投资 39646 亿元，占总投资额的 30.1%。

根据明树数据《2018 年中国 PPP 市场年报》，2018 年市政工程类项目

---

[*] 连国栋，山西万方建设工程项目管理咨询有限公司副经理，国家发改委、财政部 PPP 专家库双库专家，中央财经大学 PPP 智库专家。

的成交数量和规模依旧在所有行业中保持领先，2018 年成交金额为 0.71 万亿元，约占总成交金额的 25.98%。

（一）市政工程行业 PPP 的分类

1. 市政工程类 PPP 项目种类多，投资占比大

由于国家财政政策的调整，对于政府负债和融资方式进行清理，PPP 模式逐渐成为地方政府进行市政工程类项目的主要手段，根据财政部 PPP 信息平台统计，截至 2018 年 12 月底，财政部 PPP 中心项目库中，管理库共有市政工程类项目 3381 个，占所有行业项目的 39.1%；项目总投资 39646 亿元，占所有项目投资的 30.1%。从 2018 年项目成交情况来看，无论是数量还是金额，市政工程类 PPP 项目都在各行业中排名第一（见图 1、图 2 和图 3）。

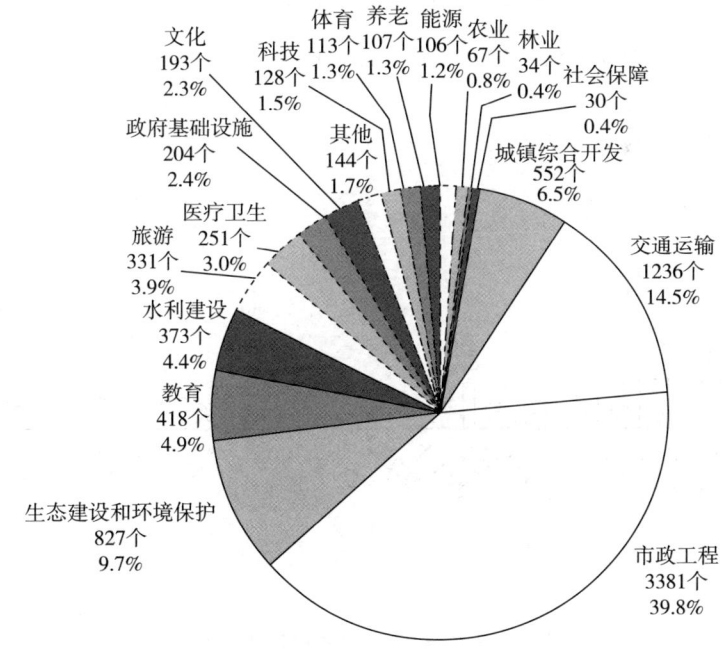

图 1　2018 年底管理库入库数量行业分布

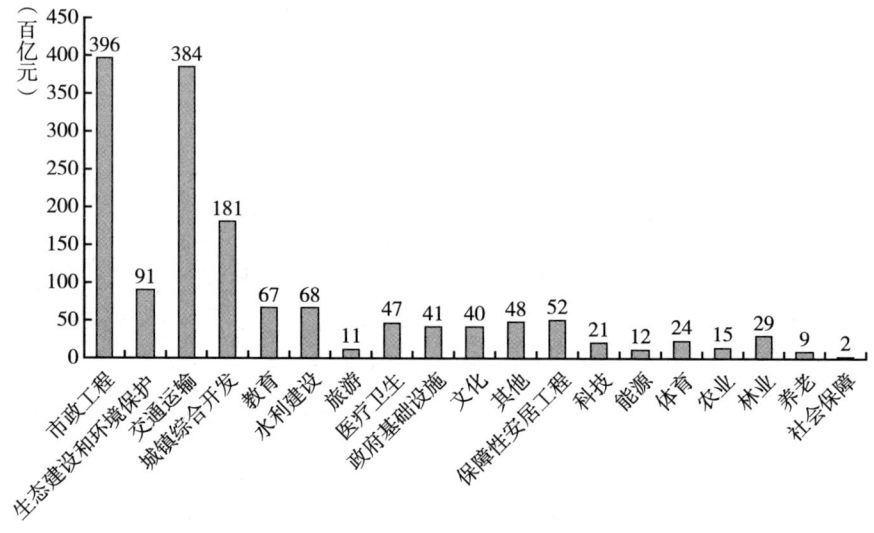

图 2　2018 年 12 月管理库入库投资额行业分布

资料来源：财政部 PPP 中心《全国 PPP 综合信息平台项目管理库 2018 年年报》。

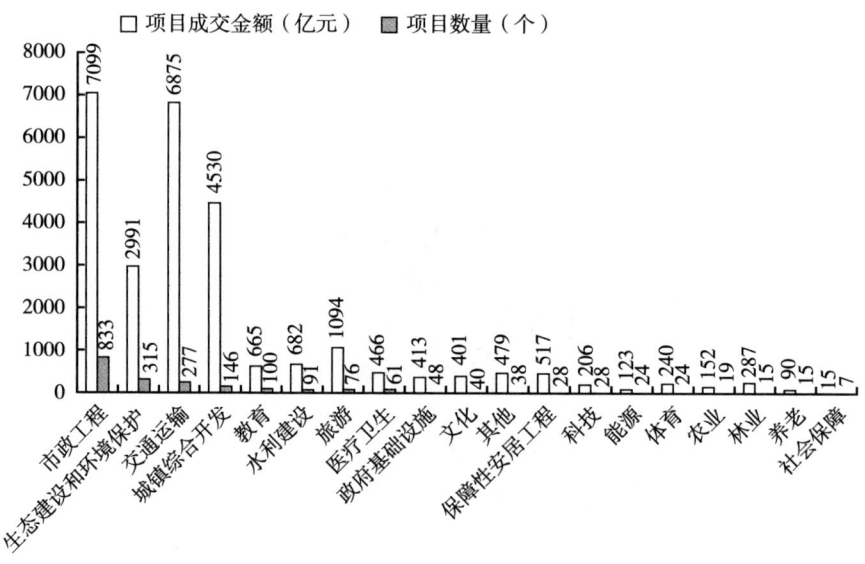

图 3　2018 年各行业 PPP 项目成交情况

资料来源：明树数据《2018 年中国 PPP 市场年报》。

2. 市政工程类PPP项目单体工程小

据统计，PPP项目全行业平均每个项目投资金额为14.87亿元，市政工程类PPP项目平均为10.58亿元，为全行业平均值的71%，与交通运输类PPP项目相比，市政工程类PPP项目以中小型项目居多。

3. 市政工程类PPP项目回报模式较为单一

根据分析，目前市政工程类PPP项目中采用政府付费模式的占比较高，以山西的入库PPP项目为例，政府付费项目占48%，可行性缺口补助项目占比为49%，使用者付费项目占3%，政府付费和可行性缺口补助模式占据大多数（见表1）。根据明树数据《2018年中国PPP市场年报》，在2018年PPP项目中，市政工程类PPP项目数量也居首位，而财政部PPP中心数据表明，市政工程类PPP项目回报模式以政府付费为主，说明市政工程类PPP项目政府的支出压力较大（见表2）。

表1 山西市政工程类PPP项目回报模式分析

回报模式	项目数（个）	占比（%）
政府付费	62	48
可行性缺口补助	64	49
使用者付费	4	3

表2 市政工程类PPP项目回报模式分析

回报模式	项目数（个）	占比（%）
政府付费	1365	46
可行性缺口补助	1394	47
使用者付费	237	8

资料来源：财政部PPP中心管理库数据，截至2018年9月底。

4. 市政工程类PPP项目创新性不强

根据目前的成交数据，市政工程类PPP项目大多数绩效考核指标不太

清晰,如道路项目考核的核心指标一般包括路面清洁、路面完好、道路养护维修等方面,但是道路绩效考核目标与实际支付关联性不足,并未考虑道路的通行情况、通行车辆的类型,有可能出现"鞭打快牛"的现象,需要对绩效考核指标、考核办法进行进一步深入研究。

(二)市政工程行业PPP项目特点

与其他行业的PPP项目相比,市政工程类PPP项目具有以下特点。

一是项目公共基础属性强,市政工程类PPP项目大多集中于基础设施行业,与社会公众的生活密切相关,因此项目收益性和经营性普遍不高,从项目的回报模式来看,市政工程类PPP项目主要以政府付费模式和可行性缺口补助方式为主,市场化程度不高。

二是项目市场需求大,未来发展空间较大,党的十八大报告提出,人民对幸福生活的向往就是我们的奋斗目标,而市政基础设施项目的实施能够有效改善人民群众的生活水平和生活质量,一直以来市政工程类PPP项目在财政部PPP项目库中占比都是最大的,根据明树数据2018年的统计,从PPP项目成交和支出方面来看,市政工程类PPP项目是PPP的重点领域,其中入库项目占总项目数的39.8%,2018年支出占比为PPP项目总支出的51%,可见市政工程类PPP项目在PPP领域的重要性(见图4)。

三是市政工程类PPP项目受政策影响大,未来发展存在一定的不确定性。市政工程类PPP项目规模大、金额高,但是公益属性强,回报模式以政府付费和可行性缺口补助为主,受限于政府10%的支出红线和财预〔2017〕87号文件"原则上禁止新上政府付费类PPP项目"的要求,后续市政工程类PPP项目面临一定阻碍。同时随着中美贸易战的影响,预计宏观上以投资拉动基建的政策也会进一步给PPP带来影响。

(三)市政工程行业PPP项目的政策导向

2017年下半年以来,相关部委先后下发了财办金〔2017〕92号文件、财预〔2017〕50号文件、国资发财管〔2017〕192号文件、财金〔2018〕

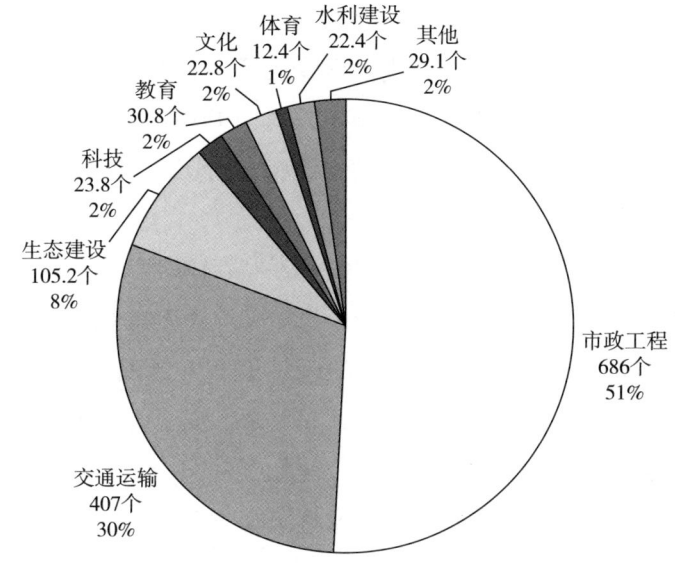

图 4　2018 年 PPP 项目支出情况

资料来源：明树数据《2018 年中国 PPP 市场年报》。

23 号文件、财金〔2018〕54 号文件、银发〔2018〕106 号文件等，加强对 PPP 项目融资和风险防控的规范性要求，给 PPP 项目投资带来较为深远的影响，尤其是对市政工程类 PPP 项目有较大的影响，归纳起来主要有以下几点。

1. 政策管控趋严，给 PPP 投融资带来较大影响

在防范金融风险的大背景下，财政部等相关部委相继下发多份文件，对 PPP 项目进行清理，也对 PPP 参与主体进行规范。如对于地方政府，禁止承诺固定回报，禁止债务性资金充当资本金；对于社会资本，要求不得以债务资金充当资本金；对于央企，要求资产负债率不得超过 85%，PPP 的净投资不得超过上一年度净资产的 50%；对于金融机构，要求要对项目公司的资本金进行穿透审核，提高融资规范性。

2. 一系列新政策出台，对市政类 PPP 项目造成一定冲击

2018 年以来，为了稳投资和满足地方政府融资需求，财政部加快了专项债发行的进度，增加了发行额度，预计 2018 年专项债的额度达到

中国 PPP 蓝皮书

1.35 万亿元，较上一年度增加 0.55 万亿元，专项债除继续用于再融资外，将主要集中用于有收益的重大基础设施建设和城市开发项目，其中会有较大部分用于市政工程类基础设施项目，而 PPP 项目由于前期工作周期长、融资慢、落地难，专项债到位的情况将会对市政工程类 PPP 项目的规模造成一定的影响。

3. 在稳投资的大背景下，市政工程类 PPP 项目依然大有可为

在 PPP 规范清理的大背景下，在"资管新规"等的严要求下，今后 PPP 项目将会进一步规范，预计在新的一年里 PPP 条例也将出台，进一步为 PPP 的健康发展保驾护航，PPP 模式是基础设施投融资的重要模式，而垃圾和污水处理类项目又被明确为两个强制类项目，预期将来 PPP 模式将会在市政工程类基础设施项目建设中发挥更加重要的作用。

二 市政工程行业 PPP 项目操作需要注意的问题

（一）市政工程行业 PPP 项目操作中需要注意规划与策划的问题

市政工程行业 PPP 项目大部分是为社会公众提供公共基础类服务的项目，因此在项目实施过程中既要考虑项目的当期需要，也要考虑适当超前，与项目区域总体规划保持一致，既满足项目的需求，也为未来发展预留空间，但也要避免"贪大求洋"，过度超前，造成项目的规模浪费，如某园区设计建设污水处理厂，规模为日处理污水 20000 吨/日，实际建成后的污水处理进水量不足 1000 吨/日，形成了极大的浪费。

（二）市政工程行业 PPP 项目操作中要根据具体项目做好规划设计

市政工程行业 PPP 项目种类多，不同项目采用的模式也不尽相同，更需要根据具体项目精心策划，做好顶层设计，使 PPP 项目发挥应有的效用，比如，针对具体项目做好前期的论证，计算不同模式的融资成本、运营成本，论证项目实施的可行性等，以使项目运作模式切实可行。

(三)市政工程行业 PPP 项目要关注存量项目的盘活

经过多年建设,各地政府都拥有了大量的存量资产,将这些资产盘活,避免其成为沉睡资产,是做好市政工程行业 PPP 项目需要重点关注的问题。

在做好市政工程类 PPP 存量项目运营时,要重点关注以下几方面问题。

1. 流程的合法性

根据《国有企业资产监督管理办法》,存量项目资产盘活时必须进行资产评估,并进行相应的备案和批准,目前很多项目仅进行了资产评估,而未经相关部门备案和审核批准。

2. 交易的合法性

根据《国有企业资产监督管理办法》,存量资产交易时应在产权交易所挂牌,目前有很多存量 PPP 项目交易采用公开招标的方式,两种方式并存,需要在存量资产盘活时注意交易流程的合法性。

3. 注意交易税负的筹划

存量资产交易过程中一般会涉及增值税、土地增值税、契税、所得税、印花税等税种,而存量 PPP 项目与其他存量资产处置有所不同,一般需要在合作期满后将资产无偿移交给实施单位或政府委托部门,在合作期间大部分以 BOT 模式运作的项目,仅作为项目公司的无形资产,项目公司并不具备处置权,这就需要提前做好税收筹划,以减少交易过程中的成本。

三 市政工程行业 PPP 项目面临的困难

(一)政策方面影响较大

目前,各地政策对于政府付费项目均持审慎态度,而经过前几年的发展,部分地区财承接近 10% 红线,但很多市政工程行业项目关系民生,又是必须建设的项目,如污水处理厂等,目前的政策对于完全政府付费的项目

又持否定的态度,在这种情况下,市政工程行业PPP项目的建设就难以持续,需进一步研究相关政策,这是项目推进的关键。

(二)融资难度大

大部分市政工程类PPP项目本身赢利能力弱,回报模式单一,自平衡能力不强,尤其是市政道路等项目运营性不强,很多项目完全依靠政府付费和可行性缺口补助模式来实现社会资本的有效回报,导致金融机构对于此类项目支持力度较小,项目融资难度较大。

(三)绩效考核标准宽严尺度不一

目前,PPP项目绩效考核没有建立统一标准,在实际实施过程中,同一区域内不同的咨询公司或实施机构开展考核评价的绩效考核标准不一,进入运营期后产生不少争议。

绩效考核标准与支付的挂钩没有必然性,导致难以对社会资本产生有效激励,如同样是市政道路PPP项目,由于道路的车辆通行数和通行车辆类型不同,考核结果和实际运维状况相反的极端状况时有出现,因此需要针对市政工程行业PPP项目,按细分行业制定相应的绩效考核标准,实现在一定的区域内以同一把尺子衡量,来考核项目公司的运营绩效水平,以有效激励项目公司按照产出标准提高运营服务水平。

四 市政工程类PPP项目发展建议

(一)做好当地市政工程类PPP项目的统筹规划

PPP项目能够缓解地方政府财政压力,但是如果不统筹规划、科学安排,容易寅吃卯粮,带来严重的财政负担,影响代际公平,对未来造成严重的影响,因此迫切需要提高项目的科学决策水平,既要解决社会发展和民生需要之间的矛盾,也要解决当下建设与长远发展之间的矛盾,做到平衡,才能使建成的市政基础设施既不超前浪费，也有适当的发展空间和后劲，这就需要对一个地区的市政工程行业 PPP 项目通盘进行综合规划，避免实施单位各自为政，从部门本位主义出发造成项目的浪费。

（二）做好存量市政工程行业 PPP 项目资产的盘活

经过多年的建设，地方政府手中积累了大批存量市政工程行业 PPP 项目资产，通过这些存量项目的盘活，可有效满足地方政府新建项目的建设资金需求，引入新的有经验的运营方，有利于提高项目的运维水平，同时采用适合的绩效考核方式，也有利于提升运营绩效水平，激发市场活力，为后续项目的建设运营提供更好的借鉴。

（三）综合施策，选择适合的模式建设市政工程类基础设施项目

市政工程类项目规模大、种类杂，涉及人民生活改善的方方面面，在项目建设过程中，项目的筛选容易出现失误，因此更需要因项目施策，对症下药，选择适合的项目和适合的模式来运作，不是所有的项目都必须采用 PPP 模式。

在目前防控金融风险的大背景下，政府对融资风险进行严管，但是城市建设的筹资还是可以多措并举，具体项目要进行针对性的分析，比如对扶贫类的市政基础设施项目，应采用政策性专项贷款，融资成本低，可以有效降低政府的支付压力；对于有一定收益且项目可以自求平衡的项目，可以发行专项债券，有效加快项目的进展速度；对于需要进行专业运营管理的项目，可以通过 PPP 模式，引入专业的团队，实现"引资、引智"的目的，激发社会资本自身的潜力，实现合作双方的共赢。

五 案例：高平市第二生活污水处理厂工程 PPP 项目

（一）项目概况

高平市第二生活污水处理厂工程 PPP 项目总投资估算为 11384 万元，

建设内容为设计日处理总规模 2 万吨的污水处理厂一座，包括污水处理设施、生活设施、厂区内给排水、厂区绿化围墙以及厂区外的污水管道 4 公里。

（二）项目合作范围

本项目采用 BOT 模式进行运作。高平市住建局通过公开招标方式引入山西水务投资集团有限公司联合体作为社会资本，与政府方出资代表高平市水务发展有限公司共同组建 PPP 项目公司。由项目公司在特许经营期内负责第二生活污水处理厂项目的投资、优化设计、建设、运营和维护，并提供污水处理服务，收取污水处理费。其中配套管网与污水处理厂同步建设、运营。

项目合作期限 26 年，其中，建设期 1 年，运营期 25 年。

（三）回报机制

项目公司主要收入来源为项目的污水处理费，根据项目的实际情况，确定污水处理费的最终报价，政府按照基准水量和基准水价向项目公司支付污水处理费。

$$T = V_a P - Q_1$$

其中，T 为污水处理费，V_a 为实测水量，P 为污水处理费基本单价，Q_1 为污水处理考核扣款。

当实测水量低于基准水量时，对实测水量低于基准水量的部分，政府方仅弥补项目公司的固定成本及固定成本对应的部分利润，计算公式如下：

$$T = V_a P + (V_s - V_a)\frac{PC}{F+C} - Q_1$$

其中，T 为污水处理服务费，V_a 为实测水量，V_s 为基准水量，P 为污水处理费基本单价，F 为按基准水量计算的污水处理单位固定成本，C 为按基准水量计算的污水处理单位可变成本，Q_1 为污水处理考核扣款。

当实测水量高于基准水量时，对实测水量高于基准水量的部分，政府方仅弥补项目公司的变动成本及变动成本对应的部分利润，计算公式如下：

$$T = V_a P + (V_s - V_a)\frac{PC}{F+C} - Q_1$$

其中，T 为污水处理服务费，V_a 为实测水量，V_s 为基准水量，P 为污水处理费基本单价，F 为按基准水量计算的污水处理单位固定成本，C 为按基准水量计算的污水处理单位可变成本，Q_1 为污水处理考核扣款。

（四）交易结构

项目资本金为总投资的20%，为2277万元，其中政府方出资代表出资228万元，占股约10%；社会资本方出资2049万元，占股约90%，其中80%采用债务融资，由项目公司负责。

（五）项目特点

1. 采用厂网一体化模式

在实施过程中，通过污水厂建设和污水管网打包，实现污水管网与污水厂同步设计、同步建设、同步实施，避免只进行污水处理厂建设而缺乏配套管网，造成污水处理厂"晒太阳"的情况，确保污水处理厂实现预期效益。

2. 污水处理费与运营绩效考核挂钩

以结果为导向，通过将污水处理费与污水处理厂运营绩效挂钩，将污水处理厂的污水出水质量与付费进行关联，迫使项目公司加强项目运营管理，提高运营绩效水平。

3. 实现多种方式的付费测算

针对项目的实际情况设计不同状况的付费方式，根据投资变化、污水处理水量变化下不同的调节机制，有效避免后期的争议。

B.9
环保行业 PPP 模式应用

薛 涛*

摘 要： 本报告通过对中国国情下环保行业 PPP 的发展历史和现状进行剖析，让读者理解中国 PPP 的核心逻辑和当前发展曲折的原因所在，掌握环保行业 PPP 的实际应用和操作重点，以及了解 PPP 模式下环保行业中水务、固废等 14 个细分领域的基本格局和发展规律。

关键词： 环保 PPP 市政环保 PPP 四分类

一 PPP 发展的三阶段

（一）试点应用阶段（1995~2001年）①

1995~2001 年，我国对公路和电厂项目的建设及运营需求较为迫切。中国政府积极引入外商投资以满足发展需求②。同时，以原国家计划委员会（现国家发改委）为首的中央机构最早从 1996 年起推选了数个规范化

---

* 薛涛，E20 环境平台执行合伙人和 E20 研究院执行院长，国家发改委、财政部 PPP 专家库双库定向邀请专家，亚洲开发银行注册专家（基础设施与 PPP 方向），中央财经大学 PPP 智库专家。
① 周兰萍主编《PPP 项目运作实务》，法律出版社，2016。
② 欧亚 PPP 联络网编著《欧亚基础设施建设公私合作案例分析》，王守清译，北方联合出版传媒（集团）股份有限公司、辽宁科学技术出版社，2010。

的BOT投资试点项目,如"广西来宾B电厂项目"①和"成都第六水厂项目"②等,打开了中国PPP的大门。其中,中央政府对"广西来宾B电厂项目"给予了强有力的支持,正式批准其为第一个BOT试点项目,作为后来BOT基础设施项目的参考范本;而"成都第六水厂项目"的移交标志着我国第一个水务BOT项目圆满落幕。

从政策引导的方向来看,这一阶段的重点是引进外资,在后面的第二阶段、第三阶段外资引入逐渐减少。1995年1月16日,对外贸易经济合作部颁布《关于以BOT方式吸收外商投资有关问题的通知》;同年8月21日,原国家计委、电力部、交通部三部委颁布《关于试办外商投资特许权项目审批管理有关问题的通知》,为外商采用建设—运营—移交的投资方式(BOT)投资我国亟须发展的基础设施和基础产业提供了基本的法律调整依据。

(二)PPP特许经营阶段(2002~2012年,PPP 1.0时代)

在推进PPP的发展中,建设部令第126号的发布起到了至关重要的作用,而其所管理的地方市政基础设施资产沉淀资金达到几千万亿元,也由此占据了目前环保上市公司的半壁江山。

在市政基础设施领域,原建设部2002年颁布了《关于印发〈关于加快市政公用行业市场化进程的意见〉的通知》(建城〔2002〕272号),2004年发布了《市政公用事业特许经营管理办法》(第126号),形成了相对成熟的单体特许经营项目,应用领域主要是城建司管辖的市政基础设施:污水、垃圾、供水、燃气、供暖和公交。随后国家出台了一些政策促进社会资本通过各种形式参与公用事业和基础设施的建设及运营环节,如2005年发布的《关于鼓励支持和引导个体私营等非公有制经济发展的若干意见》(国发〔2005〕3号),2010年发布的《国务院关于鼓励和引导民间投资健康发

---

① 广西来宾B电厂项目已于2015年9月3日在18年特许经营期满后如期移交给广西政府。
② 成都第六水厂项目已于2017年8月10日在18年特许经营期满后如期移交给成都市兴蓉集团有限公司。

展的若干意见》(国发〔2010〕13号),等等。

市场实践中,污水厂、垃圾厂采用BOT、TOT等模式,自来水厂采用股权改制模式,基本实现了特许经营的推广。在水业领域,以1998年成都第六水厂BOT项目获批、《城市供水价格管理办法》印发为标志,我国水业市场化改革历时20年,对环保产业的成长壮大和环境服务业业态的形成发挥了巨大的作用,成长于PPP 1.0阶段的水务上市公司有17家,固废上市公司有6家。

在这一阶段的发展过程中,2008年是转折点,在中央政府"4万亿"经济政策①的刺激下,地方政府融资平台不断发展壮大,平台贷款、城投债等规模激增为地方政府提供了充足的资金,PPP特许经营方式吸引外地社会资本的增长速度有所减缓。此后平台过度发展引发地方债管理趋严,推动PPP发展进入新阶段。

(三)PPP内涵扩张阶段(2013年至今,PPP 2.0时代)

2013年国务院常务会议提出通过市场化配置资源,PPP已受到关注,但直到国发〔2014〕43号文件发布,以地方债务管理政策的发布为契机,PPP的发展才进入大举扩张阶段。这一阶段的环保PPP突破了单体项目,出现了大型的水环境综合整治(黑臭水体)PFI项目,固废领域则在环卫和厨余领域开始进行尝试。

从一系列政策可见财政部约束地方政府举债行为的态度坚决而明确。然而大规模引入PPP的动机是"修明渠"来堵平台融资的"暗道",这与PPP本身结构复杂、运行精巧的特质不完全吻合。在政商契约精神总体不足、地方政府融资需求巨大、社会资本逐利动机明显、金融机构追逐无风险回报以及咨询机构和部分专家能力参差不齐等诸多客观因素制约下,前

---

① 2008年9月,国际金融危机全面爆发后,我国经济增速快速回落,出口负增长,大批农民工返乡,经济面临硬着陆的风险。为应对危局,中央政府于2008年11月推出了进一步扩大内需、促进经济平稳较快增长的十项措施。初步匡算,实施这十大措施到2010年底约需投资4万亿元。

三年相当多的PPP项目发展过于粗暴，引来了不少争议，因此2018年8月财政部部长就PPP"四化"发表重要讲话并随后进行了规范整顿。

二 E20市政环保PPP四分类格局

E20研究院提出"市政环保PPP四分类"理论（捆绑商业因素的复合型项目在逻辑上与a类项目接近），分类格局如图1所示。

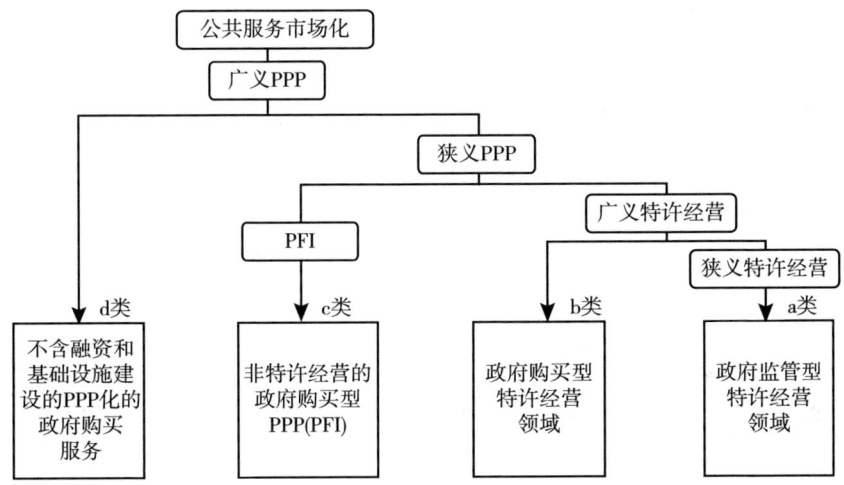

图1 E20市政环保PPP四分类格局

资料来源：E20研究院。

（一）a类：政府监管型特许经营领域

a类项目包括供水PPP（以股权合作为主，与燃气、供热PPP性质类似）、（不依赖政府回购的）地下管廊。

该类项目属于狭义特许经营项目，其根本特征包括：一是由社会资本承担使用者数量，不能事先确定需求风险；二是必须获得标配的垄断经营。该类项目通常具有价格听证机制，直接向非政府的最终使用者收费，如供水、

供气等领域。对于这类项目而言，政府授予其垄断经营权后，基于公共服务属性的监管和对公共利益的保障是核心，其具有很强公共权益性质的监管，与b类、c类、d类项目更多基于政企直接买卖平等关系的监管完全不同，其他创新的捆绑商业因素的复合型项目（不依赖政府回购的园区开发、养老、真正的旅游等）在逻辑上部分与a类项目接近。

（二）b类：政府购买型特许经营领域

b类项目包括污水厂BOT项目、垃圾焚烧厂BOT项目、垃圾填埋厂BOT项目、餐厨处理厂BOT项目、污泥处理厂BOT项目等（上述项目可能打捆包含前端收集运输）。

商业模式上还包括TOT类型，BOT用于新建，而TOT用于存量转让。此处BOT/TOT均采用狭义定义，狭义定义是相对目前BOT被泛化使用的情况而言，b类指的是专属狭义BOT/TOT[①]政府付费模式。

该类项目是政府付费类项目，虽然存在潜在的付费主体，但实际交易中由政府直接向社会资本方付费，主要应用于污水处理、垃圾处理等领域。此类项目的基本特征包括：一是政府是服务的使用者，二是需求风险并未由社会资本承担，而由政府方承担。从这方面来看，同为传统特许经营的a类和b类项目在内涵本质上有巨大的区别，可以说只有a类项目才包含特许经营中"特许"和"经营"这两个核心概念最准确的定义。

（三）c类：非特许经营的政府购买型PPP（PFI）

c类项目包括管网融资建设、不含污水厂的黑臭水体治理项目和海绵城市、土壤修复、农村污水或垃圾治理等领域。

政府付费PFI类项目的经营和运营属性较弱，目前多为维护性质，如管网融资建设、不含污水厂的黑臭水体治理等领域。这类项目不再使用以

---

① 本质是政府以保底量按质按量提供处理物，如果未能提供，则需要按约定保底量进行费用支付以保障社会资本参与方的成本回收，称为"照付不议"。价格调整按协议事先约定的调价公式根据外部客观成本参数变化隔年度进行刚性调整，并不适用听证会调价机制。

单价竞标和以量计价的模式,而采用可用性付费的方式,这种模式带来了"工程化导向"(背离了长期服务的目的)和"隐性负债问题",是当前PPP争议和整顿的"重灾区"。财办金〔2017〕92号文件关于绩效捆绑建设投资的要求,显然试图对此类项目前期的一些机制缺陷进行优化。

(四) d 类:不含融资和基础设施建设的 PPP 化的政府购买服务

d 类项目包括垃圾清扫或收运(不含收运站融资建设)、城市水体维护、环境监测服务、基础设施的委托运营服务。

该类项目本质上更适合采用政府购买服务的方式,历史上也长期以购买服务的方式存在,属于短周期的轻资产模式(如环境监测),当其长期化运营或捆绑部分基础设施,便适用于 PPP 模式。

三 解析各环保细分领域 PPP

(一) 水务:从供排水到水环境的纵深发展

根据 E20 市政环保 PPP 四分类,水务各细分领域具有鲜明的特点,也存在兼具两种或三种类型特征的情形。

1. 市政供水 PPP

据 E20 研究院预测,2020 年城镇公共供水综合生产能力将达到 31111 万立方米/日,城镇公共供水总量将达到 613 亿立方米/年。"十三五"期间,我国城镇公共供水设施建设的市场规模将达到 675 亿元,"十三五"期间整体运营的市场规模将达到 6400 亿元。

E20 研究院《中国水务行业分析报告(2017 版)》数据显示,前五名供水企业(CR5)已运营规模占据 11.02% 的市场份额,市场占有率排名前十(CR10)的企业已运营规模占据 16.47% 的市场份额,可见供水领域的市场集中度相对较低。

表1 E20市政环保水务PPP常规分类

	一级	二级		PPP检索对照	类型
水	大水务	市政给排水	供水	—	a
			污水处理	污水厂+管网	b
				污水厂+管网	b+c/b
			供排水	供水+污水厂	a+b
				供水+污水厂+管网	a+b/a+b+c
		村镇供排水	村镇供水		c
			村镇污水(小集中)	村镇污水厂+管网	b+c/b
			村镇污水(分散式)		c
			村镇供排水	供水+小集中/分散式	a+b/c
		园区供排水	园区供水		a
			园区污水	污水厂+管网	b+c/b
			园区供排水	供水+污水厂+管网	a+b/a+b+c
		水环境	绩效	黑臭水体	河道/流域、黑臭、截污	c/b+c
				海绵		—
			非绩效	景观	园林、公园、河边绿化及湿地等	c
	水利	水利	原水供应	引水、原水	b
			水库	水库	c
			灌溉、防洪	防洪、灌溉、水渠	

2. 市政污水处理PPP

据E20研究院预测,至2020年底,城镇(包括设市城市、县城,不包含建制镇)污水处理能力将增加至21216万立方米/日,2017~2020年,我国城镇污水处理新增投资额约900亿元。污水处理量方面,至2020年,城镇污水厂年处理量将达到679.4亿立方米。

市场占有率方面,根据E20研究院《中国水务行业分析报告(2017版)》数据,北控水务市场占有率超过5.5%,碧水源、首创股份均超过4%,行业龙头地位凸显。

3. 村镇污水PPP

据E20研究院《村镇污水处理市场分析报告(2017版)》分析,村镇

2016年污水处理厂处理能力约1527万吨/日；到2020年，污水处理厂处理能力将达到约2200万吨/日。"十三五"期间，村镇污水处理厂投资约750亿元，分散式污水处理装置投资约650亿元。

村镇污水处理存量资产的可PPP市场化空间约570万吨/日，可PPP市场化占比基本为零，但存在存量上委托运营的购买服务市场。相对于市政供排水，其PPP市场化的可能性较低。

4. 供排水一体化PPP

截至2018年7月，财政部PPP综合信息平台共有43个"供排水"项目（项目名称中含有"供排水"、"水务一体化"、"供水和污水处理"或"一水两污"等字样）。其中，新建项目11个，均为BOT，仅占25.6%；存量（不含新建）项目8个，主要为ROT或TOT，占比为18.6%；新建及存量混合项目共24个，占比达到55.8%。与此对应，"TOT + BOT"最多，占比超过40%，另外还有"TOT + ROT + BOT"、"BOT + O&M"及"O&M + ROT + BOT"等运作方式出现。

5. 园区污水处理PPP

截至2018年8月，财政部PPP综合信息平台有不少于67个园区（含工业园区、开发区、高新区及新区）污水处理PPP项目，其中34个处于执行阶段，落地率达到51%。

园区污水处理领域处于"工业"和"市政"两个服务指向的交界，园区市政管网的存在使其具有市政属性（不同于工业污水处理领域），但是其收集的污水来自工业源，带来了园区污水处理PPP的复合属性。

6. 污泥处理处置PPP

E20研究院《中国污泥处理处置市场分析报告（2017版）》显示，目前污泥的无害化处置率仅45%左右，而污泥年产生量在4000万吨左右，2000万吨的污泥去向不明。

PPP方面，从E20市政环保PPP四分类角度，污泥处理环节具有b类特征；以资源化为导向的污泥处置环节因其有第三方经营性收入来源，具有a类的特点。

7. 水环境综合治理 PPP

水环境综合治理 PPP 市场巨大。据 E20 研究院测算，"十三五"期间，水环境综合治理市场空间有望达到 4.6 万亿元。其中，后"十三五"时期，水环境综合治理可释放的潜在市场空间在 1 万亿元左右，加上目前已治理的黑臭水体中部分为阶段性临时治理，后期治理总规模将在 1.5 万亿元。

（二）固废：从末端处置到前端环卫的全流程延伸

1. 以焚烧发电为主的生活垃圾处理 PPP

生活垃圾处理是目前我国固废产业发展最完善的领域。目前来看，我国生活垃圾处理占比最高的方式仍是卫生填埋。住建部《2016 年城乡建设统计年鉴》数据显示，2016 年我国城市及县城生活垃圾卫生填埋量约 1.68 亿吨，焚烧量约 0.8 亿吨，分别占总处理量的 66%、31%。

从处理能力看，我国城镇生活垃圾卫生填埋能力由 2011 年的 39.4 万吨/日增长至 2016 年的 51.1 万吨/日，复合增长率仅为 5.3%；而焚烧能力则由 2011 年的 10.1 万吨/日激增至 2016 年的 27.8 万吨/日，复合增长率高达 22.4%（见图 2）。焚烧发电将成末端处理的主战场。

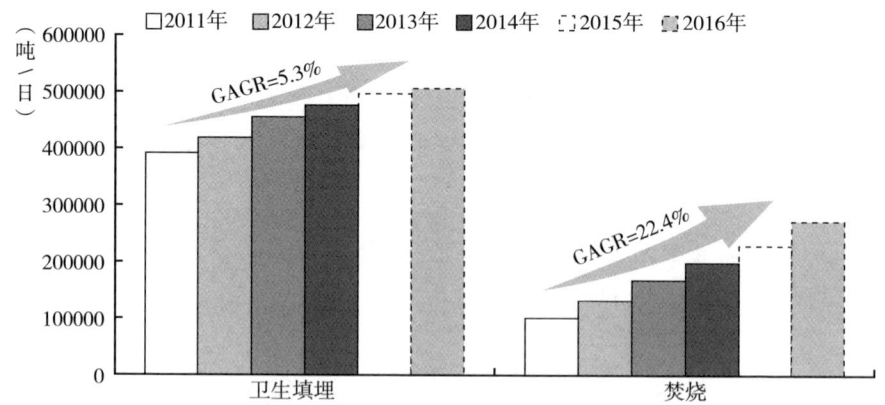

图 2　城镇生活垃圾处理能力增长情况

资料来源：E20 研究院。

2. 城乡环卫PPP

随着环卫市场化的不断加深,加之垃圾分类使前端环卫行业与末端固废处置行业有机融合,环卫项目的内容逐渐由单纯清扫保洁向多环节、多区域打包转型。传统的政府购买服务模式已无法满足环卫的市场化需求,城乡环卫PPP正在固废产业中形成新的热点市场。

财政部PPP综合信息平台中,已有50多个环卫PPP项目入库。根据E20研究院测算,环卫行业存在超过3000亿元的市场空间。

3. 垃圾分类PPP

目前,垃圾分类仍以政府购买服务为主,少数项目在探索PPP模式。从财政部综合信息平台查询,截至2018年8月,该平台上带有"垃圾分类"字样的PPP项目共有三个:格尔木市生活垃圾分类处理PPP项目、阜康市垃圾分类收集处理工程PPP项目、湖南省常德市津市市集镇污水处理和垃圾分类体系建设及毛里湖生态治理PPP项目。但从这三个PPP项目的实际内容看,并不属于严格意义上的垃圾分类项目。

4. 餐厨垃圾处理PPP

目前,我国餐厨垃圾处理行业进入快速发展阶段,E20研究院的《餐厨垃圾处理市场分析报告(2018)》指出,以城市生活垃圾产生量为基准,按照餐厨垃圾占比45%进行估算,2017年我国餐厨垃圾的产生量将在9700万吨以上,到"十三五"期末,餐厨垃圾年产生量将突破12000万吨。"十三五"期间整个餐厨垃圾处理建设可落地市场空间合计有望超过300亿元。

截至2018年8月,财政部PPP综合信息平台中共有23个餐厨垃圾处理PPP项目,其中14个已进入执行阶段,落地率达到61%。

5. 畜禽养殖废弃物处理PPP

随着农村环境整治工作逐步深入,畜禽养殖废弃物处理领域渐渐出现PPP项目机会。顺利实施畜禽养殖废弃物处理PPP项目,需要明确合理的路径:一方面,处理是基础;另一方面,利用才是出路。因此,一般来说,参与主体为"环保治理+生态产业"的运营商组合或企业集团,付费机制则

以经营收入为主,以政府财政可行性缺口补助为辅。当然,核心在于回报机制与商业模式的合理设计。

6. 静脉产业园 PPP

截至 2018 年 2 月,入库财政部 PPP 综合信息平台的静脉产业园 PPP 项目总共有 15 个,规划总投资约 173.65 亿元,项目平均投资额为 11.58 亿元。其中,投资规模最大的项目为处于采购阶段的湖南省岳阳市静脉产业园 PPP 项目,项目规划总投资约为 30.31 亿元。

7. 部分固废细分领域不适用 PPP 模式的分析

E20 研究院 2018 年对财政部 PPP 综合信息平台退库的数据分析显示,土壤修复项目出库比例达 52.9%(入库土壤修复项目数量亦较少),目前政府对土壤修复的紧迫感较弱,市场需求较弱。此外,土壤修复类项目没有维护和系统集成的要求,通过工程实现项目效果较容易,而采用 PPP 模式会使其背离核心目的,PPP 很可能沦为单纯的融资工具。因此,E20 研究院认为土壤修复领域暂时不宜采用 PPP 模式。

在工业领域,包括危废在内的"三废"治理如火如荼。当前,"三废"中的工业废水和废气治理主要以 EPC 模式为主,围绕优质大客户的委托运营乃至投资运营模式开始出现,第三方治理逐步落地。基于危废行政许可有限垄断格局被打破、危废价费机制市场化等趋势,危废无须也不应采用 PPP 模式。

B.10
文旅行业PPP模式应用

肖太寿*

摘　要：	具有公共产品属性的文旅行业投资大、收益慢，在实施PPP模式时主要面临项目用地解决难、融资难、地方政府契约意识不强等难点。本报告采用理论联系实际的分析方法，重点分析文旅行业PPP项目回报机制的设计，融资模式的选择，以及土地征拆费用由SPV公司承担的涉税风险，得出两点结论：一是文旅行业PPP项目的回报机制应为可行性缺口补助，即"使用者付费+政府可行性缺口补助"相结合的收入回报机制；二是土地征拆费用由SPV公司承担的税收风险管控策略应是合同策略。
关键词：	文旅行业　PPP模式　回报机制　税收风险

　　文旅行业PPP项目主要包括文化旅游、旅游配套设施、观光旅游、生态旅游、农业旅游和其他等细分类型。社会资本参与文旅行业PPP项目投资运营，我国政府自2009年以来，一直持积极扶持和鼓励发展的态度，多次发文件鼓励社会资本公平参与旅游业发展，鼓励各种所有制企业依法投资旅游产业，鼓励民间资本经营和管理旅游景区、投资旅游基础设施。特别是财政部、文化和旅游部联合下发的《关于在文化领域推广政府和社会资本

---

* 肖太寿，中国社会科学院大学税收学硕士生导师，经济学博士，财政部财政科学研究所博士后，中央财经大学PPP智库专家。

合作模式的指导意见》和《关于在旅游领域推广政府和社会资本合作模式的指导意见》两个重要文件,对于运用政府和社会资本合作(PPP)模式改善文化旅游公共服务的供给,促进文化领域 PPP 模式的推广,鼓励社会资本以 PPP 形式积极投资文旅行业项目建设有重要的意义。

一 PPP 模式运用于文旅行业的必要性

从实践来看,PPP 模式在公共服务和社会基础设施领域的供给呈三个特征:一是政府鼓励 PPP 模式运用于文化旅游行业的根本目的是增加文化旅游公共产品和公共服务的供给;二是 PPP 模式适用于运营管理专业化程度高且项目投资总额大的项目;三是"使用者付费"的项目。基于此,旅游项目具有公共产品属性,兼有公益性与经营性的特征,且文旅行业的发展往往资金需求大、投资周期长、项目风险较高,符合 PPP 融资模式运作需求。从理论及实际角度探讨并论证旅游项目应用 PPP 融资模式的适用性,具有非常强的现实意义。总之,文旅行业采用 PPP 模式具有理论和现实的必要性。

(一)破解文旅行业投资困局,突破文旅行业融资的瓶颈约束

从中国旅游发展的融资渠道来看,我国旅游业的融资渠道主要有以下四种。一是通过政府财政投资。由于财政投资受财政预算的限制,主要投资于文化旅游项目以外的高等级公路和通信设施的建设,投资于文化旅游行业的资金非常有限。二是通过国家政策性银行和国有商业银行贷款融资。本着精准扶贫的考虑,通过政策性银行贷款融入的资金,主要用于景区外的基础设施建设、景点建设等方面。然而,国有商业银行对景区小项目的资信状况缺乏信心从而对其贷款支持不充分。三是通过资本市场和资产重组等资本经营渠道融资。由于中国证券市场发展存在道德风险、信息不对称、政府监管弱化等问题,而且缺乏严格的法制环境,我国旅游企业上市融资阻力较大,其资本市场融资的效果不是很理想。四是引进外商参与文化旅游建

设，提供投资。可是实践来看，许多外商投资者偏重景点投资，轻视基础设施建设投资，只追求短期的投资和获利，造成地区旅游业难以实现可持续发展。

基于以上传统融资渠道的局限性，文旅行业的发展面临融资难问题。旅游类的经营性项目多数为景区、酒店类和商业配套经营性物业，附带一些轻资产的户外体验性产品，总体来说投资回报周期比较长，这些项目很难获得高回报或高收益率，而如果配套的景观工程或基础设施无法纳入政府付费或者可行性缺口补助项目，或者这两块在整个旅游项目投资中占的比例不大，如低于30%，那么风险就非常高，很多金融机构在对项目融资进行风险判断的时候就可能认为项目收益低、风险高，项目贷款就很难通过金融系统的内部评审。也就是说，纯粹靠使用者付费的旅游类PPP项目获得融资的难度非常大。

我国现有的融资渠道难以满足文化旅游产品的结构转型升级和文化旅游智慧化建设的巨额融资需求。融资瓶颈不仅严重影响了我国文化旅游产业的健康可持续发展，而且阻碍了旅游企业的规模扩张。所以旅游资源开发建设资金能否顺利筹措到位，是决定文化旅游业能否加速发展的关键因素。基于文化旅游设施建设面临投资需求量大、投资回收期长、融资难等困境，PPP投融资模式成为解决以上问题的主要方式。将PPP模式运用于文旅行业，既解决了文化旅游项目的融资困难，又可以引入专业化的项目投资经营管理团队，提高旅游设施的建设运营效率。因此，PPP投融资模式将为社会资本进入旅游行业铺垫道路，推动文化旅游产业的健康可持续发展。

（二）文化旅游项目具有的公共产品属性适用PPP模式

文化旅游项目开发依托的主要是稀缺的人文资源，如非物质文化遗产的文物、遗址等，都是文化旅游发展的物质基础。这些人文资源是人类宝贵的文化财富，所有权属于国家和人民，不属于任何个人，在管理和使用权方面，不同地区的人文资源由区域政府管理，应该服务于当地政府和人民。正因如此，文化旅游资产具有特殊性，是长久以来人类传承下来的共同精神文化财

富,政府有责任保证这些资产的保值增值,让全社会分享文化资源的外部效应。因此,文化旅游项目不能完全进行市场化,因为私人部门的逐利性可能会导致文化资源的过度开发,损害其可持续性。因此,文化旅游项目的开发和运营受地方政府的管制,要通过财政进行支持。

根据《中华人民共和国旅游法》的规定,旅游景区的门票以及景区内的游览场所、交通工具等收费项目,必须实行政府定价或者政府指导价,严格控制价格上涨。旅游景区不能完全进行市场化运营,要将文化旅游作为一种公共服务项目,其开发与运营适合采用PPP模式。

(三)大型旅游景区的开发与运营适用PPP模式

大型旅游景区的开发与运营,需要大量的投资和专业的运营管理经验。根据《关于规范政府和社会资本合作(PPP)综合信息平台项目库管理的通知》(财办金〔2017〕92号)的规定,仅涉及工程建设,无运营内容的项目不予入库,不适宜采用PPP模式。基于此规定,PPP项目入库的要求之一是:PPP项目必须要有运营的内容,并有30%的运营绩效考核要求。因此,PPP项目重在经营,只重视工程建设而忽视运营的PPP项目时代已经一去不复返了,此前绝大多数做文旅行业PPP项目的公司(主要是园林公司和工程建设公司)曾经都以短平快地获取工程利润为主,或者说是"文旅做势、工程做利"或"文旅做势、地产得利"。

文化旅游PPP项目涉及面非常广,需要大量的人力、物力和资金投入,因此无论是开发还是运维均需要较强的融资能力及管理能力。不同于一般项目,文化旅游PPP项目包含的开发子项目较多,包括核心的文化旅游观光资源建设,配套设施建设如道路、水电、停车场等纯公共设施以及餐饮住宿等可赢利的配套设施。因此,一项文化旅游PPP项目的开发需要的资金量非常大。与此同时,文化旅游项目中后期的运营和管理工作需要优秀和专业的团队,以及先进的经营和管理理念,这些都不是政府部门管理人员能够满足的,通过PPP模式可以引进具有专业管理经验的团队经营管理文化旅游项目。

二 文旅行业 PPP 项目发展中面临的难点

(一)项目用地解决难

旅游类 PPP 项目涉及用地的性质比较综合,存在不同的用地取得方式。如景区内配套酒店用地需以出让方式取得,而项目区域内的基础设施配套则多为划拨用地,且一个旅游项目实为多个子项的项目集群,往往涉及多宗不同性质用地,包括集体建设用地、国有建设用地以及基本农田或一般农田。这些不同性质的土地涉及两方面利益关系:一方面涉及农民、村委会、政府、社会资本方之间的利益关系;另一方面涉及银行对 PPP 项目公司融资的风险评估问题。由于我国尚无针对 PPP 项目用地的具体政策规定,因而土地变性、流转及审批难度大。

(二)融资难

文旅行业 PPP 项目融资难,主要有以下原因。一是项目融资的合规性存在欠缺。二是融资的还款来源不确定,有风险。就政府方而言,行政许可主体不配合致使 PPP 项目立项主体是政府而不是项目公司;土地不采取划拨、投资入股、出让或租赁等合规方式供给项目公司,而仍然供给政府部门,导致项目融资的合规性存在问题。就项目公司而言,PPP 项目公司的股东以施工企业为主,以赚取施工利润为主要目的,缺乏与政府、金融机构长期合作的意愿,重建设、轻运营。三是部分强势客户的融资条件高。例如,有的客户要求债权融资期限与 PPP 合同期限一致,有的 PPP 项目的股权融资要求退出资金来自项目经营收入。目前在 PPP 项目落地过程中,既有股权融资也有债权融资,股权主要是针对项目资本金,而债权融资规模则大一些。资本金是股东投资项目的本金,为借债提供"安全垫",按规定不得抽走,所以债务偿还期限不应与 PPP 项目合同期限同步,但现在部分项目要求金融机构贷款期限与项目合同期限同步。四是 PPP 项目整体质量不高,契约意识差,履约意识不强,风险较大。

（三）地方政府契约意识不强

PPP项目的顺利实施有赖于合同对项目各方行为的约束，因此，旅游PPP项目各方的契约精神及对合同的遵守就成为项目顺利实施的关键。然而，一方面，我国实施旅游PPP项目的地方政府的财政收入并不充裕，体现在越是经济发展相对滞后的地区实施PPP的热情越高；另一方面，政府部门在PPP项目的实施中一直处于主导地位，对契约精神认识不足。实践调研显示，各地政府在项目立项时都会给予积极的承诺，可是，当基础设施建设完成并投入运营后，往往不按照合同约定进行款项支付，特别是在地方政府换届或重大政策调整时，地方政府各部门之间推诿责任的现象经常发生，这严重侵害了社会资本方的合法权益。因此，在PPP项目模式下，虽然社会资本和政府处于平等的合同主体地位，但是政府在其中占主导地位，社会资本居弱势地位。而且部分政府官员强调企业的社会责任和义务，忽略企业赢利的重要性，使得社会资本难以真正遵循市场经济规律做出决策。①

三 文旅行业PPP项目回报机制的设计

（一）PPP项目的回报机制

PPP项目回报机制一般包括政府付费、可行性缺口补助、使用者付费。统计表明，截至2018年6月底，管理库累计使用者付费类项目只有715个，可行性缺口补助类项目达到3898个，政府付费类项目3136个。由此可见，可行性缺口补助仍是项目最主要的回报机制，政府付费次之，采取使用者付费回报机制的较少。所谓政府付费，是指作为支付责任主体的政府，使用财政预算内的财政资金直接购买社会资本提供的社会公共服务和社会公共产品

---

① 李伟、魏翔：《我国旅游PPP的发展、问题与思考》，中国社会科学院旅游研究中心，https://www.sohu.com/a/222320595_126204。

的一种付费方式。可行性缺口补助，是指在使用者付费不足以覆盖 SPV 公司投资 PPP 项目的成本和合理回报时，由政府从财政预算中给予 SPV 公司一定的财政补助，以弥补使用者付费的缺口部分的一种付费方式。可行性缺口补助机制是政府付费机制与使用者付费机制之外的一种折中付费机制。可行性缺口补助机制通常用于财务效益欠佳、直接向最终用户提供服务、收费无法覆盖项目的投资和运营回报的 PPP 项目。相较于政府付费的 PPP 项目，使用者付费的 PPP 项目不需要政府承担市场需求风险，也不需要地方政府财政支出，是未来 PPP 模式发展最为重要的类型。

（二）PPP 项目回报机制设计的风险分配原则

关于 PPP 项目回报机制的风险分配机制问题，财金〔2014〕113 号文件明确提出："不可抗力等风险由政府和社会资本合理共担，项目设计、建造、财务和运营维护等商业风险由社会资本承担，法律、政策和最低需求等风险由政府承担。"同时，根据财金〔2015〕21 号文件第十二条的规定，政府的风险承担支出责任是指项目实施方案中由政府承担风险带来的财政或有支出责任。一般而言，由政府承担的法律风险、政策风险、最低市场需求风险，以及政府自身原因导致 PPP 项目合同不能履行甚至终止等违约事件，往往会带来政府的财政或有支出责任。基于以上政策规定，PPP 项目回报机制设计的风险分配遵循以下原则。

第一，社会资本承担 PPP 项目的设计、建造、财务和运营维护等商业风险。

第二，政府承担 PPP 项目的法律风险、政策风险和最低市场需求风险。

第三，政府和社会资本共同合理承担 PPP 项目中不可预见的自然灾害导致的不可抗力风险。

（三）文旅行业 PPP 项目回报机制的设计

文旅行业 PPP 项目面临回报机制设计难的问题。旅游 PPP 项目运营属性强，项目收益回报主要依托经营收入，而未来旅游客流的不确定导致现金流无法准确预测,从而造成项目前期论证评估结论可能与未来实际情况存在较大偏差,影响项目后续实施。统计表明,目前我国落地的104个旅游类PPP项目的回报机制以可行性缺口补助为主,以政府付费、使用者付费为辅。因此,为了控制和减少政府的隐形债务,减轻政府的财政压力,充分调动社会资本参与文旅行业PPP项目的积极性,笔者认为文旅行业PPP项目的回报机制应设计为"使用者付费+政府可行性缺口补助",理由如下。

1. 旅游景区PPP项目的付费机制受到一定的法律规制约束

旅游景区PPP项目实施使用者付费机制,完全可以凭借旅游景区交通设施、服务项目的经营收入和景区门票收入覆盖社会资本方投资成本回收和投资收益回报。但是,从实际操作层面来看,根据《风景名胜区条例》和《中华人民共和国旅游法》有关定价和调价的规定,这面临以下法律约束。

第一,我国许多特定类型旅游景区的门票收入经营主体都被限定为旅游景区的管理机构,不少地方政府的法规都规定地方旅游景区的门票收入归属地方政府。因此,社会资本投资旅游景区PPP项目无法直接获得门票收入。

第二,向社会资本出让旅游景区经营权可能需要社会资本方依法支付一定的对价。旅游景区经营权的对价实质是旅游景区在未来经营中实现的收入的现金流折现。如果社会资本支付了一定的对价而取得旅游景区的经营权,则社会资本只能通过门票收入收回投资成本和投资收益。这在一定程度上不仅增加了社会资本在旅游项目资金投入方面的负担,而且降低了社会资本收回旅游景区PPP项目资金成本和未来经营旅游资源的整体回报率。

第三,调价机制的法律约束。我国现有的旅游法规规定,旅游景区的各项服务经营项目和门票的价格实行政府定价或政府指导价。基于此规定,地方政府有权依法调整旅游项目的门票和服务项目的价格,从而可能影响社会资本参与旅游项目的投资积极性。

2. 文旅行业PPP项目的公共产品和经营属性制约了付费机制的选择

文旅行业PPP项目具有公共产品属性,政府具有提供旅游公共服务的支出责任，为了满足每一位公民享受流程公共服务的需要，不能对旅游公共服务定价太高。只有政府具有提供公共服务的义务且又适合市场化的公共产品和公共服务才能采用 PPP 模式。因此，旅游公共服务的提供不能完全靠使用者付费的回报机制来实现投资成本和投资收益的收回。

根据旅游相关法规的规定，对外开放的旅游景区必须具备完善的停车场、游步道、道路、道路标识标牌以及给排水、公共卫生、供电、通信、环保设施等旅游配套服务，以及必须具备游客综合服务中心、餐厅、旅游饭店、商店等旅游辅助设施。同时，为了提高旅游景区的服务质量和市场经营品质，文旅行业 PPP 项目的基础设施修建后，需要专业的团队运营管理。为此，政府必须引入具有资金实力和专业管理经验的社会资本，来开发和经营旅游景区项目，以解决旅游景区开发和建设面临的资金瓶颈问题，进而提高旅游景区对社会游客的吸引力和旅游项目的服务水平。文旅行业 PPP 项目投资额大、回收期长，仅靠使用者付费机制很难收回投资成本和保证一定的回报率。

3. 纯粹靠使用者付费的旅游类 PPP 项目获得融资的难度大

文旅行业 PPP 项目中涉及的经营性项目以景区、酒店类和商业配套经营性物业为主，附带一些轻资产的户外体验性产品。基于文旅行业 PPP 项目投资额巨大、投资回收期限长、投资收益率低的特征，如果无法引入政府付费或可行性缺口补助的收入回报机制，金融机构对文旅行业 PPP 项目融资就会做出项目收益率低、风险高的判断，从而项目贷款很难通过金融系统的内部评审。因此，纯粹靠使用者付费的旅游类 PPP 项目获得融资的难度非常大。

综合以上论述，文旅行业 PPP 项目的收入回报机制只能设计为"使用者付费+政府可行性缺口补助"，这样更具有实践操作可行性。

四　文旅行业 PPP 项目的融资方式

根据《关于在旅游领域推广政府和社会资本合作模式的指导意见》（文

旅发〔2018〕3 号）第五条第（五）款"拓宽金融支持渠道"的规定，文旅行业 PPP 项目的融资新方式主要有以下几项。

一是设立 PPP 项目担保基金，带动更多金融机构加大对旅游 PPP 项目的投融资支持。所谓 PPP 项目担保基金是为 PPP 项目提供融资授信的基金。具体操作要点是由当地政府牵头，联合担保公司、银行设立担保基金，通过融资授信的特色功能为文化旅游 PPP 项目提供融资。

二是通过发行债券和资产证券化等市场化方式进行融资。具体的操作要点是以文化旅游项目的项目公司作为发起人，将文化旅游 PPP 项目未来预计具有稳定现金流的基础资产进行组合，形成基础资产包，向 SPV 公司进行真实出售，基于基础资产的现金流在证券市场向投资者发行资产支持证券，将认购资金用于项目公司建设运营。

三是通过股权基金融资解决文化旅游 PPP 项目的资金问题。基于文化旅游项目投资量大的特征，PPP 模式为文旅行业的发展注入了新的动力，在项目融资上合理运用股权基金、PPP 项目担保基金、债券融资和资产证券化等融资方式，在一定程度上可以突破文旅行业 PPP 项目融资难问题。

五 文旅行业 PPP 项目涉及的土地征用拆迁费用由 SPV 公司承担的税务风险管控

在目前推行的许多基础设施 PPP 项目建设中，对土地征用拆迁费用存在以下两种处理方式。

第一种，政府与社会资本方在 PPP 项目合同中约定，土地征用拆迁费用由 SPV 公司（项目公司）承担，由 SPV 公司（项目公司）直接支付给被拆迁人的征地拆迁费用计入 PPP 项目的总投资成本，在后期运营期间，通过可用性付费的方式从政府采购或从项目特许经营权的收益中收回。

第二种，政府与社会资本方在 PPP 项目合同中约定，土地征用拆迁费用由 SPV 公司（项目公司）承担，SPV 公司（项目公司）承担的土地征用拆迁费用，首先必须直接支付至政府指定的银行账户；其次直接支付给被拆迁人；最后通过可用性付费的方式由政府采购或从项目特许经营权的收益中收回。

以上两种对PPP项目中征地拆迁费用的处理方式都是一样的，只是支付方式不同而已，第一种处理方式是由SPV公司（项目公司）直接支付给被拆迁人，第二种处理方式是由政府直接支付给被拆迁人。两种处理方式的共同点是将征地拆迁费用计入PPP项目的总投资成本，由SPV公司（项目公司）承担，在经营期限内通过可用性付费的方式由政府采购或从项目特许经营权的收益中收回。在现有的税法和相关政策下，征地拆迁费用由SPV公司（项目公司）承担存在一定的税收风险，规避税收风险、确保PPP项目公司的税收安全是一个不可回避的问题。

（一）PPP项目中征地拆迁费用由SPV公司承担的税务风险

征地拆迁费是指工程建设用地中用于征用及拆迁的费用。在实际工作中，巨额的项目征地拆迁费用由SPV公司（项目公司）承担，拆迁费用在项目工程总投资中所占比重较高的PPP项目，其企业所得税和增值税的处理较为特殊，具体分析如下。

1. 企业所得税的处理：项目公司可以在未来进行企业所得税前扣除

《中华人民共和国企业所得税法》（中华人民共和国主席令第63号）第八条规定，"企业实际发生的与取得收入有关的、合理的支出，包括成本、费用、税金、损失和其他支出，准予在计算应纳税所得额时扣除"。《中华人民共和国企业所得税法实施条例》（中华人民共和国国务院令〔2007〕512号）第三十三条规定，"企业所得税法第八条所称其他支出，是指除成本、费用、税金、损失外，企业在生产经营活动中发生的与生产经营活动有关的、合理的支出"。基于此税法文件规定，在PPP项目实践中，由项目公司承担的征地拆迁费用与PPP项目的生产经营有关，有关的法律依据是政府PPP项目实施机构与PPP项目公司或社会资本方签订PPP项目合同时，在合同中明确约定PPP项目建设中的征地拆迁费用由项目公司承担，然后通过可用性付费的方式由政府采购或从项目特许经营权的收益中收回。因此，PPP项目中发生的征地拆迁费用与PPP项目建设有关，可以在项目公司的企业所得税前进行扣除，但是要有拆迁费用支出的真实证明资料：在拆迁费用由项目公司支付至政府指定账号，由政府支付被拆迁人的情况下，则政府方向项目公司开具行政事业单位收据，项目公司通过运营期收入弥补项目征地拆迁费的成本；如果拆迁费用由项目公司直接支付给被拆迁人，则需要提供项目公司与被拆迁人的拆迁合同或拆迁协议、被拆迁人（自然人）的身份证复印件、由被拆迁人（自然人）签字按手印的付款清单、被拆迁人（公司、法人单位）的收款收据和支付给被拆迁人（公司、法人单位）的银行转账凭证。

2.增值税的处理：不可以抵扣增值税进项税

在PPP项目实际操作过程中，涉及的征地拆迁补偿费用，项目公司只能取得拆迁安置户开具的收据或收条，以及政府出具的拆迁安置标准、拆迁安置花名册等原始凭证，而无法取得为此项业务开具的增值税专用发票，无法抵扣进项税额。对于PPP项目的项目公司而言，由于拆迁补偿费用无法抵扣增值税进项税额，则承担的增值税税负抵减项目公司原本已经很微薄的利润，这显然增加了项目公司的增值税负担，不利于提高社会资本参与PPP项目投资建设的积极性。

（二）PPP项目中征地拆迁费用税务风险控制策略

项目公司在PPP项目建设过程中，承担土地征拆费用而不能抵扣增值税进项税额，为了避免其税负过重，必须在项目公司与政府方签订PPP项目合同的时候进行策划。笔者认为应采用以下合同签订策略来规避项目公司的税负。

第一，政府方与社会资本方签订PPP项目合同时，在合同中有关价款的条款中，应单独列出拆迁费用金额，拆迁费用不并入合同总金额。

第二，在PPP项目合同中应有"拆迁费用承担"条款，该条款约定，拆迁费用由政府方承担，由社会资本方代付支出，并约定代付拆迁费用在政府归还给项目公司（或社会资本方）之前，应该按照银行同期贷款利率给予融资费用。

第三，在 PPP 项目合同中约定，以政府方认定的征地拆迁补偿费用作为总投资，在项目运营期内抵减取得的可用性服务费，并以抵减后的余额为销售额。

根据以上合同约定，项目公司支付项目建设涉及的拆迁及安置支出属于代政府履行该职责，在会计核算上，项目公司的账务处理是：借记"其他应收款—代付拆迁费用"，贷记"银行存款"。在税务处理上，项目公司在计算应纳税额时，应以全部价款和价外费用扣除代政府或相关部门支付的征地拆迁安置费用后的余额作为销售额计征增值税和企业所得税。

参考文献

1. 姜若愚：《旅游业实施 PPP 模式的必要性和案例》，https://www.sohu.com/a/144740954_681176。
2. 朱艳：《关于 PPP 模式在旅游项目开发中的应用研究》，《财经界（学术版）》2015 年第 23 期。
3. 刘红：《PPP 融资模式在旅游项目中的适用性及其运行研究》，广西大学硕士学位论文，2016。
4. 余文恭：《PPP 模式与结构化融资》，经济日报出版社，2017。
5. 吕汉阳：《PPP 模式全流程指导与案例分析》，中国法制出版社，2017。
6. 李嘉辉、穆耸：《旅游景区开发项目中的 PPP 模式应用》，中伦律师事务所，com.cn/s/blog_5cd6dbad0102vz73.html。
7. 《2017~2018 年中国旅游发展分析与预测》，社会科学文献出版社，2017。

B.11
养老行业PPP模式应用

龚海英*

摘 要: 本报告总结了2018年养老政策制定情况,并基于政府和社会资本合作综合信息平台公布的截至2018年12月20日的养老行业PPP入库项目情况,对比2017年情况对养老行业PPP项目2018年的趋势、操作模式和特点进行了分析,结合各地方对养老项目PPP的政策制定情况提出养老行业PPP模式的操作建议。

关键词: 养老行业PPP 医养结合 康养

一 养老行业和养老行业PPP项目概述

(一)养老行业的政策依据及相关指标概述

1. 养老行业的政策依据

2018年国务院和国务院办公厅在以下几个文件中对养老行业的发展和落实提出了具体的要求和意见。

(1)《国务院关于落实〈政府工作报告〉重点工作部门分工的意见》(国发〔2018〕9号)对养老行业的意见是:积极应对人口老龄化的问题,发展居家养老、社区和互助式养老,推进医养结合的发展,提高养老院养

---

* 龚海英,北京思泰工程咨询有限公司总工程师,中央财经大学PPP智库专家。

服务质量；大力支持社会力量投入养老服务领域，增加养老服务供给；扩大养老等领域对外商投资的开放；做大做强新兴产业集群，实施大数据发展行动，加强新一代人工智能在养老服务领域的研发和应用，在养老领域推进"互联网+"的应用。

（2）在《国务院办公厅关于对2017年落实有关重大政策措施真抓实干成效明显地方予以督查激励的通报》（国办发〔2018〕28号）中，浙江省、重庆市、上海市、河南省因落实养老服务业支持政策积极主动、养老服务体系建设成效明显而获得了表扬通报。其中，浙江省、重庆市在安排年度养老服务体系建设中央预算内投资计划时，2018年在原有投资分配基础上增加5%的奖励；上海市、河南省在安排年度福利彩票公益金补助地方老年人福利类项目资金时，通过工作绩效因素（占10%的权重）予以资金倾斜。

（3）《国务院办公厅关于印发完善促进消费体制机制实施方案（2018~2020年）的通知》（国办发〔2018〕93号）对养老领域的实施方案要求如下：取消养老机构设立许可制度；建立养老机构分类管理制度；支持各类市场主体增加养老服务供给；推动医养结合；开展养老机构服务标准体系建设和养老机构服务质量专项行动；推动社区养老服务设施全覆盖。

（4）《国务院办公厅关于保持基础设施领域补短板力度的指导意见》（国办发〔2018〕101号）提出在社会民生领域要支持养老设施建设，进一步推进基本公共服务均等化。

从以上国务院和国务院办公厅的文件可以看出，养老设施建设是需要支持的短板行业；养老服务需要各类市场主体进行供给，国家支持社会力量大力参与；养老服务供给的形式可以多种多样；养老行业的管理需要"放管服"；养老服务行业需要与其他相关行业融合发展。

2. 养老服务业的两个定量指标

国务院办公厅和各省、自治区、直辖市人民政府办公厅公布的《关于全面放开养老服务市场进一步促进养老服务业发展的实施意见》中均提到以下两个定量指标。

（1）到2020年，政府运营的养老床位数比例要降低，占各地养老床位总数的比例不能超过50%。具体转化措施包括：各地加快公办养老机构改革，将公办养老机构转制成企业运营的养老机构，或者通过公建民营的方式逐渐降低政府运营的养老床位比例，提高企业（包括民营企业）运营的养老床位比例，到2020年，企业（包括民营企业）的养老床位比例要高于全部床位的50%。

（2）到2020年，护理型床位占各地养老床位总数的比例应不低于30%。这要求养老床位的功能要提升，护理型床位的总数要高于总养老床位数的30%，提倡医养结合，提升医疗护理床位的比例。

3. PPP政策中对养老行业PPP项目产生影响的重要文件

《关于规范政府和社会资本合作（PPP）综合信息平台项目库管理的通知》（财金〔2017〕92号）对财政部PPP项目库提出了"集中清理已入库项目"和"严格新项目入库标准"的具体要求，此文件下发后，全国各省份的PPP管理中心对已经入库的项目进行了多次清查，并相应严格了新项目入库的标准。原有项目管理库中的项目在清查过程中部分退出项目管理库，养老行业PPP项目也有一些退出项目管理库。

（二）养老行业PPP项目实操概述

1. 养老行业PPP项目行政区域分布

从表1可知，目前养老行业PPP项目主要集中在山东省、河南省、云南省、江苏省和湖南省。这五个省份的养老PPP项目数量之和占全国养老行业PPP项目管理库项目总数的51.4%，投资额之和占全国养老行业PPP项目投资总额的76.17%。

表1 养老行业PPP项目地区分布统计（截至2018年12月20日）

序号	行政区域	财政部示范项目		省级示范项目		市级示范项目		其他项目		合计		数量占比
		数量（个）	金额（万元）	数量（个）	金额（万元）	数量（个）	金额（万元）	数量（个）	金额（万元）	数量（个）	金额（万元）	
1	北京市	0	0	0	0	0	0	1	1600	1	1600	0.93%
2	天津市	0	0	0	0	0	0	0	0	0	0	0.00%

续表

序号	行政区域	财政部示范项目 数量(个)	财政部示范项目 金额(万元)	省级示范项目 数量(个)	省级示范项目 金额(万元)	市级示范项目 数量(个)	市级示范项目 金额(万元)	其他项目 数量(个)	其他项目 金额(万元)	合计 数量(个)	合计 金额(万元)	数量占比
3	河北省	0	0	0	0	0	0	1	62000	1	62000	0.93%
4	山西省	1	7513	0	0	0	0	0	0	1	7513	0.93%
5	内蒙古自治区	1	121254	0	0	1	9800	2	20349	4	151403	3.74%
6	辽宁省	2	88813	0	0	0	0	1	56000	3	144813	2.80%
7	吉林省	2	110212	0	0	0	0	0	0	2	110212	1.87%
8	黑龙江省	0	0	0	0	0	0	1	30047	1	30047	0.93%
9	上海市	0	0	0	0	0	0	0	0	0	0	0.00%
10	江苏省	3	187707	2	335030	0	0	4	390569	9	913306	8.41%
11	浙江省	0	0	2	54312	0	0	3	28405	5	82717	4.67%
12	安徽省	0	0	0	0	0	0	3	71257	3	71257	2.80%
13	福建省	0	0	0	0	0	0	2	14879	2	14879	1.87%
14	江西省	2	31000	0	0	0	0	2	167600	4	198600	3.74%
15	山东省	7	2297272	2	171556	0	0	10	493198	19	2962026	17.76%
16	河南省	6	484846	0	0	0	0	5	394097	11	878943	10.28%
17	湖北省	1	12318	0	0	0	0	1	17700	2	30018	1.87%
18	湖南省	1	205820	5	190808	0	0	3	114151	9	510779	8.41%
19	广东省	0	0	0	0	0	0	1	4397	1	4397	0.93%
20	广西壮族自治区	0	0	0	0	0	0	1	20000	1	20000	0.93%
21	海南省	0	0	0	0	0	0	0	0	0	0	0.00%
22	重庆市	0	0	0	0	0	0	0	0	0	0	0.00%
23	四川省	1	75000	0	0	0	0	1	341781	2	416781	1.87%
24	贵州省	0	0	1	28399	0	0	5	313435	6	341834	5.61%
25	云南省	2	54669	0	0	0	0	5	834032	7	888701	6.54%
26	西藏自治区	0	0	0	0	0	0	0	0	0	0	0.00%
27	陕西省	3	55100	1	20000	0	0	2	57400	6	132500	5.61%
28	甘肃省	1	14500	0	0	0	0	0	0	1	14500	0.93%
29	青海省	1	12000	0	0	0	0	0	0	1	12000	0.93%
30	宁夏回族自治区	0	0	0	0	0	0	1	50771	1	50771	0.93%
31	新疆维吾尔自治区	2	16000	0	0	0	0	2	11402	4	27402	3.74%
	合计	36	3774024	13	800105	1	9800	57	3495070	107	8078999	100%

资料来源：根据项目库信息公开数据（截至2018年12月20日）进行综合统计分析所得。http://www.cpppc.org/。

2. 养老行业PPP入库项目趋势

截至2018年12月20日,养老PPP项目入库项目包括项目管理库107个、储备清单90个,与2017年12月20日统计情况对比如表2所示。

表2　2017年末与2018年末入库项目数量统计对比

单位:个

项目所处阶段		2017年末		2018年末		增减变化	
		总数	财政部示范项目数量	总数	财政部示范项目数量	总数	财政部示范项目数量
储备清单	识别阶段	169	0	90	0	-79	0
	小计	169	0	90	0	-79	0
项目管理库	准备阶段	46	1	26	0	-20	-1
	采购阶段	37	8	25	5	-12	-3
	执行阶段	55	25	56	31	1	6
	小计	138	34	107	36	-31	2
合计		307	34	287	36	-20	2

资料来源:根据项目库信息公开数据(截至2018年12月20日)进行综合统计分析所得。http://www.cpppc.org/。

从表2可以看出,2018年的项目总数比2017年的项目总数减少了110个,其中储备清单减少了79个,项目管理库减少了31个。通过查询2017年12月20日到2018年12月20日项目管理库新入库数量,可知在此期间新入库24个,由此推断2018年养老项目管理库退库项目为55个,退库项目占原有项目管理库项目比例为40%。

财政部PPP示范项目数量增减变化如表3所示。

表3　财政部示范项目增减对比

单位:个

示范批次	2017年12月20日	2018年12月20日	增减数量
第一批	1	1	0
第二批	7	7	0
第三批	26	20	-6

续表

示范批次	2017年12月20日	2018年12月20日	增减数量
第四批	0	8	8
合计	34	36	2

注：示范项目根据财政部政府和社会资本合作中心网页上PPP项目管理库中显示的所属行业为养老行业项目进行统计。财政部示范项目公示文件中的部分项目属于社会保障行业的未统计入本文的养老行业。

资料来源：根据项目库信息公开数据（截至2018年12月20日）进行综合统计分析所得。http://www.cpppc.org/。

从表3可以看出，第三批示范项目减少了6个，退出示范库项目占第三批示范项目比例达到23%；第四批示范项目的公布时间为2018年2月6日，评定的项目截止时间为2017年9月，2018年未组织示范项目评审，所以2018年的增量项目未造成示范项目数量的变动，示范项目的变动原因主要是对原有项目的清查。

3. 养老行业PPP主要运作方式

对项目管理库中所有养老行业PPP项目的运作方式进行统计分析，养老行业的运作方式包括BOT、BOO、ROT、TOT和其他模式，具体数量和投资额所占比例如表4所示。

表4 养老行业PPP运作方式统计

运作方式	财政部示范项目		省级示范项目		市级示范项目		其他项目		合计		
	数量（个）	金额（万元）	数量（个）	金额（万元）	数量（个）	金额（万元）	数量（个）	金额（万元）	数量（个）	金额（万元）	金额占比
BOT	19	2822951	5	186849	1	9800	31	1708618	56	4728218	58.52%
BOO	13	656424	7	579256	0	0	14	872558	34	2108238	26.10%
ROT	1	12318	0	0	0	0	4	146408	5	158726	1.96%
TOT	1	141000	1	34000	0	0	1	3000	3	178000	2.20%
其他	2	141331	0	0	0	0	7	764486	9	905817	11.21%
合计	36	3774024	13	800105	1	9800	57	3495070	107	8078999	100%

资料来源：根据项目库信息公开数据（截至2018年12月20日）进行综合统计分析所得。http://www.cpppc.org/。

从表4可以看出，目前养老行业PPP项目的主要运作方式是BOT和BOO模式，其中BOT模式占58.52%，而ROT模式占比最小，仅占1.96%。

4. 养老行业PPP项目回报机制分析

PPP项目的回报方式有三种：使用者付费、政府付费、可行性缺口补助，养老行业PPP项目的回报方式如表5所示。

表5 养老行业PPP项目回报机制统计

回报机制	财政部示范项目		省级示范项目		市级示范项目		其他项目		合计		
	数量(个)	金额(万元)	数量(个)	金额(万元)	数量(个)	金额(万元)	数量(个)	金额(万元)	数量(个)	金额(万元)	金额占比
使用者付费	19	2700868	6	209226	1	9800	37	2614968	63	5534862	68.51%
可行性缺口补助	17	1073156	7	590879	0	0	19	878582	43	2542617	31.47%
政府付费	0	0	0	0	0	0	1	1 520	1	1520	0.02%
小计	36	3774024	13	800105	1	9800	57	3495070	107	8078999	100%

资料来源：根据项目库信息公开数据（截至2018年12月20日）进行综合统计分析所得。http://www.cpppc.org/。

从表5可知，养老行业PPP项目的回报机制主要是使用者付费，可行性缺口补助其次，政府付费项目仅有1个。这种回报机制符合养老行业的服务性特点，以优质的服务向使用者收费，获得合理的回报。

5. 养老行业PPP项目社会资本采购方式

PPP项目社会资本采购方式主要有公开招标、邀请招标、竞争性磋商等，养老行业PPP项目的采购方式统计分析如表6所示。

表6 养老行业PPP项目社会资本采购方式统计

社会资本采购方式	财政部示范项目		省级示范项目		市级示范项目		其他项目		合计		
	数量(个)	金额(万元)	数量(个)	金额(万元)	数量(个)	金额(万元)	数量(个)	金额(万元)	数量(个)	金额(万元)	金额占比
公开招标	15	748759	6	184291	1	9800	42	2961035	64	3903885	48.32%
邀请招标	0	0	1	37100	0	0	0	0	1	37100	0.46%
竞争性磋商	20	3014677	4	174 684	0	0	13	463300	37	3652661	45.21%

续表

社会资本采购方式	财政部示范项目		省级示范项目		市级示范项目		其他项目		合计		
	数量（个）	金额（万元）	数量（个）	金额（万元）	数量（个）	金额（万元）	数量（个）	金额（万元）	数量（个）	金额（万元）	金额占比
竞争性谈判	0	0	1	105000	0	0	1	50000	2	155000	1.92%
单一来源	1	10588	1	299030	0	0	1	20735	3	330353	4.09%
小计	36	3774024	13	800105	1	9800	57	3495070	107	8078999	100%

资料来源：根据项目库信息公开数据（截至2018年12月20日）进行综合统计分析所得。http：//www.cpppc.org/。

从表6可知，公开招标和竞争性磋商是养老行业PPP项目采购社会资本的主要方式。竞争性谈判要求最低价中标，在PPP项目的采购方式中需要慎用。

6. 养老行业PPP项目所属二级行业

目前养老行业PPP项目在财政部项目库中的二级行业包括老年公寓、养老业和医养结合，具体行业统计如表7所示。

表7 养老行业PPP项目所属二级行业统计

项目所属二级行业	财政部示范项目		省级示范项目		市级示范项目		其他项目		合计		
	数量（个）	金额（万元）	数量（个）	金额（万元）	数量（个）	金额（万元）	数量（个）	金额（万元）	数量（个）	金额（万元）	金额占比
老年公寓	4	558061	0	0	0	0	4	161771	8	719832	8.91%
养老业	18	1043195	8	604555	1	9800	22	815061	49	2472611	30.61%
医养结合	14	2172768	5	195550	0	0	31	2518238	50	4886556	60.48%
小计	36	3774024	13	800105	1	9800	57	3495070	107	8078999	100%

资料来源：根据项目库信息公开数据（截止到2018年12月20日）进行综合统计分析所得。http：//www.cpppc.org/。

从表7可知，医养结合项目金额占比达到60.48%，符合养老行业政策提倡的医养结合模式，为实现"到2020年护理型床位占当地养老床位总数的比例应不低于30%"的总体目标提供了有力的支持。

7. 养老行业PPP项目所处阶段

根据PPP项目的操作规范，项目管理库中的项目分别处于准备阶段、采购阶段、执行阶段、移交阶段四个阶段，养老PPP项目所处阶段的统计如表8所示。

表8　养老行业PPP项目所处阶段统计

项目所处阶段	财政部示范项目		省级示范项目		市级示范项目		其他项目		合计		
	数量（个）	金额（万元）	数量（个）	金额（万元）	数量（个）	金额（万元）	数量（个）	金额（万元）	数量（个）	金额（万元）	金额占比
准备阶段	0	0	4	414896	0	0	22	1168509	26	1583405	19.60%
采购阶段	5	404754	4	84653	0	0	16	1669416	25	2158823	26.72%
执行阶段	31	3369270	5	300556	1	9800	19	657145	56	4336771	53.68%
小计	36	3774024	13	800105	1	9800	57	3495070	107	8078999	100%

资料来源：根据项目库信息公开数据（截至2018年12月20日）进行综合统计分析所得。http://www.cpppc.org/。

从表8可知，目前进入执行阶段的养老PPP项目投资额已经占总投资额的53.68%，一半以上的养老行业PPP项目已经落地实施，给后续养老行业的PPP项目落地提供了良好的示范。

二　养老行业PPP项目的发展趋势

根据目前公布的政策以及养老行业的特点，养老行业PPP项目应真正发挥PPP模式的优势，实现提质增效，在不增加各地财政负担的基础上做大做强，为各地老年人提供优质充足的养老服务，养老行业PPP项目在设计方向上有以下几个发展趋势。

（一）打破行业限制，充分发挥养老行业与其他行业的有机融合

养老行业是围绕老年人的建筑业、服务业、产品制造业、智能化互联网产业等细分产业的总称，行业内涵广泛，如养老服务业还包括针对无自理能

力老年人和有自理能力老年人的不同类型的服务，养老行业不是单独存在于产业链中的，其细分市场以及面对客户和未来的发展，可以延伸出很多与其他产业有机结合的领域，从而形成促进经济社会发展的新动能。

1. 医养结合

目前，医疗产业与养老产业的有机结合得到政策大力支持，也是实际工作中大量推广的一种 PPP 项目产业融合类型。

老年人的养老需求一般是与医疗需求同时存在的，医疗和养老的结合是养老产业的必然要求。而国家相关部门在制定产业政策的时候也充分考虑了这两个产业的结合以及结合过程中需要给予的支持。《国务院办公厅关于全面放开养老服务市场提升养老服务质量的若干意见》（国办发〔2016〕91号）明确提出要建立医养结合绿色通道；支持在养老机构中开办老年病院、康复院、医务室等医疗卫生机构；鼓励符合条件的执业医师到养老机构、社区老年照料机构内设的医疗卫生机构多点执业；开通预约就诊绿色通道，推进养老服务机构、社区老年照料机构与医疗机构对接，为老年人提供便捷医疗服务。

2. 康养结合

康养的概念比医养更广泛，涵盖养生、养老、康体、康旅等领域，适用的人群也包括老、少、中、青、幼，正是这种适合全家人的康养形式扩大了养老项目的外延，有利于提高老年人的生活生存水平。

《山东省医养健康产业发展规划（2018～2022年）》明确要求，围绕"医药养食游"等重点领域，推动医疗、养老、养生等多业态深度融合发展；扩大医养健康产品供给，努力把医养健康产业培育成山东省新的经济增长点和重要支柱产业。

《河北省人民政府办公厅关于大力推进康养产业发展的意见》明确了大力推进康养产业发展的主要措施：全面落实税收等方面的优惠政策，吸引社会资本进入康养产业；鼓励社会资本与国有资本投资公司合作，促进康养产业发展；鼓励采用政府与社会资本合作（PPP）模式共建康养服务机构。

3. 养老地产与养老服务结合

养老地产采用纯商业化操作模式，与养老服务及养老行业 PPP 模式是两个不同的范畴。但是，养老地产与养老服务、养老服务行业 PPP 操作模式又有着相辅相成的关系。养老地产辅以优质的养老服务，再加上当地政府的大力支持和合作，若社会资本在进行养老地产建设的同时积极参与养老服务的供给，对政府、企业和老年人都是有利的。养老服务有保障，养老地产的业绩会更好，因而为了提高养老地产的业绩，社会资本会积极参与养老服务的提供。在目前的实际操作中，很多地产公司在提供养老地产的同时也以优质的养老服务作为吸引老年人的切入点。在养老服务的提供方面，若加入政府的适度监管和合作，以 PPP 模式来运作，可实现公共服务和企业利润的有机结合。

（二）打破地域限制，充分发挥区域性和品牌化优势，发展有特色的养老行业 PPP 项目

（1）区域性一体化发展，给养老行业区域性发展带来了发展机会。例如，京津冀一体化发展，给河北省的养老行业带来了区域发展的机会。2018年河北省公布的文件明确提出要打造环京津康养产业平台；通过发挥廊坊、保定等市的区位优势，按照"医、护、养、学、研"一体化建设目标，建立一批医养结合机构，吸引周边养老人群，打造好环京津的康养产业平台；支持康养企业在雄安新区建立康养产业园区；支持北戴河生命健康产业创新示范区建设，使其成为中国北方生态宜养地和国际健康医疗旅游目的地，形成"医、药、养、健、游"五位一体健康养老产业格局，为康养产业发展发挥示范作用并提供经验。

（2）养老服务企业自身发展也需要打破地域限制，进行连锁化、规模化、品牌化发展。推进连锁化经营，进一步完善制度、规范流程，鼓励养老机构和服务企业依法设立分支机构，实现连锁化、规模化、品牌化发展是产业政策扶持的方向。

(三)打破养老行业 PPP 项目侧重为弱势群体老年人提供服务的思想,为所有老年人提供不同类型和档次的养老设施和服务

任何一个行业的持续健康发展都需要以一定的利润作为基础。养老行业本就属于投入多、风险大、利润少的行业,而专注于"三无"人员或低收入人员的养老服务项目所产生的回报往往弥补不了投入,从而给养老产业的发展带来压力。

《中华人民共和国老年人权益保障法》明确老年人是指 60 周岁以上的公民,60 周岁以上的公民根据经济条件既包括经济困难的老年人,也包括经济不困难的老年人。地方各级人民政府对经济困难的老年人应当逐步给予养老服务补贴。同时,该法也明确,从国家和社会获得物质帮助、享受社会服务和社会优待、参与社会发展和共享发展成果是所有老年人的权利;国家和社会应当采取适当的措施,健全保障所有老年人权益的各项制度,逐步改善保障所有老年人的生活、健康、安全以及参与社会发展的条件,实现老有所养、老有所医的目标。也就是说,养老服务提供的对象应该是所有层次和经济状况的老年人。所以在养老项目和养老行业 PPP 项目的设计初期,要综合各种因素,考虑服务对象的不同状态,在提供基础养老服务的同时提供特色养老服务,满足不同老年人的需求。

三 养老行业 PPP 项目的操作建议

(一)ROT 或 O&M 模式应更多应用于养老行业 PPP 项目

从目前的统计数据看,BOT 操作模式的 PPP 项目投资额占据养老行业 PPP 项目投资额的 58.52%。这种操作模式中的"B"需要社会资本前期投入大量资金进行项目建设,而养老项目在运营过程中获得的收入很难弥补建设期的巨大投入,且此种模式在运营一段时间后要无偿转移给政府,实现"T"。因此,BOT 操作模式在养老项目中会给社会资本带来前期投资压力,

给政府（或养老服务的使用者）带来运营过程中的支付压力，给本来就盈利不多的养老行业的正常健康运行带来风险。

ROT 或 O&M 操作模式符合"鼓励社会力量通过独资、合资、合作、联营、参股、租赁等方式，参与公办养老机构改革。完善公建民营养老机构管理办法，政府投资建设和购置的养老设施、新建居民区按规定配建并移交给民政部门的养老设施、国有单位培训疗养机构等改建的养老设施，均可实施公建民营。改革公办养老机构运营方式，鼓励实行服务外包"的养老行业政策要求。ROT 的"R"主要的前期投入是对已有的养老设施或场所进行更新改造的投入，与新建投入相比要少得多；而 O&M 对基础建设的投入基本为零。在这两种操作模式中，社会资本前期的投资压力小，可以集中资金在运营过程中进行投入，从而提升养老服务的质量，减轻政府或使用者的支付压力，真正达到"全面放开养老服务市场，提升养老服务质量"的目的。

（二）养老行业 PPP 项目的回报机制应更多服从市场价格规律

养老行业服务对象应着眼于所有 60 周岁以上的老年人，其中政府运营的养老机构要优先满足特困人员集中供养需求和其他经济困难的孤寡、失能、高龄老年人的服务需求。而养老行业 PPP 项目的设计方案应立足于服务所有 60 周岁以上的老年人，所以，在回报机制或收费机制上，其基本服务收费服从政府监督，其特色服务和优质服务应更多服从市场价格规律，充分利用优质的服务换取相对丰厚的回报，以平衡前期大量的投资。

老有所养、老有所依、老有所乐正在成为每个老年人的期望，这种期望的实现离不开政府政策的大力支持，也离不开各个企业团体的大力参与，PPP 作为实现供给侧改革的重要方式，在养老行业将发挥极为重要的作用。

B.12
教育行业PPP模式应用

徐保满*

摘 要： 目前，我国教育资源供给不足与各行业对教育需求不断增长的矛盾凸显。为缓解政府在教育领域的财政支出压力，我国开始探索在教育领域的基础设施建设项目引入PPP模式。本报告的研究框架为：在阐述教育行业引入PPP模式需求的基础上，对我国教育行业推行PPP模式存在的问题进行分析，并就解决现存问题及在我国教育领域推进PPP模式提出政策性建议。

关键词： 教育行业 财政压力 PPP模式 社会资本

一 教育行业引入PPP模式的需求

（一）PPP模式对教育行业的适用性

教育是社会公共产品的重要组成部分。教育行业的发展状况对国家的科技与经济发展具有极大的影响力。基础设施产品是发展教育事业的载体。鉴于我国各行业对教育需求规模的不断增长和需求类型的多样化已对政府产生巨大的财政压力，同时旧有的依赖财政拨款的资金支持模式也已暴露缺少竞

---

* 徐保满，天津市房地产业协会副会长，南开大学房地产金融与法律研究中心主任，国家发改委PPP专家库专家，中央财经大学PPP智库专家。

争、管理质量与效率低下、资源配置不合理的问题，因此，面对当前我国教育行业发展瓶颈，将 PPP 模式嵌入教育行业的发展建设，政府可以为提高教育质量和数量向优秀的教育企业购买相关服务，政府的身份从直接的投资者转变为监督者和合作者。这样可以促使政府和参与者分工更加明晰，形成政府、学校、企业及受教育者多方共赢的局面。基于教育项目具有建设前期投资集中、政府资金压力较大的特点，在教育行业发展的过程中嵌入 PPP 模式，可以缓解财政压力，政府可通过竞争性采购方式面向社会资本购买服务，并借助社会资本较强的运营与管理能力，提高教育产品的服务质量和效率，从而带来旧有投资体制不可比拟的社会与经济效益。

（二）教育行业推进 PPP 模式的状态

我国教育行业推进 PPP 模式时间较短，2015 年《关于在公共服务领域推广政府和社会资本合作模式的指导意见》已明确将教育作为政府和社会资本合作（PPP）的重点项目领域。现有 PPP 项目中教育行业项目比重较小，PPP 模式的应用范围主要为学校建设、配套设备及设施改造投资及节能改造，并对学校的食堂、超市、医疗机构、体育场馆等实行特许经营，鲜见涉及教育核心内容的项目。2017 年 1 月 18 日印发的《国务院关于鼓励社会力量兴办教育促进民办教育健康发展的若干意见》（国发〔2016〕81 号）提倡，在办学过程中推进合作主体多元化，探索推广政府和社会资本合作的模式，并且鼓励社会资本参与到教育基础设施的建设和运营管理之中。据全国 PPP 综合信息平台项目管理库 2018 年 2 季度报表数据，截至 2018 年 6 月，管理库累计项目数 7749 个，投资额 11.9 亿元；落地项目环比新增 344 个，投资额 4884 亿元。

（1）2 季度 PPP 管理库新增教育行业项目 20 个。

（2）2 季度 PPP 管理库新增教育行业项目投资额 8 亿元。

（3）2 季度 PPP 管理库教育行业项目数：378 个，占比 4.9%。

（4）2 季度管理库中教育行业项目投资额 2150 亿元，占比 2.2%。

（5）2 季度 PPP 管理库新增落地教育行业项目 12 个。

（6）2季度PPP管理库新增落地项目投资额为76亿元。

（7）2季度累计落地教育行业项目164个，占比4.5%。

（8）2季度累计落地教育行业项目投资额845亿元，占比1.4%。

全国PPP综合信息平台项目管理库2018年3季度报表相关数据如下。

（1）截至2018年3季度末，基本服务领域的PPP项目8289个，总投资额为12.3亿元，其中，教育行业项目410个，占比4.9%。

（2）教育行业PPP示范项目40个，其中落地示范项目34个。

（3）管理库新增教育行业项目32个。

（4）新增教育行业投资185亿元。

（5）PPP管理库教育行业新增落地项目18个。

（6）PPP管理库教育行业新增落地项目投资额122亿元。

（7）3季度落地项目中教育行业项目182个，占管理库比例4.5%。

（8）教育行业落地项目投资额967亿元，占管理库比例1.5%。

（9）民资背景落地的教育行业项目101个，占管理库比例5.6%。

（10）民资背景落地的教育行业项目投资额419亿元，占管理库比例2.0%。

（11）管理库教育行业项目投资额2335亿元，占管理库总投资比例1.9%。

（12）民营企业参与教育行业22个，占比4.9%，投资额109亿元，占比1.4%。

（13）2018年3季度管理库项目较2季度环比新增540个，环比增幅为6.97%。

现有项目仍以学校建设及配套设施改造等辅助性项目为主，其中，新建项目占比达88.74%，并未触及教育核心内容。根据全国PPP综合信息平台入库项目数据，政府大多数购买的是教学设施设备、学校后勤设施等，缺乏教育内容服务等软性合作。自"十二五"时期以来，尽管我国教育信息化取得很多实质性成绩，但"重硬件，轻软件和服务"的问题，仍是教育信息化发展的主要瓶颈。

（三）我国不同教育类别PPP模式推进情况

目前，我国的教育管理制度将教育行业分为：幼儿教育、义务教育、高等教育、职业教育四大类别。本报告就当前我国不同类别教育领域PPP模式推进情况进行介绍。

1. 幼儿教育

目前，我国的幼儿教育仍面临资源短缺的局面，各地区孩子入园难、费用高的情况较为集中。我国幼儿教育资源供给呈现公办幼儿园比例偏低的特点，随着企事业单位的体制改革，一部分公办幼儿园走向市场，幼儿教育资源市场化程度有所提高。《国务院关于当前发展学前教育的若干意见》（国发〔2010〕41号）强调要把发展学前教育摆在更加重要的位置，要求通过多种形式丰富学前教育，通过多种途径加强幼儿教师队伍建设，多种渠道开展学前教育投入，并强化安全监管。鉴于我国现阶段在幼儿教育领域引入PPP模式有着广阔的空间，可通过引入PPP模式解决民办幼儿园资金投入问题，以增加平价、优质的学前教育资源。在我国的教育投资体制改革进程中，国家着力在学前教育领域引入PPP模式，相关政策主要体现在将城镇小区配套幼儿园变成普惠性民办园、"民办公助"模式以及"公建民营模式"。2018年，我国东部地区和部分中部地区政府相继出台了"奖补—限价"政策。

2. 义务教育

义务教育属于准公共物品。我国义务教育的传统投资模式为由政府提供的单一渠道。由于各地经济发展水平存在差异，我国义务教育存在区域供给不平衡的状况。尤其是西部地区，由于经济发展落后，政府财政资金严重不足，基础教育的供给与需求严重不匹配。基础教育发展的滞后掣肘地区经济发展。在我国的义务教育领域引入PPP模式，有利于教育形成多元化的投资体系，在缓解财政压力的同时，引入私人部门先进的教育管理技术，实现义务教育资源的均衡配置。

在义务教育领域引入PPP模式还可以使社会投资方获得监管教育运行

的动力，有助于教育资源使用效率的提高及教育目标的实现。由于义务教育具有公共物品特性，外溢性较弱，财政经费保障具有义务性，加之投资人对PPP项目的选择还会受自然环境的影响，所以当前在我国义务教育领域引入PPP模式存在一定的阻力，推进力度不大。

3. 高等教育

高等教育在我国属于非义务教育，所以在理论上其经费应该由国家和社会共同提供。高等教育的有效供给会给全社会带来显著的正外部效应。目前，高等教育投资主要由政府主导，但就高等教育发展需求来看，仅依靠财政资金远远不能满足需求。

由于院校发展受财政投入的影响，我国高等院校与国际一流高等院校的教育水平有很大差距，教育经费不足以及管理模式不完善掣肘高等教育发展。我国的高等教育以公立大学为主，经费来源主要是财政支出。高等院校科研与管理的活动经费直接由政府负责，致使学校没有足够的动力提升办学和管理质量。

近年来，PPP模式的推广使人们认识到这一模式将是推动高等教育发展创新的重要手段，PPP模式可以缓解高等教育的财政投入压力，提供先进的管理模式，进而提高高等教育项目资金的使用效率。引入PPP模式可以改善各高校依靠银行贷款筹资的状况，降低高校的资产负债率，化解高校运营的债务风险。改革旧有的高校投资体制，由社会资本负责项目的建设、运营和维护，可以促进高校管理模式创新，优化教育资源的配置，提升高校教育质量和管理效率。由于旧有教育投资体制的弊端，我国在高等教育领域推行PPP模式尚处于初始阶段。目前PPP模式在高等教育领域中的应用大多通过设施建设和设备购买实现，但是人们已经看到在高等教育领域PPP模式有着广阔的利用空间。未来，将有更多的社会资本进入高等院校现代化科研设施的建设、信息平台的建设与服务运营。

4. 职业教育

为适应世界高科技发展与竞争对加速高技术人才培养的需要，2014年6月，《国务院关于加快发展现代职业教育的决定》印发，我国开始

全面部署发展现代职业教育的规划,并加快建设现代职业教育体系。《现代职业教育体系建设规划(2014~2020年)》对现代职业教育体系构建进行了明确规划,列出了具体框架、目标以及重点任务。

近几年,由于产业结构调整,落后产能逐渐得到淘汰整合,职工转岗与再就业需求扩大了职业技术培训的需求,产业升级使得对高技能人才的需求进一步增加,使我国的职业教育得到快速发展。目前,我国高等技术人才奇缺的现状严重地制约了高新技术产业的发展速度,人力市场存在严重的供需错配问题。为此,为适应经济社会发展和国际竞争的要求,政府将更加重视职业教育。为加快职业教育的发展,应解决我国职业教育运行效率低的问题。在推进职业教育现代化进程的政策既定的前提下,融资难是职业教育发展面临的瓶颈,因此需要对职业教育的投资与管理制度进行创新。在职业教育的资金支持方面应发展产教融合与校企合作模式,鼓励企业积极参与人才培养,鼓励社会力量参与职业教育的运营,形成多方深度参与的质量评价机制,让政府和市场同时发挥作用。目前来看,我国教育领域的PPP项目处于探索阶段,多为硬件投资,如基础设施建设以及设备购买,而职业学校整体管理方面的PPP项目很少。随着PPP模式在我国公共服务领域得到更广泛的运用,将会有更多的职业教育项目引入PPP模式。

二 教育行业推进PPP模式存在的问题

(一)法律制度不健全

我国在推广PPP模式的进程中,暴露诸多与PPP运作相关的法律制度空白点。法律制度的滞后阻碍着我国PPP模式的推广和运行。目前,我国教育领域引入PPP模式主要依据国家部委下达的规范性文件及地方政府的相关规章制度。这些广义法律范畴的规章制度,执行时在思维逻辑的严谨性、专业技术的规范性、相关部门的协调性等方面存在问题,致使PPP项目合同条款的制定及执行中摩擦成本增大。PPP模式下资产权属方面的法律空白、产权界定的不明确往往导致项目在执行过程中出现纠纷，打击投资方的参与热情，影响项目融资，也难以保证学校设施建设的稳定和完整。法律法规的缺失和制度保障的不到位增大了教育行业 PPP 模式中各参与主体的风险，也加大了 PPP 项目全生命周期的风险。法律体系对参与主体的保护力度不够，尤其是 PPP 模式下的资产权属并没有法律保护，由社会资本建设、运营、维护并在后期移交给政府的新建项目资产所有权归属问题不明确。合同中往往不提及所有权，只约定社会资本方的经营权。教育行业的 PPP 模式缺乏健全的法律和制度保障可能导致教育行为过度市场化、财政资金流失等重大问题。院校的设施建设和设备购买过程也涉及资产的权属问题。

（二）监管体制不完善

目前，教育行业 PPP 项目的监管体制不完备，管理体系不完善。各职能部门的监管权限界定不清晰，且职能、权限和责任划分不合理，呈现部门权责重叠交叉、多头管理等现象。政府往往更重视 PPP 项目的建设而轻视监管。PPP 模式介入的项目都具有公共服务性和公益性，政府对 PPP 项目具有全生命周期的监控职责。然而，目前在 PPP 模式不断推广的进程中，越来越多的项目公司落地，而有关政府对 PPP 项目实行全生命周期监控的组织机构及责任标准的法律依据尚处于空白状态。

（三）区域发展不均衡

一是我国教育行业 PPP 项目在地域间分布不均，贵州、山东、四川、河南四个省份的教育行业 PPP 项目数量超过总数量的一半；二是我国教育行业 PPP 项目在项目类型上分布差异较大，主要集中在高等教育与职业教育领域。

（四）缺乏教育内容服务合作

从参与主体来看，教育行业 PPP 项目的企业参与方主要为建筑类企业，而参与 PPP 项目的教育类企业较少。虽然我国教育信息化自"十二五"时期以来取得了实质性进展,但根据全国PPP综合信息平台入库项目信息,政府大多购买的是教学设施设备、学校后勤设施等,在教育内容服务等领域缺少软性服务合作,尤其是我国高等职业技术教育引入PPP模式更具有迫切性。

(五)合同设计不严谨

我国教育行业PPP合作合同内容不明确,权责不清晰,可能会导致地方政府与私人部门之间的摩擦成本加大,难以保障PPP参与方的权益。

除上述教育领域普遍存在的问题,各层次教育还面临自身运营特点与合同条款不匹配问题,如幼儿教育领域,我国普惠性民办幼儿园的建设工作处于起步阶段,在PPP模式推行过程中各地方政府大多单方直接制定民办幼儿园的合作目标和绩效考核标准,较少与合作对象特别是民办幼儿园共同商定。地方政府对民办幼儿园的合理权益重视度不够,有可能导致社会资本参与建设普惠性幼儿园的积极性下降,并且影响政府与民办幼儿园的长期合作关系。另外,地方政府重视普惠性民办幼儿园的建设而轻视监管,政府对普惠性民办幼儿园的相关配套服务不到位,将影响社会资本投资学前教育机构的运营质量并加大运营风险。

三 教育行业推进PPP模式的政策建议

我国教育行业引入PPP模式,应贯彻国家发改委、教育部、人社部联合印发的《教育现代化推进工程实施方案》(发改社会〔2017〕285号,本文以下简称《方案》),积极落实完成《方案》规定的五大建设任务,包括义务教育学校建设、教育基础薄弱县普通高中建设、职业教育产教融合工程、中西部高校基础能力建设、世界一流大学和一流学科建设等。在教育行业PPP模式的推进发展过程中,建议从以下几方面加快改革和完善制度。

(一)健全法律制度

政府应当制定PPP上位法,制定专门针对PPP模式的管理法,统一、协调当前法律法规冲突的现状。建议政府通过出台相关法律政策，明确划定在教育行业引入 PPP 模式的具体使用范围。可采用市场准入负面清单制度，参考《国家发展改革委商务部关于印发市场准入负面清单草案（试点版）的通知》（发改经体〔2016〕442 号），将项目划分为禁止准入以及限制准入两大类，明确地规划并列举政府禁止或限制准入的领域。除此之外，建议政府除考虑社会资本方的建设资质、技术经验、资金实力等现有准入条件外，将企业信用纳入考虑，禁止失信企业参与教育行业 PPP 项目。在法律制度层面明确地分配和协调各职能部门的监管责任，明确项目各环节监管的内容及方法，充分利用绩效评价，设立详细周全的问责机制，有效防控 PPP 模式嵌入教育行业项目运行的风险。同时，建议政府在今后的 PPP 相关法律和政策制定过程中提高对产权归属问题的重视程度。根据 PPP 项目运作特点，明确 PPP 项目中存量资产及增量资产的权利归属，规范 PPP 项目参与方的合同条款设立，对 PPP 项目运营过程中各业务环节的规则及介入者的责任都给予清晰界定。

（二）完善监管体制

教育部门与财政部门应该完善对教育行业 PPP 项目的政策引导，并安排专项资金保障其发展。在清晰界定各职能部门的监管权限，合理划分各部门职能、权限和责任的同时也要重视 PPP 项目资金的动态监管。在 PPP 模式运用领域和区域不断扩大、投资规模逐年增加的趋势下，应加快监督机制的完善，设置对 PPP 项目全生命周期监控的专门组织机构。

（三）重视各地区教育资源的均衡发展

在今后教育行业基础设施建设应用 PPP 模式的过程中，根据我国教育资源严重失衡的状况，应着力改善中西部地区基本办学条件，提高教育质量，促进教育公平发展。以贵州、山东、四川、河南等教育行业 PPP 项目相对较为先进成熟的地区为示范，带动其他地区，尤其要在校园设施设备建设需求大但较为落后的地区积极推广 PPP 项目合作，同时出台相关政策鼓励社会资本方投资于经济欠发达地区的教育行业。

（四）规范设计项目合同条款

在教育行业引入PPP模式，需要严谨制订合同条款，合理确定各参与方的职能和责任，建立透明、公平、连续的管理协调体系。设计合理的超额收益分享机制和政府介入条款，保证政府对项目实现全生命周期监控，合同中应明确政府在项目失控时合法介入，以有效防范风险。

（五）完善优化绩效考核机制

政府应设计具有可操作性且符合地区实际情况的绩效考核机制，以激励社会资本优化其提供服务的内容并提升服务质量。

在幼儿教育领域，我国政府需要继续保持对学前教育的公共财政投入，提高学前教育体系的"公益普惠"程度。针对当前我国学前公办幼儿园比例低以及教育普惠程度低的情况，目前学前教育领域的PPP模式应谨慎实施。政府应重视提高学前教育"公益普惠"程度，调整资源结构，提升办园和教育质量。建议政府适当控制在学前教育领域引入PPP的规模，同时增大公办幼儿园比例，可以在部分公办幼儿园占比大且管理体制健全的地区试行民办公助、政府购买服务等PPP模式。

在高等教育领域，要推动高等学校建立大型科研平台、重点实验室、综合实践创新平台和工程实验中心等，提高教学质量和服务科研创新，为落实创新驱动发展战略对高等学校的要求提供基础支撑。

在职业教育领域，鉴于中等职业教育属于政府公共服务范畴，高等职业教育有较强的外溢性，培养高技能人才也是我国战略目标，因此建议在中等职业教育领域积极引入PPP模式，让政府和市场同时参与。

在高等职业技术教育领域适度推广PPP模式，以有效满足办学及高级技术人才培养对教学设备的需求，以提高人才教育培养的质量，这样有利于以市场为导向提高人力资源的配置效率。新建的职业院校可以采用BOT、BOO或BOOT等模式，由社会资本承担院校的规划、基础设施建设以及维护、教育及后勤服务等一系列职责；存量职业院校采取TOT、ROT等模式，由社会资本承担院校的管理经营活动。新建的职业院校可以在教学服务、硬件设施、后勤服务、整体运营领域开展PPP项目合作。在教学服务和后勤服务领域可采取政府购买服务或委托经营管理的模式，在硬件设施以及整体运营领域可运用BOT、BOO和BOOT等合作模式。

四 案例：湘潭市教育信息化工程PPP建设项目

（一）项目建设背景

1. 项目立项和建设的政策依据

教育信息化是落实中央决策部署的具体要求，国务院副总理刘延东在2015年第二次全国教育信息化工作电视电话会议上指出，推进教育信息化是实现教育现代化取得重要进展的重要保障。为了加快教育信息化进程，《教育部等九部门关于加快推进教育信息化当前几项重点工作的通知》《构建利用信息化手段扩大优质教育资源覆盖面有效机制的实施方案》等文件先后下发，湖南省教育厅在此基础上下发《关于进一步加强教育信息化"三通工程"建设与应用的指导意见》（湘教发〔2014〕61号），明确了2016～2020年湖南省各级各类学校、教育机构实现"三通"工程建设的目标任务，湘潭市政府也将教育信息化建设列为重点工程，提出了实现"智慧教育"等信息化建设目标。

2. 项目建设采用PPP模式的政策依据

依据《教育信息化十年发展规划（2011～2020年）》关于"要坚持政府引导，鼓励社会资本参与投入教育信息化建设，发挥多方优势，逐步形成政府购买公益服务与市场提供个性化服务相结合的资源共建共享机制"的指示精神，以及2014年9月《财政部关于推广运用政府和社会资本合作模式有关问题的通知》（财金〔2014〕76号）中的指导思想，政府可以积极通过与社会资本的合作共同优化项目融资、建设和运营管理，从而实现项目效益最大化。《基础设施和公共事业特许经营管理办法》的出台，也为教育公用事业领域特许经营项目的合法性提供了制度保障。

（二）项目建设基础内容

2014年5月至2015年12月，该项目完成了一系列前期工作：项目建设方案（包括资源及原材料供应、水电及物流等配套环境、配套产业能力、前期工作情况等）已经通过专家论证；按市政府成立湘潭市PPP决策委员会的要求，通过招标采购确定了PPP项目咨询公司北京大岳咨询公司；组织召开全市PPP实施方案研讨会议，确定项目第一期建设的覆盖范围和项目的边界条件，完成物有所值定性分析和财政可承受能力评估，项目实施方案报市人民政府审批，本项目被省财政厅批准为第二批PPP示范项目，被财政部批准为第二批PPP示范项目；完成市直学校、韶山市、雨湖区、岳塘区、昭山示范区等单位"三通"工程建设存量资产统计；韶山市、九华示范区基本完成学校"三通"工程基本建设，岳塘区完成75%的"班班通"建设，雨湖区完成60%的"班班通"建设。

（三）项目建设主要内容及规模（包括征地、房屋建筑面积、主要生产工艺设备及配套设施、主要产品生产能力等）

湘潭市教育信息化"三通两平台"工程项目建设内容包括：基于IPv6/IPv4技术的"三通"建设（宽带网络"校校通"、优质资源"班班通"、网络学习空间"人人通"）和"一个中心和两个平台"建设（湘潭市城域网云数据中心、教育资源公共服务平台和教育管理公共服务平台）。建设内容包含硬件设施和网络平台开发，覆盖全市所有中小学、幼儿园。

（四）项目建设投资

1. 项目建设投资

本项目总投资45000万元，首批总投资18000万元，第一期投资约11000万元，其中包括存量资产约4000万元（湘潭市直属及各区教育局已建成的教育信息化建设资产），新增投资约7000万元（由社会投资人负责提供资金），项目运营期内设备更换投资约7000万元。

由于项目的二期投资需求较大,项目公司要负责湘潭市域范围内的平台运营,对公司实力和资金有较高的要求。因此本项目一期投资全部利用项目公司自有资金,其注册资本金为11000万元,其中政府股东代表以实物或资金出资约4400万元,持股40%;社会投资方以现金6600万元出资,持股60%。项目新建资产全部由社会投资人以注册资本金投入。

2. 资金筹措渠道

(1) 教育信息化PPP项目专项资金、政府财政项目补贴资金将按照市和县(区)两级进行单独核算,并以共同分摊的方式进行筹措。每个地区对该项目在当地新建投资部分承担相应的付费义务。

(2) 新增投资约7000万元由社会投资方负责提供,项目运营期内用于设备更换投资约7000万元也由社会投资方提供。

(3) 项目公司在市教育局授权下,通过开发教育网络资源与提供增值服务获取经营性收入。湘潭市教育局授予项目公司"三通两平台"投资、建设、运营维护的独家特许经营权。项目公司可基于法律法规及政策经市教育局批准通过经营性服务获取经营性收益和政府支付的运营维护费收入。

(五)项目产品市场及经济社会效益分析

本项目建成进入运营后,能够提高湘潭市教育信息化建设水平,从而提高教学管理效率,促进教育资源共享,可促进教育管理方式和教学方式转变,促进教育均衡发展,为师生互动、家校互动提供交流平台,为学生提供更多学习途径和学习资源,通过技术革新推动教育方式的转变,有利于当地教育水平的提高和教育事业的发展。

本项目通过云平台的建设,将对内提供优质教学资源服务,对外通过教育公有云与"智慧湘潭""湘教云"等云平台对接,提供公共信息服务。为将来省级、国家级教育资源和应用教育服务的有机整合预留接口,从而使各级教育资源的统一检索及共享服务得以实现,进而实现湘潭市各校教学信息网络无差异互访,教学资源无差异共享,家校沟通及个人网络无差异自主学习的教育信息化目标。

本项目将通过建设教育资源平台来有效整合优质教育资源，让每一个孩子都拥有名师课堂，实现真正意义上的师生互动与家校互动，使学生用很少的资金投入获得高质量教学效果，提高湘潭市的整体教育信息化水平，形成良好的社会效应。本项目采用PPP模式，以融资、建设、运营、维护环节全部承包的模式，大幅减少政府在全市教育信息化软硬件建设和运营维护方面的投资成本及湘潭市教育局的债务负担，减轻地方融资平台压力，有利于促进政府部门职能转变；有利于对教育行业的发展进行规划和监管，政府部门和社会资本可以优势互补，形成双方信息互利共享的长期机制，以最优的成本效益比向社会提供高质量的教育服务，增加教育信息化优质资源的供给。对教育服务企业来说，PPP模式有利于降低社会资本参与教育服务项目的门槛，可以为社会主体提供新的投资领域并为其拓宽发展空间，促进投融资模式创新。对社会而言，通过"让专业的人做专业的事"，可以提高教育信息化服务产品供给的效率。

（六）项目可采取的投资方式及投资回报方式

1. 项目PPP模式结构

该项目采取的是政府和社会资本合作方式（PPP）：由市教育局下属的国有企业和社会资本合资成立特殊目的公司，政府授予项目公司在特许经营期内对项目设施、软件应用系统及平台进行运营、管理、维护及获取合理收益的权利。在特许经营期内，市教育局按照合同约定向项目公司支付运营维护费。在项目公司的特许经营期结束后，项目公司将按照合同约定的条件将教育信息化"三通两平台"工程的所有硬件设备、软件平台及相关资料无偿移交至市教育局或其指定的其他机构。

该项目特许经营期为12年（含建设期1年、运营期11年）。项目公司的特许经营期满后，项目公司教育信息化相关的实物设施、软件平台和技术资料等资产全部无偿移交至湘潭市教育局或其指定机构。与此同时，在项目公司进行清算时，双方股东将根据在项目公司内约定的持股比例享有该项目资产移交后公司的剩余资产。

2. 项目投融资结构

项目一期投资的全部资金均来自项目公司注册资本金。

3. 项目的回报机制

(1) 项目公司收入来源。项目公司的收入来源包括以下几项：市教育局根据与项目公司签订的特许经营合同的约定，向项目公司支付运营维护费；项目公司在市教育局授权下，开发教育网络资源或提供增值服务取得经营性收入。

(2) 项目公司运营范围。中标的合作企业将作为湘潭市唯一教育信息化增值服务运营商。该项目公司在国家政策许可和教育部门监管下，可开展包含但不限于教育资源、教育教学应用服务以及家校互联等方面的增值服务。

项目公司的运营范围包括：第三方拥有的数字化教育资源（包含但不限于教材、教辅、题库、多媒体课件等）需统一接入湘潭市教育教学云平台，在政府部门的监督下进行市场运营；在湘潭市教育教学云平台接入第三方资源及应用服务时，中标合作企业可适当向资源及应用提供商收取接口开发费，以用于支撑平台运维升级；中标的合作企业在保障基础功能实现且客户自主自愿的前提下，可在政府相关部门的监管下对包含但不限于网上阅卷、同步测评、名师工作室、个人辅导中心、家校互动、同步课堂等项目提供增值服务；在使用所需配套终端方面，中标合作企业可在保障成本及监督部门确认的最低利润情况下对客户进行销售。

项目运营中的禁止行为包括：强制性收费，不允许对云平台基础服务项目收费；强制消费，不允许设置平台准入和使用门槛，采取技术手段（包括但不限于强制平台账号与手机号绑定，强制平台账号与银行卡号绑定等行为）限制湘潭市教育工作者、在校学生、学生家长的使用。

具体运营范围和禁止范围以湘潭市教育局最终批准文件为准。

(3) 社会资本回报机制。该项目通过增值服务所得收益和政府方对项目公司的付费，确保项目公司实现一定的收益，并形成可供分配利润。当项目公司年度利润不足以使其累计利润为正，或项目公司可供投资者分配利润不足注册资本金的8%时，该项目公司的可供分配利润全部归社会资本方所有，政府股东不得参与分红。

当项目公司运营累计利润为正，且项目公司提取盈余公积后的年可供分配利润大于8%且小于20%时，社会资本股东与政府股东按照其各自的股权比例获得股东分红。

当项目公司累计利润为正，且项目公司提取盈余公积后的年可供分配利润大于20%且小于25%时，超出20%小于25%的部分全部归政府方所有。

（4）教育信息化项目运营维护费的支付方面，在项目建设阶段，为满足项目在建期新建及投资的资金需求，湘潭市教育局将按照投资总额的60%（该比例为上限，最终以中标人的投标结果为准）向项目公司付费；在项目运营期的资产更新投资阶段，为满足该项目的资产更新及投资需求，教育局按照投资总额的30%向项目公司付费，其向项目公司支付的资金将按照中国人民银行规定的5年期以上长期贷款基准利率上浮20%的利率水平计息。PPP项目建设期的投资付费在运营期前6年（计算期为第2~7年），每年进行等额支付；在项目运营的第7年完成更新投资后，从第8年开始直至政府与项目公司合作期结束，每个会计年度末公司完成财务报表审计后，政府方将与PPP项目公司进行结算，并于结算完毕后90日内支付。

（5）项目财政补贴的市和县（区）两级分担机制。对于项目运营过程中，由政府部门向项目公司支付的运营维护费中的财政补贴部分，按照市和县（区）两级单独核算，以共同分摊的方式进行筹措。每个地区对当地新建投资部分按照合同约定承担相应的付费义务。

B.13
农业PPP模式应用

温来成 陈青云*

摘 要： 本报告介绍了2018年我国农业PPP项目发展状况、分析了2018年农业PPP项目发展存在的问题，并对2019年农业PPP项目发展提出了政策建议。从2018年发展状况来看，与2017年相比，农业PPP项目新入库项目数量与投资金额都有大幅提高。农业PPP项目占总入库项目、投资额的比例与其他行业差距较大，其规模和范围仍然有限，有很大的发展空间。农业PPP项目的发展还存在许多问题，主要包括：与农业现代化的需求仍有较大差距，结构不合理，有待进一步优化；项目融资存在较大困难。在此基础上，本报告对2019年农业PPP项目发展提出了政策建议，包括适当加快农业PPP项目发展速度，促进农业现代化；进一步优化农业PPP项目结构，促进其健康发展；有效克服农业PPP项目的融资困难。

关键词： 农业 PPP 模式应用

一 2018年农业PPP项目发展状况

党的十九大报告指出，必须始终把解决好"三农"问题作为全党工作

---

* 温来成，中央财经大学中财－中证鹏元地方财政投融资研究所执行所长、财税学院教授，博士、博士生导师，财政部PPP专家库专家、中央财经大学PPP智库专家，主要研究方向为财政投融资、城市公共管理；陈青云，中央财经大学财政税务学院财政专业硕士研究生，研究方向为财税政策。

的重中之重。目前，我国农业处于传统农业向现代农业转型升级的阶段，仅依靠政府财政投资支持农村发展是不现实的，PPP模式为我国农业发展提供了新的路径，是农业现代化发展的重要手段之一。自2017年中央一号文件提出鼓励社会资本参与农业项目建设运营以来，我国农业PPP发展迅速。2018年我国开展了一系列农业PPP项目的建设，取得了很大成效，但由于发展时间短、经验不足，该模式还远远不够成熟，目前仍处于起步阶段，具有很大的发展空间。

（一）农业PPP项目相关文件

目前，国家支持农业PPP发展的政策性文件，除有关PPP的一般性规定外，直接针对农业PPP项目的主要有：(1) 中央、国务院层面，《关于深入推进农业供给侧结构性改革加快培育农业农村发展新动能的若干意见》《关于创新农村基础设施投融资体制机制的指导意见》（国办发〔2017〕17号）；(2) 财政部层面，《关于深入推进农业领域政府和社会资本合作的实施意见》（财金〔2017〕50号，本文以下简称《意见》）；(3) 发改委层面，《关于推进农业领域政府和社会资本合作的指导意见》（发改农经〔2016〕2574号）。

（二）农业PPP项目管理库情况

根据财政部政府和社会资本合作中心项目库公开信息，2018年农业PPP项目新入库项目30个，投资额431亿元，① 与2017年相比，项目数量和投资金额都有大幅提高。截至2018年10月31日，全国PPP综合信息平台项目管理库入库项目共8440个，其中农业PPP项目仅有65个，占总入库项目的0.8%，投资额668亿元，占管理库总投资额的0.5%，与其他行业差距较大，农业PPP项目的规模和范围仍然有限，有很大的发展空间。

---

① 本部分数据主要来自财政部政府和社会资本合作中心，http://www.cPPPc.org/。

1. 农业 PPP 项目各阶段数量

截至 2018 年 10 月 31 日，全国 PPP 综合信息平台项目储备清单中农业 PPP 项目共 54 个，可视为处于识别阶段；项目管理库中的农业 PPP 项目有 65 个，其中 11 个项目处于准备阶段，23 个项目处于采购阶段，31 个项目处于执行阶段，没有项目处于移交阶段（见图 1）。农业 PPP 项目的落地率为 47.7%，近五成农业 PPP 项目已落地。

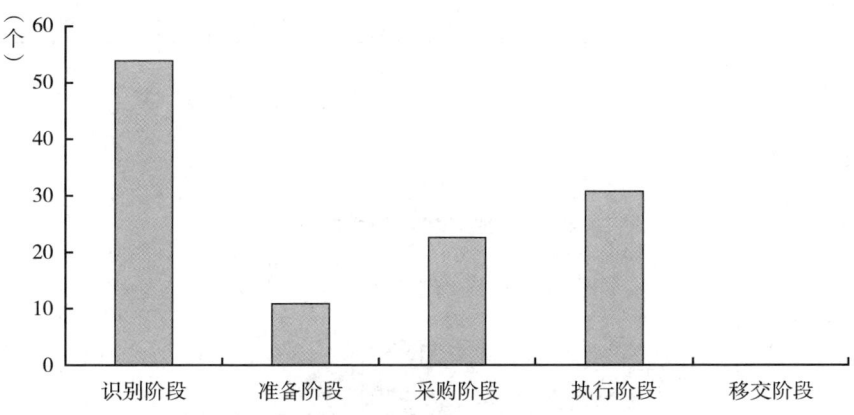

图 1　农业 PPP 项目各阶段数量

2. 农业 PPP 项目分布

我国的农业 PPP 项目集中在农业大省，截至 2018 年 10 月 31 日，江西省农业 PPP 项目最多，达到 12 个，其后是云南省和山东省，分别有 9 个和 8 个（见图 2）。农业 PPP 项目覆盖全国 18 个省份，且分布领域较集中，数据显示，目前财政部已入库项目主要集中于农产品加工与物流、农业基础设施、现代农业产业园和农业绿色发展领域，其他领域空白较大。

3. 农业 PPP 项目投资金额

截至 2018 年 10 月 31 日，农业 PPP 项目总投资额 668 亿元，占全国管理库总投资额的 0.5%。其中，投资额在 3 亿~10 亿元的项目最多，达到总项目数量的 45%；投资额在 1 亿元以下的农业 PPP 项目仅有 6 个，占总项目数量的 9%（见图 3）。

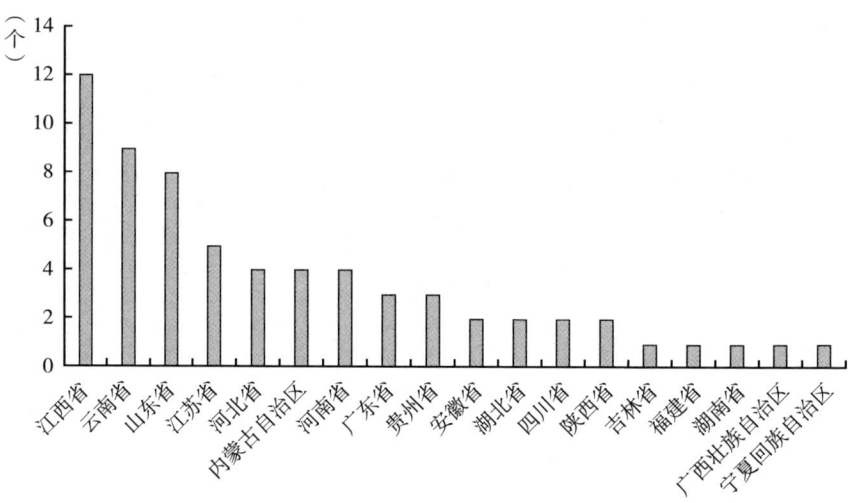

图 2　农业 PPP 项目地区分布

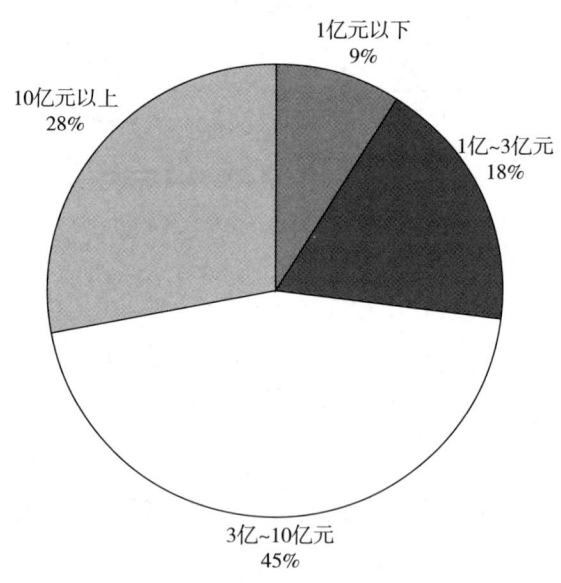

图 3　农业 PPP 项目投资金额

4. 农业 PPP 项目回报机制

我国农业 PPP 项目的回报机制主要有三种：可行性缺口补助、使用者付费、政府付费。截至 2018 年 10 月 31 日，项目管理库中有 31 个农业 PPP

项目的回报机制是可行性缺口补助，占农业 PPP 项目总数的 48%；回报机制是使用者付费和政府付费的分别有 22 个和 12 个，占比分别为 34% 和 18%（见图 4）。

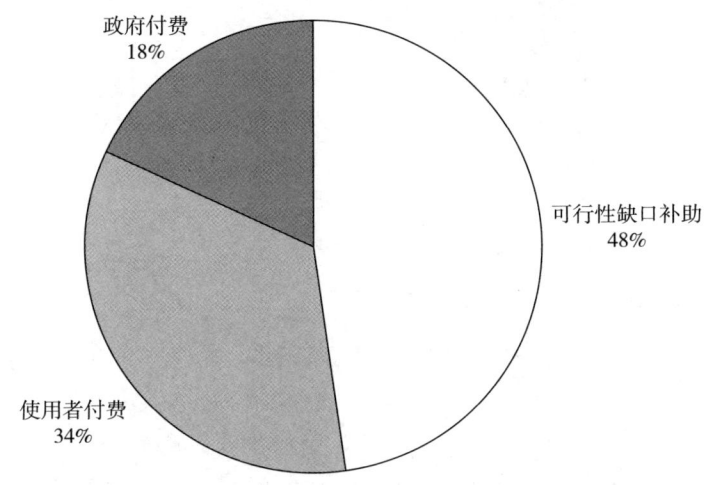

图 4　农业 PPP 项目回报机制

5. 农业 PPP 项目运作方式

我国农业 PPP 项目的运作方式主要有 BOT 和 BOO 两种。截至 2018 年 10 月 31 日，项目管理库中采用 BOT 运作方式的农业 PPP 项目有 47 个，占农业 PPP 项目总数的 72%；采用 BOO 运作方式的有 6 个，占比 9%；采用其他方式的有 12 个，占比 19%（见图 5）。

6. 示范项目执行情况

截至 2018 年 10 月 31 日，项目管理库中农业 PPP 示范项目共有 16 个，投资额共 138 亿元，其中，国家示范项目 11 个，省级示范项目 5 个。处于执行阶段的示范项目 11 个，处于采购阶段的项目 4 个，处于准备阶段的项目 1 个，没有项目处于移交阶段，农业 PPP 示范项目落地率达到 68.8%。共覆盖了我国 11 个省份，各地区农业 PPP 示范项目数量如图 6 所示。

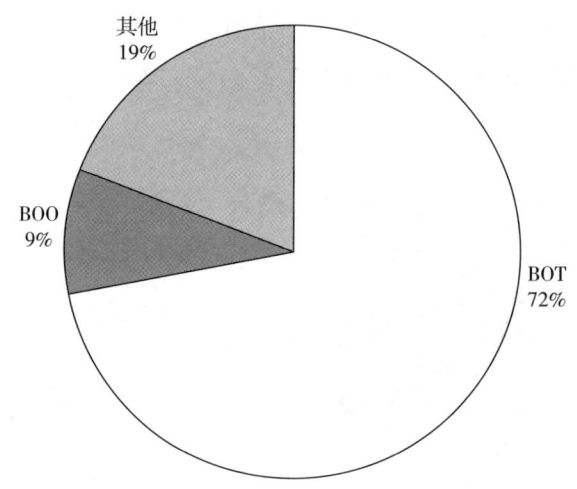

图 5　农业 PPP 项目运作方式

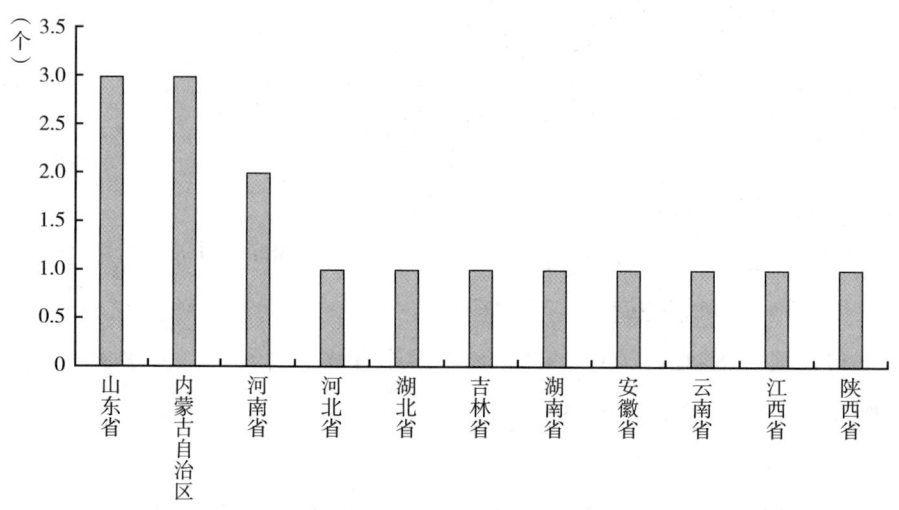

图 6　农业 PPP 示范项目地区分布

二　2018年农业 PPP 项目发展存在的问题

《意见》提出重点引导社会资本参与六大领域农业公共产品和服务的供

给，包括：绿色农业发展、高标准农田建设、现代农业产业园、田园综合体、农产品物流和交易平台、"互联网＋"现代农业。2018年农业PPP在以上领域发展迅速，但由于我国农情的特殊性，农业PPP项目的发展还存在许多问题。

（一）农业PPP项目的发展与农业现代化的需求仍有较大差距

2018年农业PPP项目发展较快，但目前发展状况与我国农业现代化的需求有较大差距。如前所述，截至2018年10月31日，全国PPP综合信息平台项目管理库入库项目共8440个，其中，农业PPP项目仅有65个，占总入库项目的0.8%；投资额668亿元，占管理库总投资额的0.5%。这种状况与我国农业在国民经济中的地位与现代化的要求不相符。据国家统计局初步核算，2018年国内生产总值827122亿元，第一产业增加值占国内生产总值的比重为7.9%，第二产业增加值比重为40.5%，第三产业增加值比重为51.6%。2017年末，全国总人口139008万人，比上年末增加737万人，其中城镇常住人口81347万人，占总人口比重（常住人口城镇化率）为58.52%，比上年末提高1.17个百分点；户籍人口城镇化率为42.35%，比上年末提高1.15个百分点。[①] 可见，在我国工业化、城镇化进程中，尽管农业在GDP中所占比重逐年下降，但仍占较高比重，农村常住人口占比为41.48%，农村户籍占比在50%以上。因而农业现代化的任务十分繁重，需要多途径增加投入，提高农业公共服务质量和效益。其中，开展农业PPP项目建设和运营是重要途径之一。但目前我国农业PPP项目发展的状况与这一要求还有较大差距，是PPP发展中的短板。

（二）农业PPP项目的结构不合理，有待进一步优化

从2018年发展状况可以看出，农业领域PPP项目不仅数量、规模与其他领域相比明显发展不充分，而且在结构上也存在不足之处，主要体现在以

---

① 国家统计局：《中华人民共和国2017年国民经济和社会发展统计公报》，2018年2月28日。

下几方面。

（1）农业基础设施领域PPP项目较少。目前我国农村基础设施落后，发展比较缓慢，单靠政府投入和补贴进行农村基础设施建设不能完全满足农村经济发展对于基础设施的需求。利用PPP模式通过社会资本与政府合作提供农村基础设施，一方面可以减轻财政的负担，另一方面可以提高农村基础设施建设的效率。2018年我国开展了多个基础设施领域的农业PPP项目，目前存在的不足之处主要体现在以下几方面。第一，农业基础设施项目大多具有投资金额大、回收周期长、回报率低的特点，多数企业不愿意投资；第二，我国农业基础设施普遍落后，导致农业项目前期基础建设投入金额较大，社会资本不愿意投资农业领域；第三，农业基础设施建设是一个长期的过程，需要完善的配套措施，但是目前我国农业基础设施领域PPP项目配套政策不够健全，影响其建设运营。

（2）绿色农业发展领域PPP项目发展不足。《意见》提出"支持畜禽粪污染源化利用、农作物秸秆综合利用、废旧农膜回收、病死畜禽无害化处理，支持规模化大型沼气工程"。在绿色农业发展领域引入PPP项目，一方面能改善农村的生态环境，另一方面能促进农村的经济发展。目前，我国农业PPP项目数量有限，而涉及绿色农业发展领域的项目更为少见。2018年涉及绿色农业发展领域的PPP项目仅有两个，均是关于病死畜禽无害化处理的项目，分别处于执行阶段和准备阶段。另外，在绿色农业发展领域，具备经营能力、履约能力的社会资本不多，绿色农业发展领域PPP项目还有很大的发展空间。

（3）现代农业产业园领域PPP项目发展不足。《意见》提出"支持以规模化种养基地为基础，通过'生产+加工+科技'，聚集现代生产要素、创新体制机制的现代农业产业园"。2018年，我国开展了多项现代农业产业园领域的农业PPP项目，其顺畅运行有助于发挥政府和企业的优势，促进农业科技创新。目前，现代农业产业园领域PPP项目存在的主要问题包括：第一，作为一种新型的农业发展模式，现代农业产业园建设制度不够完善；第二，缺少规模大、实力雄厚的"龙头企业"，具备运营能力的企业数量有限，带动力不强，不能吸引周围的农户参与到现代农业产业园的建设中，不利于园区规模的扩大；第三，部分农业产业园成为地方"形象工程"，缺乏自主创新能力，本质上仍然是传统农业，园区效益不高。

（4）田园综合体领域PPP项目发展不足。《意见》提出"支持有条件的乡村建设以农民合作社为主要载体、让农民充分参与和受益，集循环农业、创意农业、农事体验于一体的田园综合体"。田园综合体是推动农业实现产业融合的新业态，是加快城乡一体化进程的乡村综合发展模式。2018年新入库的田园综合体领域PPP项目有2个，分别处于准备阶段和采购阶段。目前，田园综合体领域PPP项目存在的主要问题有两个。第一，土地问题，至2018年底，我国的农村土地确权工作全部结束，毫无疑问，这会使社会资本对农业更有信心，激励社会资本进入农业领域。在当前宏观政策利好的情况下，田园综合体的土地问题依然存在。我国农民户均土地面积少，多为一家一户的小规模经营，田园综合体需要的土地面积一般较大，为获得大规模的土地要获得农民的许可，带来利益主体的复杂性，不同利益主体对于项目的积极性是不同的，在一定程度上影响项目的落地。另外，农村土地的各种限制也造成土地资源相对缺乏，限制了一些需要大规模用地的农业PPP项目的开展。第二，农民利益问题，农民是田园综合体的核心主体，农业是田园综合体的核心产业，保障农民利益是田园综合体持续发展的难点之一。现有项目更多由外来资本运营，缺乏保障农民利益的运营模式，田园综合体的建设定位可能会偏离农业。

（三）农业PPP项目融资存在较大困难

与其他行业PPP项目相比，农业PPP项目既有一般项目的市场需求风险、技术风险、政策风险、管理风险等，还存在非常显著的自然风险。目前，人类对于干旱、洪涝、地震、泥石流、台风等自然灾害的控制能力有限，且动植物的生长周期也受自然条件的影响。这些自然风险是其他项目中不存在或影响较小的，但其必然影响农业PPP项目的建设和运营。再加上农业生产效益较低，PPP项目收益不高，社会资本方的合理回报预期不高。

因此，面对农业 PPP 项目融资，各类金融机构较为谨慎，在项目建设和运营过程中，融资困难的问题普遍存在，应有效缓解这一问题，推动农业 PPP 项目发展。

三 2019年农业PPP项目发展政策建议

经过 2018 年的清理退库、规范发展，2019 年农业 PPP 项目发展既面临较大压力，也存在难得发展机遇，针对上述问题，应重点做好以下几方面工作。

（一）适当加快农业PPP项目发展速度，促进农业现代化

鉴于目前农业 PPP 项目数量较少、投资额不大，2019 年应加大对条件成熟农业 PPP 项目的推介力度，利用国家涉农优惠政策，进一步完善各项扶持政策，吸引更多社会资本投资于农业 PPP 项目，增加农业 PPP 项目的数量，提高其投资额在 PPP 项目投资总额中的比重，以适应现阶段我国农业现代化的需要。

（1）各地区在 PPP 项目财政承受能力论证限额内优先考虑农业项目。根据现行制度和规定，一级政府年度内用于 PPP 项目的承诺支出总额不得高于本级一般公共预算支出总额的 10%。有些地区前几年 PPP 项目发展较快，已逼近 10%。在此情况下，今后 PPP 项目选择方面可适当优先考虑农业 PPP 项目，支持农业现代化建设，加快我国农业的发展。

（2）各项 PPP 项目支持政策向农业 PPP 项目适度倾斜。近年来，中央和地方出台了一系列支持 PPP 项目发展的政策，如各类奖励、补贴、PPP 基金等，在同等条件下，可适度向农业 PPP 项目倾斜，以加快农业 PPP 项目发展，改变目前农业 PPP 项目滞后于整体发展水平的状况，适应国家农业现代化建设的需要。

（二）进一步优化农业PPP项目结构，促进其健康发展

（1）加快农业基础设施领域 PPP 项目的发展。第一，基础设施领域的

农业PPP项目具有投资周期长、回收慢的特征，可通过设立农业PPP项目担保基金等形式降低贷款风险，增加中长期资金来源，促进农业基础设施PPP项目发展。第二，加大对农业科技、农业信息化等领域基础设施的投资，支持农业现代化建设。第三，进一步加强农业基础设施PPP项目各环节的管理，适应农业现代化的需要，如在项目实施前的识别阶段、准备阶段，要加强对社会资本运营能力和履约能力的评估，提高项目方案的科学性。第四，我国中西部地区的生产发展落后，对农业基础设施的需求比较大，可以适当加大对中西部地区的支持力度，促进农业现代化均衡发展。

（2）加快发展绿色农业发展领域PPP项目。绿色农业发展领域属于新兴行业，在PPP项目选择和发起时，选择技术先进、成熟且有较好市场前景的绿色农业项目进行推广，吸引社会资本投资，应重点解决以下问题：第一，有效克服农业发展中的土壤、水体、空气等污染问题，努力实现项目污染物零排放；第二，有效节约土地资源，提高农业产出能力和效益；第三，PPP项目设计注意实现农业和旅游、文化、养生等产业的联动、融合，提高项目的综合效益。

（3）加快现代农业产业园领域PPP项目发展。第一，着力完善现代农业产业园领域PPP项目的相关政策法规，明确项目投资者、经营者、受益者之间的法律关系，把农业资产的量化、确权作为工作重点，保证社会资本能够切实进入现代农业产业园领域。第二，完善相关公共财政投入政策，加强财政对社会资本投资农业PPP的引导作用。第三，注重自主创新，加大创新投入，充分发挥科技对农业的促进作用，提高现代农业产业园经营发展的科技含量，提高园区竞争力。

（4）加快发展田园综合体领域PPP项目。第一，田园综合体建造过程复杂，土地问题是影响田园综合体PPP项目的关键因素，需要进一步完善土地流转机制，规范土地流转价格，建立公平、开放、有序的土地流转市场，完善土地流转相关的法律法规。第二，加强田园综合体领域PPP项目的法制建设，完善政策法规，通过立法保障投资者、经营者、受益者的利益，尤其要保障田园综合体项目中农民的利益。田园综合体要让农民充分参与和受益,是否保障农民的利益是检验田园综合体领域 PPP 项目成败的关键标准。

(三)有效克服农业 PPP 项目的融资瓶颈

融资难是 PPP 项目普遍存在的问题,如前所述,由于农业的特殊性,农业 PPP 项目融资难问题更加突出,需要予以重点解决。第一,适当集中政策性担保、财政贴息、税收减免、PPP 基金等政策工具,支持农业 PPP 项目发展;第二,发挥农业发展银行、国家开发银行等政策性金融作用,支持农业 PPP 项目发展;第三,企业债券、资产支持证券、短融、中期票据等金融工具的发行向农业 PPP 项目倾斜;第四,通过价格调整、政府采购等手段调控农业 PPP 项目收益,增强农业 PPP 项目的融资能力。

B.14
医疗卫生PPP模式的发展

冯涛 姬春香 席景元*

摘 要： 医疗卫生服务特别是基本医疗服务是应当由政府提供的公共服务和公共产品，关系到人民群众的健康和生命，关系到民生。改革开放以来，党和政府不断加大对基本医疗卫生服务领域的投入，但是，随着人民群众物质文化生活水平不断提高，"看病难、看病贵"将成为长期需要面对和解决的问题，是迫切需要补足的民生短板。党的十八大之后，随着国家财税体制改革和国家治理能力的提高，医疗卫生服务领域PPP模式得到积极推广，明确了基本医疗公共卫生体制改革的方向，解决了一些过去长期存在的体制机制问题，提高了公立医疗机构的质量和效率，扩大了公共卫生服务的供给。

关键词： 基本医疗 公共卫生 PPP模式

一 我国医疗卫生PPP模式概述

随着改革开放的逐步深入，城镇化进程在加快。人口源源不断地向城市（镇）聚集，这给公共卫生服务特别是城镇公共卫生服务带来了很大的压

---

* 冯涛，上海铸达律师事务所执行主任，国家一级律师，财政部PPP专家库专家，中央财经大学PPP智库专家；姬春香，洛阳市第二中医院主管药师；席景元，河南春鑫律师事务所律师。

力，使其长期呈现供给不足的态势。政府作为基本医疗和公共卫生服务的承担者，一方面对现有公立医院进行积极扩建，另一方面逐步建设新的公立医院。

过去传统的做法主要是，政府履行公共服务职能，组织财政资金投入基本医疗卫生服务领域，或者由公立医院通过债务融资的方式筹集资金，进行相关建设和维护。但是，公立医院基于其公共服务性质，收益有限却负债很多，医院的运营和管理面临巨大的压力，间接导致看病贵、过度医疗等问题，甚至一定程度造成医患关系紧张。国家卫计委、国家发改委等五部委联合发文《关于印发控制公立医院医疗费用不合理增长的若干意见的通知》（国卫体改发〔2015〕89号）严禁公立医院举债建设、严格控制公立医院发展规模。《财政部关于坚决制止地方以政府购买服务名义违法违规融资的通知》（财预〔2017〕87号）规定，严禁将基本医疗公共卫生等领域的基础设施建设作为政府购买服务的项目。因此，无论是政府购买服务，还是公立医院及政府举债和融资，都受到严格限制，违规举债将受到严厉处罚，并且要责任倒查、终身追究。

一方面医疗公共卫生服务供给量不能满足人民群众的需要，另一方面为了防范系统性金融风险，又要严格控制政府及公立医院的举债和融资。PPP模式在公共医疗服务领域的应用，为解决这一长期困扰公共卫生服务、限制公立医院发展的难题，进行了有益的探索和实践。

政府与社会资本合作（PPP）模式，是指城乡基础设施及社会公共服务领域的一种长期合作关系。社会资本承担建设、运营、维护等方面的主要工作，通过市场化的"使用者付费"及约定的"政府补贴和付费"获得合同约定的合理回报。政府方（主要是实施机构和相关职能部门）负责对基础设施及公共服务的价格和质量进行监督管理，以保证社会公共利益的最大化。

在医疗公共卫生服务领域推广PPP模式，引进社会资本进行公立医院的新建或改扩建（迁建），既能发挥社会资本的技术优势和运营优势，提高公立医院的服务质量，也能解决公立医院的投融资问题。政府方可以通过监督管理保证医院的公立性、合规合法性，通过科学、合理和公平的绩效考核机制为社会资本方提供投资回报。《国务院办公厅关于进一步激发社会领域投资活力的意见》（国办发〔2017〕21号）要求进一步扩大投融资渠道，引导社会资本以PPP模式参与医疗机构建设和运营，开展PPP项目示范。

根据全国PPP综合信息平台数据，截至2018年11月30日，管理库共有医疗卫生项目249个，其中国家示范项目25个；项目储备清单共有医疗卫生项目159个。医疗卫生是PPP项目19个一级行业之一。

医院PPP项目的运作一般根据项目是否新建、是否需要引入资金、合作期满后是否移交等情况进行决策。由于公立医院所属资产属于国有资产，且有引入资金的需求，所以，各地医院PPP项目常用BOT、ROT、TOT运作方式。由社会资本方或项目公司在整个合作期内负责项目医院的建设和运营，合作期满将项目所属资产无偿移交给政府或政府指定机构。

医院PPP项目主要采用使用者付费方式，付费范围根据运营维护的范围而定。一般包括临床医疗收费、医技服务收费、经营性开发收费等。然而，因为公立医院的性质及国家对基本核心医疗的要求，临床医疗、医技服务常常由公立医疗机构提供，社会资本在项目中收益有限，难以得到合理回报。所以，为了公平合理及遵循市场化原则，还需要政府方按照合同约定支付可行性缺口补助。公立医院业务范围主要包括临床医疗服务、医技服务、物资供应、后勤服务、开发性资源经营等。

临床医疗服务包括诊疗、手术、护理等，是公立医院承担城镇基本医疗服务的核心业务，由于我国现行基本医疗卫生体制机制、人事制度与PPP模式乃至相关法律、法规、规章、规范性文件和政策之间存在很多不协调、不配套的问题，临床医疗服务直接纳入PPP项目范围困难重重。

医技服务对应的机构包括医学影像诊断中心、医学检验实验室、病理诊断中心、血液净化机构、消毒供应中心。其中，医学影像诊断中心、医学检验实验室、病理诊断中心和血液净化机构，按照国家卫生行政机关的基本标准和管理规范属于单独设置的医疗机构，为独立法人单位，独立承担相应的法律责任，由省级及以上卫生行政部门进行设置审批。按照国家卫生行政机关的基本标准和管理规范，消毒供应中心的消毒灭菌服务可以由院外消毒服务机构供应，但必须满足行业标准。将医技服务纳入 PPP 模式范围，可由社会资本方单独设立和运营管理医技服务机构并向规模化、连锁化方向发展，有利于减轻公立医院医技服务方面的压力，使现有医疗资源实现共享，增加优质医疗资源的供给。

物资供应包括医疗器械供应、药品供应和后勤物品供应。《医疗器械经营管理办法》规定，经营第一类医疗器械可以不经过许可和备案，经营第二类医疗器械只需要经过备案管理，经营第三类医疗器械则实行许可管理。因此，项目公司可以向具有医疗器械经营许可证书的社会资本采购医疗器械。2007 年国家卫生行政机关规定，政府举办的非营利性医疗机构均应参加医疗器械（包括医疗设备和医用耗材）集中采购。大型医用设备及部分高值医用耗材按类别由国家卫生行政机关统一组织采购或纳入省级集中采购范围；其他医疗设备和耗材纳入省级、市级集中采购目录；未列入集中采购目录的，根据采购的限额和标准选择集中采购或自行采购。2009 年国家卫生行政机关规定，各省（区、市）要制定药品集中采购目录。政府实行特殊管理的麻醉药品、精神药品、医疗用毒性药品、放射性药品、中药材和中药饮片等不列入药品集中采购目录。社会资本具有药品生产或销售资源同时又具备资质的，项目公司可以向其采购部分药品。后勤物资供应包括为医院医护人员、其他员工和住院患者提供服装；为住院床位提供被褥、床单和枕头等物品；为医院管理提供办公用品；等等。将医疗器械供应、药品供应和后勤物品供应纳入 PPP 项目合作范围，把医疗设备、药品和后勤物品的采购和运营交给项目公司，而公立医院做好验收和质量监督工作，可以在满足既定产出的前提下，实现合作项目全生命周期的成本最优。

后勤服务包括建筑、设备设施、配套设施的维修维护和物业服务。建筑及配套设施指规划红线范围内房屋建筑、附属公共设施运营维护，主要有房屋结构、外立面、内装饰装修、电梯设备、其他非核心医疗设备，以及供配电、照明、空调、消防、供排水、防盗监控、智慧医疗信息系统等。配套设施的维修维护是指规划红线范围内的广场、花园、绿化景观的维护。物业服务是指规划红线范围内房屋建筑和配套设施的保洁、安保、公共秩序维护服务。

开发性资源经营包括住院陪护、中医养生服务、健康管理服务、康复理疗护理服务、养老护理服务和非医保药品销售服务。非医疗类开发性资源经营包括营养餐厅、停车场、日用品百货超市和广告。将后勤服务（建筑、设备设施、配套设施的维修维护和物业服务）纳入 PPP 项目的合作范围，由社会资本提供，可控制公立医院的建设成本和运营成本，发挥社会资本的特点和优势，一方面提高患者及家属的满意度，另一方面减少政府财政的压力和负担。

二 医疗卫生 PPP 发展存在的主要问题

（一）社会资本的营利性与公立医院的公益性存在矛盾和冲突

为了保证公立医院的公益性和非营利性，国家相关部门曾出台许多规范性文件，对公立医院进行规制。目前，这些规范性文件与 PPP 模式不协调、不配套，使医疗卫生 PPP 出现一定程度的政策障碍。如规定公立医院不能营利，而社会资本及项目公司却是营利性组织，采取市场化的方式来运营公立医院。项目公司不可能是非营利性机构，只要是公司就要营利。这在公司法、民法等法律条文中都有明确的规定。社会资本方如果没有合理回报，没有营利和分红的预期，是不会来投资的。

（二）受现行体制机制的影响，医疗卫生 PPP 模式难以发挥效率优势

核心医疗不能纳入 PPP 项目的合作范围，一方面，投资人的合理回报有限，物业及相关资产的收益及后勤保障方面的收益都非常有限；另一方面，政府财政的压力较大，物业管理、后勤服务的收费根本不能支撑整个公立医院 PPP 项目的正常运营，必须靠政府财政支持才能维持公立医院的正常运行。

（三）传统人事制度影响医疗PPP模式进行有效资源整合，特别是人力资源的合理配置

公立医院的医护人员都是事业编制，PPP项目公司是企业性质，由于计划经济体制的历史原因，事业单位人员无论显性待遇还是隐性待遇都高于企业单位人员。所以，原公立医院医疗护理骨干即使进入PPP项目中新的医疗机构，也不愿改变原来的事业单位人员身份，特别是那些资深医护人员，如果改变身份成为企业人员，在退休待遇或社会保障待遇方面会有明显的落差。

（四）医疗卫生PPP模式还没有与产权清晰的现代企业管理制度有效对接

PPP项目公司以特许经营或托管方式介入公立医院的运营也面临很多政策和现实的问题，主要是产权难以明晰，公立医院资产是国有资产，按现有规范性文件要求，如果与社会资本合作必须进行资产评估，而资产评估无论在实体上还是在程序上都难以操作，特别是对无形资产的评估更不容易，如公立医院的经营权、知名度、信誉美誉、医护和技术人员在工作和服务过程中形成的智力劳动成果等的评估都非常复杂，且国内能够对上述无形资产进行准确、及时和规范评估的中介机构少之又少。

三 医疗卫生PPP发展的建议

（一）准确把握医疗卫生PPP的核心价值，扩大公共卫生服务的供给

PPP模式的精髓就是以市场化的方式通过公平竞争，使社会资本进入基础设施和公共服务领域，发挥社会资本的特长和优势，不但要扩大服务供给，还要提高服务的质量和水平。政府方通过监督和管理，完全可以保证医疗领域的社会公共利益，基于国际国内PPP模式实践经验和相关法律，解

决公立医院的公益性与社会资本的营利性之间的矛盾和冲突。目前，我国尚无 PPP 领域的权威立法，PPP 统一法在层级上要高于现行相关法律、法规、规章及规范性文件，与民法总则、公司法等法律层级平行。

（二）加强法治政府建设，坚持以公正和效率为核心的现代化国家治理原则

认真学习和领会党和国家一系列有关高质量发展 PPP 模式的政策精神，从提高国家治理能力、提高公共服务质量和效率、扩大医疗卫生供给的角度和视野进行医疗卫生 PPP 模式的顶层设计。将核心医疗卫生服务纳入 PPP 项目合作范围，对整个项目全面进行绩效考核。项目公司通过现代企业制度管理优势，对现有资源进行合理配置与整合，能够大大提高效率并控制成本。使政府财政腾出资金，为社会公众提供更多更好的公共服务，践行以人为本、关注民生的核心价值观。

（三）加快和深化劳动人事制度的改革，改革的成果要用法律的形式稳定下来

现代企业制度以现代人事制度及劳动用工制度为基础和前提。既要保障劳动者的合法权益，以及企业和用人单位的合法权利，也要便于人才流动、公平竞争，使医疗 PPP 项目公司能够充分整合并配置最优秀、最合适的人力资源，实现 PPP 医疗项目稳健运营和健康发展。考虑到历史原因和社会转型时期特定人员的具体情况，医院管理机构可以承诺公立医院原有医护人员和其他员工事业单位职工身份不变，在过渡期内实行老人老办法、新人新办法。在事业单位社会保险与企业单位社会保险并轨后，逐渐完成法律规定的社会保险对接，根本解决人事制度方面的历史遗留问题。

（四）严格依法定程序进行资产评估

逐步完善无形资产评估的体制机制建设，包括明确对无形资产评估机构的资质要求，对评估人员技术水平的要求，对评估程序、评估办法和评估标

准的规定,以及对评估质量、评估过程的监督等。对公立医院的经营权、知名度、信誉美誉、医护和技术人员在工作和服务过程中形成的智力劳动成果等无形资产,要在现行法律特别是知识产权法律的框架下,由评估机构针对具体项目、具体单位、具体人员和具体事项认真研究,制定切合实际的评估办法和评估标准,评估结果要真实、准确、合法。评估的对象不仅包括原有公立医院的国有资产,还包括医疗PPP项目合作期满进行移交的项目资产。

四 案例:福建省三明市宁化县医院新建项目[1]

(一)项目概况

福建省三明市宁化县是著名的革命老区,中华人民共和国成立后经济发展水平不高,但是基本医疗的基础比较扎实,宁化县医院(原为二级甲等)以比较先进的医疗技术水平及良好的服务水准,得到周边地区居民的关注。宁化县医院建立于1938年,受制于多种因素,发展状况已远远不能满足当地及周边地区群众的需求。在政府财政资金不足的情况下,为使宁化县医院实现持续发展,打造闽赣边界医疗中心,带动区域社会经济的发展,政府决定运用PPP模式新建宁化县总医院,该项目属于医疗养老行业,建设总投资为80000万元。新建宁化县总医院选址福建省宁化县城东新区,床位规模为800张。宁化县人民政府卫生行政部门是本项目的实施机构,以宁化县人民医院为实施机构(政府方)的出资代表,上述实施机构、出资代表与社会资本方福建省福能宁化健康投资有限公司共同组建项目公司,负责项目全生命周期的建设和运营维护。项目建设内容为门急诊、医技、病房、行政、科研、感染、康复及后勤用房,总建筑面积124956平方米。由项目公司负责资产运营维护,合作期共20年,其中,建设期为3年,运营期为17年,接受政府方及相关部门的绩效考核,合同期满后项目无偿移交给实施机构宁化县卫生行政管理部门。

（二）运作方式

根据财政部《政府与社会资本合作模式操作指南（试行）》，本项目以BOT模式进行运作，即建造—运营—移交模式，由项目公司负责项目融资、投资、建设及资产运营维护，合作期为20年（含3年建设期），期满后将无偿移交给福建省宁化县卫生和计划生育局。兼顾公益和效益的原则，项目公司采用可行性缺口补助的回报方式，宁化县卫生和计划生育局支付给项目公司的服务费应能覆盖社会资本方承担的建设成本、运营成本和合理回报，按季度向项目公司支付。

（三）交易结构

根据《PPP项目合同指南（试行）》（《关于规范政府和社会资本合作合同管理工作的通知》，财金〔2014〕156号）的规定，政府在项目公司中的持股比例应当低于50%且不具有实际控制力及管理权。综合考虑社会资本成本以及政府财政承受能力，本项目采用"股权合作"的交易结构，股权结构为政府方占30%，社会资本方占70%。政府方以宁化县医院建设用地的土地使用权及前期费用出资入股，社会资本方以货币形式出资入股，共同成立项目公司，投资建设医院。项目注册资本为项目总投资的30%，其余70%由项目公司负责融资，并承担融资成本。项目公司成立后全面负责本项目的建设、运营、管理及维护。合同期满后，项目公司按照项目合同（特许经营协议）约定的移交范围、移交标准和移交程序等，将处于良好状态的项目设施（包括有形资产和无形资产）向政府方进行无偿移交。

（四）项目分析

PPP模式让专业的人干专业的事，本项目引入社会资本方负责设计、投资、建设和运营维护。同时，在风险最佳分配的激励约束机制下，社会资本也有足够的活力和动力，统筹考虑项目的设计方案、建设质量和后续的运营成本，努力探索医疗资源的综合开发利用，开拓医疗增值服务等收入来源，提高患者对医疗服务及增值服务的满意度，同时提高项目公司和社会资本的自身收益水平，降低政府方及财政资金购买服务的支出。

在政府方和社会资本方之间科学合理地分配风险，明确PPP项目合同双方的权利和义务。在确保本项目物有所值的前提下，风险分配应科学、合理，更要公平。承担风险的一方要对风险具有控制和管理能力，并且能够将风险合理转移，当然也要对控制风险有更大的经济利益，因而由其承担该风险更合理，且对本项目最有效率；如项目约定的风险发生，承担风险的一方不应把由此产生的各项费用和经济损失转嫁给PPP合同的相对方。

减轻政府财政支出的压力。新建医院项目前期资金投入巨大，通过引入社会资本可将短期建设支出变为合作期内的可行性缺口补助（以绩效考核为前提的分期付费），以利于突破短期财政支付能力瓶颈，加快宁化县基本医疗卫生事业的建设和发展。

本项目不仅提高了政府的公共卫生服务水平，而且扩大了优质基本医疗供给，客观上转变并优化了政府职能，提高了政府治理能力和水平。PPP模式要求政府方在与社会资本方的合作中"既不越位也不缺位"，一方面要遵守市场经济基本原则和契约精神、合同意识，切实履行约定义务，承担相应的责任和风险；另一方面通过加强项目规划，在筛选和评估的同时，建立科学、严格的绩效考核机制，制定考核方案及标准，代表社会公共利益加强对项目的监督和管理，切实保障医疗卫生公共产品和服务质量得到明显改善，使当地及周边地区群众满意。

热 点 篇

Hot Spot Reports

B.15
开发区产城融合投资模式浅析

宋杰 史虹*

摘　要： 国家级经济技术开发区是我国改革开放进程中设立经济特区的有益探索，在聚集产业、推动实体经济发展方面取得了丰硕的成果，与此同时，其在城市功能方面的短板通常成为其发展中的瓶颈问题。从实践来看，产城融合成为开发区突破自身、辐射带动区域经济升级的现实路径，本报告重点从开发区产城融合投资模式入手，就不同模式对产城融合建设的影响进行对比分析，得出"政府+国有企业"的模式是最为有效的开发区产城融合投资模式的结论。

关键词： 开发区　产城融合　投资模式

---

* 宋杰，中关村发展集团董事，北京亦庄投资控股集团投资发展部总经理，中央财经大学 PPP 智库专家；史虹，北京亦庄投资控股集团投资发展部副总经理。

一 开发区产城融合概述

(一)开发区发展概述

开发区是指由国务院和省、自治区、直辖市人民政府批准在城市规划区内设立的经济技术开发区、保税区、高新技术产业开发区、国家旅游度假区等实行国家特定优惠政策的各类开发区[①]。开发区的经济特性是在有限的土地资源上集聚了产业、技术、人才、资本等多重要素,形成具有区域竞争力的产业群落,在城市经济的产业支撑和升级中扮演了极为重要的角色。

(二)开发区产城融合

随着我国经济的升级发展,城市与开发区发展不均衡问题逐步凸显,集中表现在:开发区在有限区域内集中布局工业产业,远离城市功能区及配套设施,一方面导致"鬼城"和"睡城"的现象经常出现,城市交通潮汐压力过大,另一方面开发区自身的投资环境有缺陷,影响产业的结构调整和转型升级,开发区产城融合发展模式应运而生。

2016年,国家发改委提出建设国家级产城融合示范区,依托现有产业园区,在促进产业集聚、加快产业发展的同时,顺应发展规律,因势利导,按照产城融合发展的理念加快产业园区从单一的生产型园区经济向综合型城市经济转型。由此可见,依托现有开发区较好的产业基础和经济基础,统筹规划,不断完善区域城市功能,打造更好的投资环境和产业创新发展环境,形成"以产兴城,以城促产"的更新循环,为开发区乃至所在城市的经济社会发展不断注入新的活力。

---

① 中华人民共和国商务部关于开发区的定义。

二 开发区产城融合投资模式分析

从实践来看,我国开发区的主流管理模式为"管理委员会"(本文以下简称"管委会"),一般为省(直辖市)政府的派出机构,代表省政府对开发区实行统一领导和管理,是开发区的核心管理机构。就投资模式而言,主要存在管委会主导并实操,管委会主导+国有企业实操,以及市场主体主导三种模式。

(一)管委会主导并实操模式

此模式主要存在于开发区建设初期以及经济相对不发达地区,对应时期的主要任务为土地一级开发及基础设施建设,所涉及的项目没有现金流,不具备项目融资条件,因此投资资金主要来源于上级单位拨付的财政资金。在此情况下,一般由管委会直接投资,相关职能部门或政府融资平台[①]作为实施主体,完成区域建设的投资任务。这种模式弊端较大,并且在政府债务方面形成较大压力,当开发区进入产城融合发展阶段,该模式在专业化、可持续性等方面已不具备支撑能力,不能作为产城融合发展阶段的主要模式。

(二)管委会主导+国有企业实操模式

此模式的核心机构有两方:一方为管委会,主要承担区域规划、产业招商、政策管理和公益项目等行政发展职能;另一方为国有企业,一般为省(直辖市)政府出资设立,授权管委会代为履行出资人职责,负责落实管委会的战略意图,承接开发建设、运营管理及综合产业服务的经济发展职能。

1. 模式说明

在这种模式下,政府集中财力投资于无收益但有利于营商环境打造的公

---

① 政府融资平台指的是不具备专业化投资运营能力,资产主要为无现金流资产,公司定位为政府项目融资的平台公司。

益项目，国有企业依托专业化能力、资本运作能力以市场化经营方式承接具有收益的公用事业和产业载体。

公用事业本身的性质决定其关乎城市运营保障，具有公共服务的性质，由国有企业投资持有，更易于其公共保障职能的实现，特别是在出现应急保障和特殊服务要求时具有更高的效率。

产业载体是区域产业落地的平台，由国有企业投资并运营，更有利于贯彻政府的发展意图，促进产业发展，与此同时，在产业更新、转型升级中，产业载体由国有企业持有从而成为政府的重要抓手，大大降低产业升级的成本。

2. 模式评价

（1）国有企业以事业单位的模式对接政府要求并落实到位，以市场经济主体的模式对接资本市场，融资渠道多，可以为区域建设获取更多低成本资金，发挥最大效用。

（2）国有企业在服务区域发展的过程中锻炼了队伍，形成专业运营能力，可以用更丰富的手段（如产业投资、产业金融等）与区域产业紧密融合，在促进产业发展的同时分享产业红利，反哺区域经济社会建设，更好地履行国企责任。

（3）政府拥有强有力的平台，在推动区域经济发展的过程中对接社会资本，可以起到对标的作用。

（三）市场主体主导模式

此模式主要存在于财政实力和产业基础较弱且规模较小的开发区，管委会在主导区域发展方面的经验不足，可用于园区起步的资金不足，通过引资引智、招投标等方式选择一家市场主体作为园区的投资和招商主体。

1. 模式说明

市场主体作为区域一级开发和基础设施投资主体，政府和市场主体共同确认区域城市规划和土地利用规划，以保证整体的投资资金基本平衡，投资资金筹措及相关工作均由市场主体主导完成，一级开发完成后土地收益实质上由政府和市场主体分享。

为获取投资回报，市场主体通常要求管委会给予一定体量的二级项目开发权，其中，短期内为住宅项目，利用其高收益、快速回收资金的特点平衡一级开发及投入；长期为产业园项目，企业利用自身渠道进行招商引资，并与政府分享入区企业上缴的税收收益。

2. 模式评价

企业主导型开发模式对资金和运营能力要求较高，因此该模式并不适用于大型园区，但在园区管委会依靠自身力量难以推进的小规模园区中具备一定优势。其弊端主要表现为市场主体主导的产业园投资模式本质上是地产开发，短期内可以解决一定问题，但长期内无法形成政府对区域发展的主导力，并且必然存在对经济效益与社会效益的取舍。

三 国有企业承接开发区产城融合的建议

综合上述三种投资模式来看，管委会主导＋国有企业实操模式既能发挥政府的主导监督作用，保证经济社会健康有序发展，又可以充分拉动社会资本，发挥企业化运营优势，在实现开发区发展的科学高效和可持续性上具有突出优势。作为开发区产城融合的实操者，园区类国有企业应不断适应环境变化，研究更新服务区域发展的模式，塑造自身核心竞争力。

（一）面临的挑战

从目前来看，一方面国家经济体制改革、政府投融资平台规范相关工作逐步深入，特别是党的十八大、十九大都提出关于深化改革的决定，政府债务清理相关文件对园区类国企的发展提出新的要求；从外部环境来看，经济发展进入新常态，园区产业亟待转型升级，传统依托开发业务的成长模式受到相应限制，需要其在聚集产业要素的同时塑造新的商业模式；从内部情况来看，该类企业的核心业务集中在产业空间的土地一级开发和产业载体的二级开发上，重资产的特性较为突出，运营水平不高，资金的周转压力较大，

在业务特性上有如下几个较为突出的特点。

1. 业务区域性特征明显

该类企业定位于为其所在园区的产业经济发展创造条件和提供服务，公司业务主要集中在园区内，依托政府关系带来的资源实现发展。

2. 产业链条较长

该类企业的主业围绕产业需求展开，从产业空间拓展、产业载体开发到园区运营、综合配套及服务，产业链条较长，已形成集团化发展的模式。

3. 流动性较差

为发挥引领和主导产业发展的作用，该类企业在产业载体开发的后期一般采取半租半售的方式，公司沉淀了大量的经营性资产，该类资产流动性较差，回报周期较长。

（二）发展建议

现阶段的园区国企应转变发展思路，在依托传统资源优势的基础上逐步建立资本发展能力，迅速占据资源和市场份额，形成公司自身的核心竞争优势，只有这样才能适应内外部发展环境的变化，实现企业的二次发展。

1. 强化公司对资源和资产的持有

在园区进入成熟阶段后，公司依靠开发获取收益的模式难以为继，需要重新优化国有资本的布局，更新商业模式，实现主业的转型升级。

（1）强化资源储备能力，在区域新增资产方面发力，投资持有更多的产业载体，增强产业聚集能力。

（2）突出创新驱动、减量集约、可持续发展，在政府主导下收回落后产能用地，建立产业用地腾退和高精尖项目并行跟进的"腾笼换鸟"联动机制，打造区域产业用地循环利用模式，推动开发区土地资源向技术创新、产业转型聚集。

（3）在产业空间运营的基础上迅速整合集成产业投资能力，与企业建立合伙关系，在促进产业发展的同时分享园区产业发展的成果和红利。

2. 分类业务拓展方式

按照业务属性进行分类，研究与社会资本的合作方式，实现国有资本的扩大，吸引更多的社会资本参与区域建设发展，以新的方式促进区域投资环境改善。

（1）对于供水、供热、智慧城市等城市公共服务类业务，以控股的方式推进特许经营，理顺定价调整机制，强化专业化运营，迅速提升开发区基础公用设施的投资能力和产业服务水准。

（2）以全资或控股方式开展园区开发、产业载体等核心业务，深入研究产业链条和企业需求，提供订制化专业服务，通过空间聚集产业，实现密切对接。

（3）对于广告、网络通信等市场类业务，通过市场化手段进行资本运作，引入战略投资人，放活体制机制，使其成为公司的利润中心和自我造血能力的主要来源。

（4）对于具有一定收益但不足以覆盖成本的项目，管委会按照事先约定"购买服务"等方式将项目收益不足部分的财政补贴明确为项目收入，使项目能够实现自身平衡，在此基础上与社会资本共同组建项目公司，进行项目运作。

3. 强化资本运作能力

（1）建立国内资本市场的动态跟踪研究机制，与主管机关及金融机构建立广泛密切的联系，搭建涵盖资金方、融资渠道等在内的融资资源库，主动把握融资窗口，进行科学融资。

（2）以项目为单位强化公司现金流规划，做好自有资金、融资、项目回款、经营支出、股东注资等各种资金流的对接，合理安排闲置资金，提高资金使用效率。

（3）适时设立财务公司，实现集团内部资金的集中管理，为集团成员提供存款、委托贷款等金融服务，完善集团对金融产品及有价证券的投资职能。

（4）强化投融资与公司主业的结合，基于公司持有的大量投资性房地产在房地产投资信托基金（REITs）① 方面做出有益探索，破解流动性难题。

产城融合是区域发展过程中的持久性命题，产业升级、城市发展的需求也在不断提升。在政府主导下，国有企业应始终围绕区域经济发展目标，把区域投资环境优化、公众生活便利化、政府财政支付成本降低作为努力的方向，聚集市场多方要素优势，加速推进区域经济发展，实现跨越式产城融合。

参考文献

［1］刘怀生：《产城融合发展模式探索与实践》，《现代经济信息》，2016 年第 11 期。

［2］杨雪锋：《产城融合：实现路径和政策选择》，《中国名城》，2015 年第 9 期。

［3］王葳：《园区开发类企业经营战略设计》，北京交通大学硕士学位论文，2012。

---

① 房地产信托投资基金（REITs）是房地产证券化的重要手段。房地产证券化就是把流动性较低的非证券形态的房地产投资直接转化为资本市场上的证券资产的金融交易过程。

B.16
地方政府融资平台转型

丁伯康*

摘　要： 1994年分税制改革之后,地方政府财力不足,加上官员考核激励机制下的政绩角逐,组建地方政府融资平台成为地方政府融资和城镇化建设的重要选项。根据对全国多家融资平台的调查和研究,地方政府融资平台大致经历了创业初期、探索成长、高速发展、转型跨越四个发展阶段,并在发展过程中表现出政策敏感度高、职能定位不同、经营目标复杂、以政府信用为依托等特性。全国各地方融资平台因运营时间、市场化程度和创新意识的差异,发展呈两极化。定位不明、资产质量不高以及偿债能力不足是融资平台发展中存在的关键性问题。为了应对这些问题,越来越多的地方政府意识到必须采取措施推动融资平台转型。融资平台转型的指导理论主要有系统论、城市经营论和定位论。在战略转型过程中,融资平台应把握主体定位、产业经营、资产运营、融资及偿债四个要点。

关键词： 融资平台　转型　投融资体制

---

* 丁伯康,博士,中国城投网首席经济学家,中国现代集团有限公司(核心企业:江苏现代资产投资管理顾问有限公司)董事长兼现代研究院院长,国家发改委和财政部PPP专家库双库专家,中央财经大学PPP智库专家。

中国 PPP 蓝皮书

一 地方政府融资平台的特殊性

(一)地方政府融资平台产生的动因

地方政府融资平台(本文以下简称"融资平台")是地方政府为实现融资功能而设立的,一般通过财政拨款或划拨国有土地、国有企业股权等资产,包装形成资产规模庞大、现金流充足的经营实体。地方政府基于财政补贴进行还款承诺通过融资平台承接各类资金,用于城市建设、公用事业等不同类型的项目。

融资平台是我国快速推进城镇化的历史产物,它的产生和发展并不是偶然的,其背后也有极其复杂的原因。

1. 分税制下的地方政府财力受限

1994 年的分税制改革从根本上改变了中央与地方的税收分配体系,改变了中央与地方政府的财政收入分配比例,但是支出责任并未改变。在分税制改革后,地方财政收入占比由 1993 年的 78% 骤降为 44.3%,而地方政府财政支出比重仅下降了 2 个百分点。如图 1 所示,1990~2009 年我国各地政府财政自给能力呈现不断下降的趋势。

在我国经济社会发展过程中,地方政府在承担地方经济发展责任的同时,还要履行众多刚性较强的事权,这些事权的支出基数大、增长速度快,地方财政收支缺口逐步形成。与此同时,我国《预算法》曾规定地方政府禁止举债,只能通过中央政府代为发债,但这远远不能弥补地方财政资金的缺口。在满足融资需求、降低交易成本和提高融资效率的三重因素驱动下,地方政府和国家开发银行设计了由地方政府组建融资平台公司,基于地方财政提供的贷款担保,为地方政府投资项目进行融资的模式。

2. 官员考核激励机制下的政绩角逐

地方政府和官员利用"经济人"的角色,在进行社会管理和市场交易过程中追求政治集团和个人利益最大化。在我国城镇化建设过程中,地方政

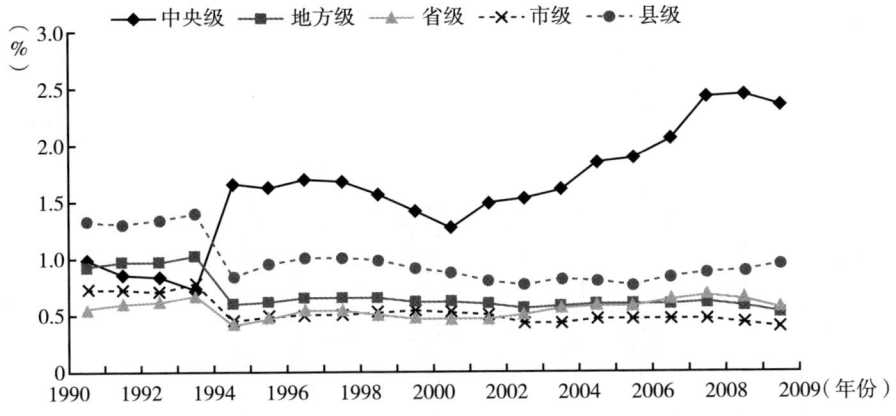

图1 我国各地政府财政自给能力比较

注：财政自给能力 =（本级一般预算收入）/（本级一般预算支出）。
资料来源：WIND，《地方财政研究》2010年第4期。

府官员不仅关心本地区的经济发展和环境改善，也关心其在职业生涯中的晋升或政绩。要在短期内做出政绩，追求所谓的"高端、大气、上档次"，就难免在资金上捉襟见肘。因此，利用政府信用担保举借债务成为地方政府突破预算约束的最佳途径，但是地方政府举借债务时，为了体现官员的办事能力，往往避免直接向上级政府借债。此时，成立融资平台向银行等金融机构举债无疑是最佳的途径。

（二）地方政府融资平台的发展

上海于1992年成立全国首家融资平台，并建立了"政府主导、企业参与、市场运作"的新型投融资体制，全国各地纷纷以上海城投作为模板设立自己的融资平台，由此融资平台不断发展壮大，据不完全统计，至2018年末，全国融资平台已经超过12000家。通过对全国多家融资平台的调查研究发现，其发展历程可分为四个阶段（见图2）。

创立初期阶段。融资平台是政府融资的便利窗口，是地方政府为了支持基础设施和公共服务而设立的。融资平台在政府信用担保和持续性注入各类资产资源的基础上，负责整个城市的建设工作，为城镇化建设打下坚实的基

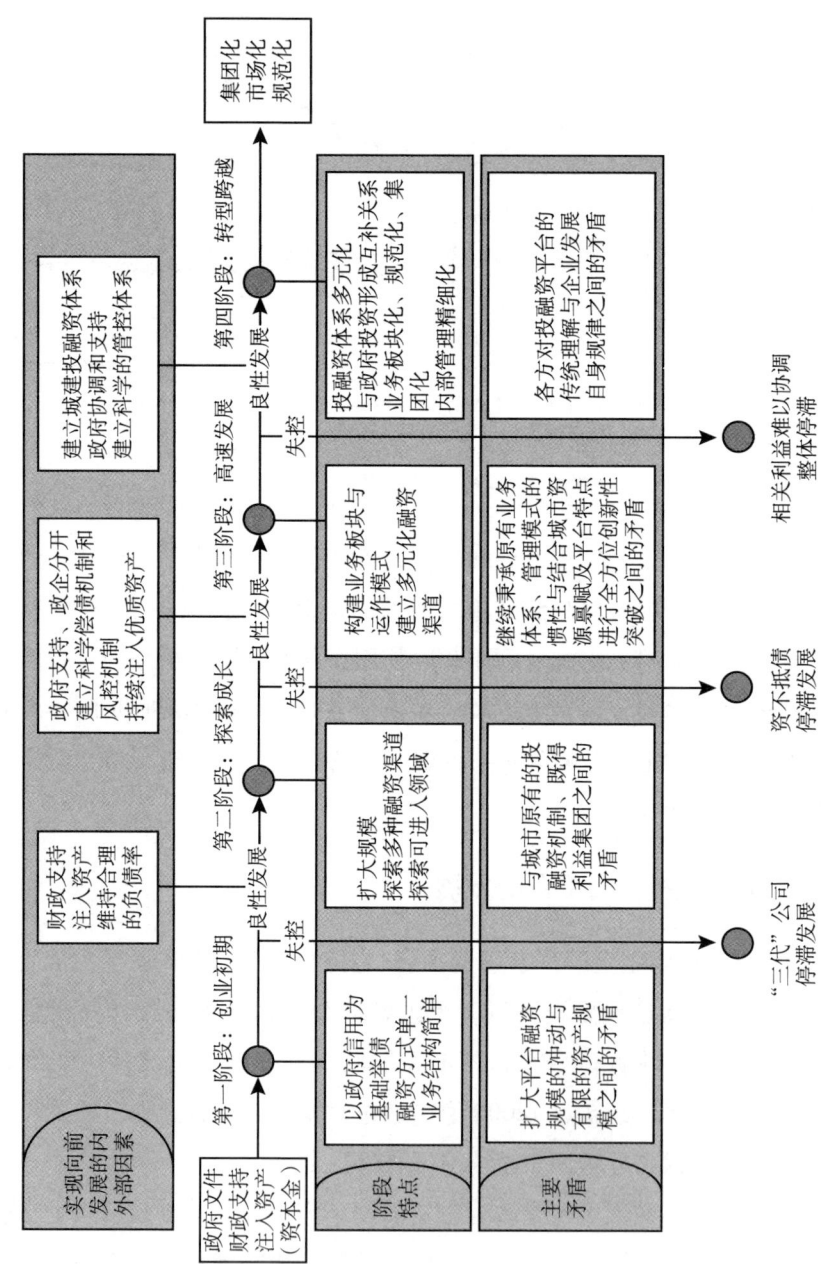

图 2 我国地方政府融资平台的发展过程

础。这类融资平台由于职能定位不清晰,往往作为政府的行政职能部门和"代筹资、代投资、代出纳"的"三代"公司,没有建立市场化运作机制,听从政府安排承担项目建设任务,项目建设完成之后就立即移交给政府,无法获得后期的运营和投资收益。

探索成长阶段。随着地方政府投融资体制改革的逐步深入,全国各地方将资产资源统一交由融资平台管理,以提高资产利用率和资本运作效率,并加大对融资平台的支持力度,持续性将优质资产资源注入融资平台,出台各类支持性政策。虽然这个阶段的融资平台已经拥有数量较多的资产资源,但是由于其原有的资产质量较差,依然以银行贷款作为主要的融资手段,多元化融资途径和偿债机制尚未完善,存在持续融资的困难。

高速发展阶段。融资平台已对资源进行整合集中,偿债机制和多元化融资格局初具雏形。在此阶段,融资平台和政府已经达成共识,根据自身的资产资源情况,将项目分成公益性、经营性和准经营性进行分类和分层运作。融资平台对政府给予的资产资源进行整合和优化重组,形成若干业务板块,并以此为基础建立多元化融资渠道。利用经营性和准经营性项目弥补公益性项目的不足,争取建立健康有序的债务偿还机制。资本运作和市场化经营是这一阶段的典型特征。

转型跨越阶段。融资平台核心业务逐步构建起来,资金投入与收益成正比,管理与控制体系更加科学,以集团化、市场化和规范化为其主要的战略转型方向,夯实生存发展基础,成为加快城市化建设的有效途径。

(三)地方政府融资平台发展的特性

由于融资平台在特殊的历史背景下产生,其功能与定位决定它与一般意义上的企业在运营及管理方面呈现截然不同的特征。在推进融资平台发展转型时,应充分注意其独有的特性。

1. 政策敏感度高

在融资平台发展过程中,地方政府始终是其最大的客户,所以融资平台能及时和快速地贯彻国家与各级地方政府在产业方面的优惠政策,并在其中

争取对自己最为有利的权益。在融资平台不断发展壮大的过程中，把握政策、争取政策的能力已然成为其核心竞争力。同时融资平台本身在生存与发展过程中，对国家政策的依赖性和敏感性也是非常高的。

2. 职能定位差异

城市建设项目的融资和投资、建设和管理、维护与运营是融资平台的职能定位，融资平台作为政府的代表是城市建设项目的代融资主体，也是项目的执行者、项目资金运用的决策者以及项目后期评估验收的把控者。职能定位越清晰，融资平台运作和管理能力的发挥越充分。

3. 经营目标复杂

融资平台本身不以利润最大化为经营目标，其优先完成城市建设任务，并在经营过程中获取一部分利润来实现可持续发展。融资平台经手的项目既有纯公益性的，也包含准经营性和经营性项目，原因是融资平台具有特殊性，它作为企业要实现经济效益，作为政府的行政职能部门要兼顾社会效益。

4. 背靠政府信用

融资平台是政府基础设施和公共服务的融资建设主体，自身信用取决于政府在资金、土地和政策等方面的支持，所以融资能力较为有限，因此其背靠政府信用运作各类政府资源才能确保代融资任务的圆满完成，这也是大部分融资平台所做的工作。

5. 人员背景复杂

融资平台大多是国有独资企业，代政府建设城市基础设施，并运营管理城建资产，所以融资平台不是独立的市场经营主体，经营和管理决策受政府政策左右，政府也往往将其他行政职能部门的管理人员调往融资平台充当管理层，同时，融资平台也会自己招聘与业务经营相关的专业技术型和操作型人才，故融资平台内部人员的身份、编制与用工关系等较为复杂，特别是在融资平台组建初期。

6. 资本运作能力要求极高

地方公益性项目资金需求量巨大，一般这样的项目单体资金量动辄数十亿元，以银行贷款为主要融资渠道的传统模式已经很难满足项目建设的资金需求。融资平台作为公益性项目的主要参与者，资源优化整合、投融资体制机制创新和债务风险控制都是其发展的关键。所以融资平台只有拥有比一般企业更为强大的资本运作能力，才能真正成为城市基础设施和公共服务的建设者与运营者。

二 地方政府融资平台转型的必要性

我国融资平台由于所处地区资产资源不同、设立时间不同和市场化程度不同，发展水平参差不齐。一部分融资平台已建立科学化的举债机制和多元化的融资体制，另一部分融资平台举债没有进行科学的规划，出现入不敷出的情况，濒临破产的边缘。后者在财政较为薄弱的地区、历史债务相对较重的地区表现得更为突出。融资平台的发展也面临诸多问题和困难。因此，融资平台应尽快理顺与政府的关系，建立市场化的结算体系，解决债务与投资的矛盾，缩短平台转型的"阵痛期"，实现融资平台持续健康发展。

（一）地方政府融资平台出现的问题

1. 融资平台定位不明

很多融资平台在设立之初是初级的"三代"公司，这也在根本上造成融资平台产权不实、债务不清和责任不明。有些地方融资平台的产权归属不明晰，管理制度尚未建立，存在产权、经营权、收益权的脱节和分离现象，明确的发展方向更是无从谈起。一些城市的基础设施项目由融资平台建设完成后，其经营权得不到落实，资产长时间无法经营，而融资平台也由于投入与产出不匹配，无法按市场规律进行资产经营和资本运作，进而影响持续融资能力；有些地方政府无法摆脱计划经济的管理模式，把城建基础设施工程交给多个部门负责，以此调动各方积极性，保证资金来源的可靠性，虽然能短时间内保证工程进度不受影响，但从长远来看，城市资源、人力、管理的

过度分散反而不利于融资平台开展资本化运作、盘活存量资产和规范举债融资等市场化转型的尝试。

2. 资产质量不高

融资平台的资产规模动辄数亿元，充斥着大量的无效资产，真正能产生收益的资产仅占据较小的比例，大多是道路、桥梁、没有收费的管网等公益性资产，所以融资平台看起来资产总量异常庞大，而资产收益率普遍较低，这也是大多数城投的普遍现象。很多融资平台虽然从利润表来看，尚有一些经营所得的利润，但是很大一部分来自政府的财政补贴，实际市场化经营业务收入不理想，从长期来看，这不利于融资平台实现市场化转型。大部分融资平台公司盈利来源偏少，没有形成自己的优势产业，缺乏可持续发展的动力。

3. 偿债能力不足

有些地方政府投入的城建资产运营权没有得到充分落实，导致融资平台融资功能无法发挥。银行对融资平台的主业城建项目的收益率也存在顾虑。此外，很多城市借新还旧产生的债务积累导致本息逐年升高，项目资金可用比例降至50%以下，且偿债机制较为粗暴。因此，融资平台传统的负债融资已经不能满足城建的资金需求，且在根本上威胁其健康可持续发展。

（二）地方政府融资平台战略转型的必要性

"凡事预则立，不预则废。"在复杂多变的外部环境中，融资平台越发感到生存的困难（见图3）。因此，融资平台必须立足当下，站在全局的角度去思考未来发展的方向，通过增强自身的造血功能，达到企业内部资源与外部环境的动态平衡。

因此，地方政府新时期的一个重要课题是，融资平台如何推动生存与发展的战略转型。融资平台战略转型的必要性主要体现在以下几个方面。

战略转型是融资平台厘清与政府及各职能部门、所属企业关系的需要；

战略转型是融资平台确定自身定位、明确企业未来发展方向的需要；

战略转型是融资平台明确企业发展目标并找出实现目标方法的需要；

图3 地方政府融资平台面临的问题

战略转型是融资平台领导层、管理层科学地进行资源整合及业务选择的需要；

战略转型是融资平台拓宽融资渠道、利用资本运作手段实现企业持续性发展的需要；

战略转型是融资平台进行项目区分、有效规避经营风险、合理建立偿债机制的需要；

战略转型是使融资平台企业各部门更加协调一致，增强企业凝聚力的需要。

三 地方政府融资平台转型的理论

（一）地方政府融资平台转型的指导理论

要根据问题存真、目标去伪、理论导入、方案决策的基本研究路径，采用系统论、城市经营论、定位论的思维方法，科学指导地方政府融资平台的战略转型。

1.系统论

以系统论思想为理论基础，参照城市发展总体规划要求，把融资平台视为完整的系统，通过研究系统、环境和要素三者之间的相互联系和相互影响，以三者变动的规律指导融资平台战略转型，规避战略规划中各个子项职能战略相互独立、缺乏关联性，避免战略与目标脱节、战略与核心问题脱节，进而强调总体发展战略目标与各子项职能战略的内在逻辑性。

2. 城市经营论

城市经营的含义是运用市场经济手段，对构成城市空间和城市功能载体的自然生成资本、人力作用资本及其相关延伸资本等进行有效整合、重组和市场化营运，以达到为城市再发展提供资金的目的。城市经营的典型做法是把城市作为最大的国有资产来经营，使土地资源、基础设施和城市空间在资产运作中增值，提升城市功能，扩大经营容量，树立独特的城市形象，创造良好的投资环境，实现经济效益、社会效益和环境效益的协调统一。运用城市经营战略需要用市场经济的观念重新认识、审视城市建设和发展，通过对城市各项资源、资本的统筹运营，最大限度地盘活存量、吸引增量，实现城市存量资源和增量资源效益最大化，进而增强城市经济实力和综合竞争力。

3. 定位论

对地方政府融资平台的历史和发展现状进行评估，对其区位优势、资源与能力价值、功能任务、远景目标、项目建设与选择、市场取向、运作模式等方面进行定位。运用比较法对地方政府融资平台的优势、劣势进行系统分析，找出比较优势和劣势区间，将比较优势做大做强，对劣势做出改进提升。

此外，融资平台战略转型是一个系统性工程，需要结合融资平台的实际情况选择合适的战略分析工具，指导平台转型。常用的战略分析工具包括价值链分析法、波特五力模型、SWOT态势分析法、行业吸引力矩阵法、KSF（关键成功）因素分析法、四象限分析法等。

（二）地方政府融资平台战略转型的重点

融资平台的战略转型离不开地方政府领导层面的支持，必须体现政府意志，也需要建立现代企业制度，规范企业的经营管理，实现融资平台转型后的可持续发展。从宏观上看，地方政府是整合资源和经营城市的主体，要制定总体规划，出台相关政策，为城市建设创造良好的政策和法制环境；从微观上看，融资平台一直是城市基础设施建设的主要力量，也是经营城建资产和运作公益性项目的主体，要按照市场规律办事。

1. 主体定位方面

一直以来，融资平台都承担着部分政府职能，政府要明确融资平台的职能定位，理解融资平台的作用，进而为融资平台创造良好的经营环境，保持融资平台经营运转的良性循环与可持续发展，最终推动城镇化建设和经济社会的进步。在现阶段，融资平台的主体定位主要包括三个方面：城市基础设施及市政项目投融资平台、城市基础设施及市政项目市场化运作主体、国有资产经营管理主体。融资平台作为城市基础设施的投融资主体，应该把计划经济条件下各部门分散投资和分散管理的政府行为转变为集约管理的企业行为，确保融资、投资、建设和经营等环节充分结合，进而解决城市基础设施建设过程中投资与经营权责不明、政企不分、职能混淆的问题。依据"谁投资，谁受益"的原则，融资平台要利用国有资本在政策上的优势，立足于具有一定垄断性的产业，逐渐构造自己的核心竞争力，实现做大、做强、做优。

2. 产业经营方面

（1）基本思路

在新形势下，融资平台要坚持政府性项目和市场化业务"两条腿走路"，推动产融结合和业务多元化。因此，结合融资平台的职能定位和市场化属性，本报告认为融资平台战略发展规划的主要思路是："背靠政府，市场运作；做强主业，多元经营；顺时应势，转型发展。"

（2）产业选择

从融资平台的发展历程和实际发展情况来看，我们认为融资平台要顺应国家政策导向和宏观经济形势，以城市发展总体规划为主线，充分利用各地的区位优势、特色资源和产业政策，同时结合自身的经营能力和发展需求，在完成政府下达的各项投融资和经营管理任务的同时，学习借鉴其他国家或地区融资平台的成功运作经验，按照行业发展规律培育经营性业务，不断提高自身赢利能力，最终实现可持续发展。从制定经营战略的角度看，融资平台选择具体产业应考虑三个方面：是否体现政府意志和公共利益，行业是否具备成长性和营利性，平台自身是否具备资源与能力的优势。

（3）产业协同

融资平台在布局产业发展规划时，应结合企业发展目标利用三层面模型合理选择和安排短期、中长期产业的介入时机，保持当前业务、新建业务和未来创新型业务之间协调平衡发展。

3. 资产营运方面

对于城市建设过程中原有的国有资产，政府可以收回产权并明确投资主体，然后授权当地的融资平台代表政府进行经营管理。有了政府的授权，融资平台可以通过资本这条纽带，以出资人身份直接参与国有资产的经营管理或接受委托管理，通过改组、转让和租赁等资本运作手段，逐步建立国有资产经营管理的约束机制，不断提高国有资产的运营效率。融资平台可以通过股权市场的收购、兼并、重组、交易、转让等方式，转化资本价值的形态，将未被利用的资本转化为活资本，通过资本层面的灵活运作最终实现国有资产的保值增值。

4. 融资及偿债方面

（1）项目分类运作

把项目按照是否有收入来源分为经营性和非经营性项目。融资平台以其子公司作为经营性项目的融资、建设和经营主体，并为其提供担保，当投资金额特别庞大时，还可寻求外部合作进行委托建设。具有稳定经营性回报的项目采用项目融资的方式，有利于降低整个融资平台的负债率，屏蔽项目运作风险。融资平台对非经营性项目可设立单一的主体公司专门负责融资、投资、建设，实现独立的财务核算，而相应的债务可由融资平台承担（融资平台只是行使投资职能，实际投资者是地方政府，融资平台还要补充政府投资不足部分，而政府的财政城建资金、土地收益以及收费类公路收入可以作为偿还基础），以方便项目各类手续的对接和承办，同时，还可以积极争取资产补偿。

(2) 多元化融资格局

融资平台应综合考虑自身的融资资源，全面统筹自身的融资能力，逐步构建多元化的融资格局，实现融资方式多元化以及融资主体层次和渠道的多元化。融资方式的多元化是指摆脱传统以银行融资为主的方式，根据项目本身的特点寻求最佳的融资方式。此外，还可以利用资本化融资途径发行企业债。融资主体层次的多元化是指不只通过传统方式以融资平台作为主体进行融资，还利用子公司上市融资、信托融资或以项目为导向成立专门的项目公司进行融资等；融资渠道的多元化是指牢牢抓住预算内投入，积极争取预算外投入和各类政策支持，同进，积极争取国际支持及国开行贷款等。

(3) 建立投融资补偿机制

允许融资平台全方位参与城市经营，反哺城市发展的同时，还可以补偿融资平台公益性项目的投入。主要有三种方式：一是根据城市基础开发的需要参与城市土地经营，主要是储备优质土地和土地初级开发；二是重视地面空间开发的同时，深挖地下和地上空间的开发价值，包括各类广告资源的投放、人防设施的经营开发、停车场的运营和路桥建设附加值的挖掘等；三是将地方政府特许经营目录里项目的特许经营权授权给融资平台，例如，传统的城市供水、污水处理、垃圾处理、各类交通、供暖供气和路桥收费等。土地资源无论是对政府还是对融资平台而言，都是最为宝贵的资源，因此融资平台必须参与到土地资源的经营中去，利用土地经营产生的利润弥补公益性项目的投入。

(4) 建立债务预警系统

以数字化、精确化的方式测定债务风险，例如，通过设定偿债保障率、投资充足率和资产负债率等指标，明确相应的风险区间。对债务进行梳理、甄别和分析，确定不同的偿还方式。政府还可以将城维税、土地出让收入、城建专项收费以及一定比例的财政拨款，用作支持非经营性城建设施养护的专项城建发展基金，其余部分以基金的形式用于城建非经营性项目贷款和债务的还本付息，以及准经营性项目贷款、债券的贴息。财政还可对城建发展专项资金列收列支，将可划拨的资金定期划拨给融资平台，委托融资平台运作，实现保值增值的同时使融资平台获得稳定的资金流量。

参考文献

［1］丁伯康：《"背靠市长面向市场"的政企关系是政府化债和平台转型的关键》，《中国财经报》2019年第2期。

［2］丁伯康：《城市建设投融资战略、模式及案例分析》，中国商务出版社，2008。

［3］王熙喜：《发展地看待地方融资平台》，《大经贸》2010年第7期。

［4］丁伯康：《开创城市建设投融资体制改革先河》，《中国建设报》2009年第2期。

［5］简尚波：《城投企业转型发展及制度建设探讨》，《金融与经济》2019年第1期。

［6］李晓鹏等：《地方投融资模式研究》，机械工业出版社，2011。

［7］于娟：《新形势下地方政府投融资平台转型探析》，《经贸实践》2016年第2期。

［8］汪星：《新常态下地方政府投融资平台转型发展探析》，《企业改革与管理》2016年第18期。

B.17
PPP与地方政府债务化解应用研究

李贵修 陈功 汪耿超*

摘　要： 截至目前，地方政府债务问题依然严峻，PPP作为提供基础设施和公共服务的一种创新型模式，可以撬动更多的社会资金投入基础设施和公共服务领域，有效减少政府在基础设施和公共服务领域的投入，降低政府举债规模。在实务中，一方面要根据政府债务的形成原因及债务特点，科学合理地设定PPP的转化方式，有针对性地制定化解方案，另一方面要重视PPP的异化问题，防止PPP成为地方政府新的隐性负债来源。

关键词： PPP　地方政府债务　化解

党的十九大提出，2017~2020年是建成小康社会的决胜期，要坚决打好防范化解重大风险、精准脱贫、污染防治三大攻坚战。其中，防范化解重大风险为三大攻坚战之首，为实现全面建成小康社会的目标，维护社会的和谐稳定，各地都要守住不发生系统性金融风险的底线。然而截至目前，地方政府债务问题依然存在，地方政府财政压力过大与社会对基础设施和公共服务需求不断增长之间的矛盾依旧突出。自2014年国家大力推广PPP到现在，

---

* 李贵修，上海建纬（郑州）律师事务所管理合伙人、副主任，中央财经大学PPP智库专家；陈功，中央财经大学政信研究院副院长，中央财经大学PPP智库专家；汪耿超，河南省豫资保障房管理运营有限公司总经理。

PPP实现了从"蓬勃发展"到"规范运行"的转变，各地PPP项目新增数量骤减。但笔者认为，规范是为了实现更好的发展，PPP会在规范后进一步蓬勃发展，因为它不仅是供给侧结构性改革补短板的重要内容，具有创新驱动属性，是增加基础设施和公共服务供给的重要手段，也是有效化解地方政府债务的重要途径，是防范化解重大金融风险的重要抓手。

一 PPP模式化解地方政府债务的基本原理

（一）地方政府债务概念及分类

地方政府债务是指地方政府负有直接清偿责任，或者虽没有直接清偿责任，但基于政府对公共管理的义务和维护社会管理的需求应当予以清偿或救济的债务。

根据分类标准的不同，地方政府债务有多种类型，按表现形态可以分为显性债务和隐性债务。显性债务指地方政府通过预算采购和发行债券等在债务会计主体上直接反映的政府债务，也称为系统内债务；隐性债务指在政府会计主体上没有反映但政府负有实际清偿义务或救济义务，需要用公共财力来予以清偿的债务。

从债务性质上看，可分为合法债务和违法债务。2014年《国务院关于加强地方政府性债务管理的意见》（国发〔2014〕43号）出台，特别是2014年《预算法》（2015年1月1日实施）规定地方政府通过省级人民政府发行地方政府债券，是其唯一的举债通道。所以就目前而言，地方政府债券是地方政府唯一合法的债务。另外，截至2014年12月31日，经审计署审计确认的各地方政府存量债务也属于合法债务，该债务绝大多数已通过发行地方政府专项债券予以置换。个别地区因为对存量债务识别工作的重要性认识不足，对大量存量债务范围内的债务没有予以识别，也就无法通过专项政府债券予以置换，至今仍在体制外循环，形成困扰地方政府财政的重大问题。

根据债务的确定性，地方政府债务可分为直接债务和或然债务。直接债务指债务发生时依据举债规则，政府的举债责任和范围确定的债务；或然债务指通过政府担保、政府承诺或政府相关融资平台等举债，将来政府应当承担的债务金额不确定，比如，政府担保，要根据主债务人的清偿情况决定政府的清偿金额；政府融资平台的欠款，要基于平台的债务清偿情况，政府对政府融资平台不能清偿的部分负有清偿义务。

根据地方政府债务形成的途径可以分为政府直接负债、通过地方政府融资平台负债，以及通过政府购买服务负债、通过 BT 项目负债、通过伪 PPP 负债、通过政府基金负债（约定政府兜底和回购）等。

对地方政府债务进行分类比较可以摸清地方政府债务的规律性，以便研究相关化解方案。

（二）化解地方政府债务重点分析

地方政府债务化解的重点在于地方政府的违规负债和系统外负债，地方政府合法负债和系统内负债不需要化解。应当化解的债务包括：地方政府的系统外直接举债、违法担保承诺负债，以及通过政府购买服务、BT、伪PPP、承诺兜底和回购的基金等形成的负债，这些负债主要集中在政府对基础设施和公共服务的投资领域。

（三）化解地方政府债务的重要性分析

地方政府债务的形成是个长期过程，1994年全国人大发布的《预算法》规定地方政府不得举债，而地方政府有较大的投资压力，于是通过地方政府融资平台举债，也有部分省份通过财政部发行地方债，当时地方债务体系尚未建立，政府性债务是特定历史阶段的产物。另外，地方政府还习惯通过BT模式进行基础设施建设，BT模式是由社会资本代建基础设施，政府按照契约约定在一定期间内分期回购的模式。这种模式使政府债务在体制外循环，形成了地方政府债务黑洞。该模式在2014年《预算法》出台以后，已经得到了制止，因为2014年《预算法》规定地方政府债务要全部列入地方政府预算，该举债方式形成的债务在预算外循环，所以在根本上属于违规债务。政府购买服务是地方政府习惯采用的一种违规举债方式。2013年《国务院办公厅关于政府向社会力量购买服务的指导意见》（国办发〔2013〕96号）规定政府可以向社会合格供应商购买服务，这里的购买服务主要指政府采购中的服务类项目，向符合条件的社会供应商采购的目的是优化政府的服务职能，提高财政资金的使用效力。但很多地方政府无限扩大政府购买服务的外延，把工程、货物也列入服务的购买范围，形成了许多系统外债务。为了制止通过政府购买服务违规举债，财政部印发了《关于坚决制止地方以政府购买服务名义违法违规融资的通知》（财预〔2017〕87号，本文以下简称"87号文"），政府购买服务违规举债开始受到有效遏制。

地方政府违规举债还有一个通道是政府基金。比如，对政府基金承诺兜底、固定回报、股权回购等。当然地方政府还通过假借融资租赁、承诺对国有企业投资进行远期回购等方式变相违规举债。地方政府债务问题已经非常严重。在2017年7月召开的全国金融工作会议上，习近平总书记指出，"各级地方党委和政府要树立正确政绩观，严控地方政府债务增量，终身问责，倒查责任"；2017年7月24日召开的政治局会议提出，"要积极稳妥化解累积的地方政府债务风险，有效规范地方政府举债融资，坚决遏制隐性债务增量"。所以，对政府债务化解的方法和对策进行深入的理论研究是一个十分重要的命题。

（四）PPP化解地方政府债务的原理

从以上分析可知，地方政府债务的形成主要原因是地方政府的可支配财力与基础设施、公共服务的增长不匹配。国家对地方政府债务的管控迫使地方政府在体制外寻求基础设施和公共服务建设所需资金，形成了系统外债务。要在根本上解决地方政府债务问题，就要满足地方政府基础设施和公共服务建设的资金需求，应动员社会力量，运用社会资金开展相关建设，从而破解财政资金不足的问题，也给社会资金提供投资机会，带动整个社会经济资源的合理流动和调配，最终解决党的十九大提出的我国社会的主要矛盾——人民日益增长的美好生活需要和不平衡不充分的发展之间的矛盾。而

PPP 是一种在政府主导下的公共产品（包括基础设施和公共服务）创新提供模式，这种模式区别于政府通过举债进行基础设施和公共服务建设的传统模式，可以有效调动社会资金有序、合理地向基础设施和公共服务领域流动，改变政府作为公共产品单一投资主体的局面，让政府投入和社会资本多头齐下共同提供公共产品。社会资本介入公共服务领域必须通过 PPP 模式，否则基础设施和公共服务的公共属性就不能得到充分保障。普通的商业投资不能直接切入基础设施和公共服务领域。因此，PPP 模式是社会资金投资公共服务的唯一合法、正确的通道。通过 PPP 模式实施基础设施、公共服务项目可以有效减少政府投入，在政府投入体量不变的情况下，撬动更多社会资金投入基础设施和公共服务领域，降低政府举债规模。另外，对已经形成的地方政府系统外债务，通过 PPP 改造可以将这些债务的承载主体由地方政府转化为社会资金方，有效化解地方政府系统外债务。

二 PPP 模式化解地方政府债务的操作实务

化解地方政府债务的重点是地方政府的违规负债和系统外负债，由于直接债务是通过多种途径、多种模式积累形成的，所以化解上述债务也要根据这些债务的形成原因及特点，科学合理设定 PPP 的转化方式，有针对性地制订化解方案。下面列举几种常见的债务形成模式并予以说明。

（一）通过政府融资平台形成债务的 PPP 化解

政府融资平台作为政府的融资工具，本身并不产生效益，其主要目的是为政府融资提供方便，实质是公共财政的延伸，债务的最终承担方必定是公共财政，所以财政部的系统外债务统计口径把该类债务也列入隐性负债范围，且成为地方政府隐性负债的主要组成部分。不能对该类债务进行有效化解，就不能从根本上完成地方政府债务化解任务，也就不能消灭地方政府系统外债务根源。化解融资平台债务最主要的方法就是对融资平台进行市场化改造，赋予其真正的市场主体地位，使其具有真正的市场经营能力和赢利能力,能够自负盈亏、独立运营。在政府融资平台改革中,最大的难点是原平台中政府隐性负债的处理,如果不对政府隐性负债进行实质性处理,而只在形式上进行市场化改造,政府融资平台就永远不能实现独立运营,最终仍然会成为政府的包袱。平台公司政府负债的化解有几种模式:一是政府将有效资产划转给平台公司用于抵销政府债务;二是直接清偿平台中的政府债务;三是将平台中基础设施和公共服务项目产生的债务资产及收益,通过 PPP 模式进行改造,将该部分债务主体由政府融资平台转化为社会资本,社会资本拥有该项目资产项下的收益。

(二)通过政府购买服务形成的地方政府债务化解

很多地方政府通过政府购买服务产生了金额不菲的系统外债务,"87 号文"已经明确界定该类债务属于违规债务,财政部债务统计口径也明确该类债务属于政府隐性负债统计范围,必须予以化解。该类债务形成的原因是地方政府把政府购买服务的范围由单纯的服务扩大为工程和货物,绝大部分属于基础设施和公共服务投资,应当对这些项目进行有效识别和梳理,通过 TOT、委托运营等模式将那些适合由社会资本方承担的公共项目的有效资产转让给社会资本方,由社会资本方承担该项目下的负债,将承载主体由政府、政府融资平台或政府购买服务合同项下的承包方转化为社会资本方,而社会资本方通过 PPP 合同约定的政府付费、可行性缺口补助或使用者付费获得长期稳定的收益。

(三)对 BT 项目形成的地方政府债务化解

2014 年《预算法》出台前,地方政府运用 BT 模式比较广泛,积累了很多地方政府隐性负债,国家对地方政府做过审计和统计,对应当由政府清偿的债务进行了识别统计,将其统称为存量债务。为有效解决该类债务问题,财政部规定对地方政府存量债务通过专项债券予以置换,该类债务绝大多数得以置换,但个别地区对存量债务识别工作的重要性认识不足,大量属于置换范围的债务没有得到识别,未能以专项政府债券置换,至今仍在体制外循环，形成困扰地方政府财政的一个重大问题，因此在实务中也存在该类债务的化解问题。BT合同也主要应用于基础设施和公共服务领域，通过TOT、委托运营等模式将BT合同转化为PPP合同，将承载主体由地方政府或政府融资平台转化为社会资本方，通过PPP合同约定的政府付费、可行性缺口补助或使用者付费获得长期稳定的收益。

（四）通过工程欠款形成的地方政府隐性债务化解

工程欠款也是地方政府系统外债务的一种主要表现形式，很多施工合同约定分期付款，也有许多合同虽未约定分期付款，但形成实质性拖欠，财政部隐性债务统计口径把该类债务列入隐性债务统计范围。该类债务是地方政府违约形成的，地方政府负有清偿义务，对政府的公信力有负面影响，必须予以化解。该类债务也有对应的项目资产和项目收益来源，将适合社会资本方的项目通过BOT、TOT等方式进行PPP改造，将项目的建设主体变更为社会资本，社会资本可根据PPP合同约定的政府付费、可行性缺口补助或使用者付费获得长期稳定的收益。

三 PPP模式化解地方政府债务应注意的问题

PPP虽然能有效化解地方政府债务，但是PPP操作政策性强、适用范围有限，在实务中已经出现PPP异化的问题，许多项目的操作偏离了PPP的本源，成为地方政府新的隐性负债来源。所以，PPP化解地方政府债务必须严格、依法、依规操作，谨防PPP化解地方政府债务的同时形成新增地方政府隐性负债的隐患，具体要注意以下问题。

（一）准确识别地方政府债务

地方政府债务有很强的政策性，既不能把地方政府应负的债务推给企业，企业债务也不能让政府来清偿，PPP模式与公共投资密切相关，如非真正的政府债务不能通过PPP模式进行化解。

(二)准确识别PPP项目

PPP项目有如下基本特征:其一,属于基础设施和公共服务领域;其二,金额规模较大;其三,投资时间较长;其四,具有长期稳定的收益,不能牟取暴利;其五,适合由社会资本方来承担;等等。我们用PPP化解地方政府债务时要对照以上特点进行有效识别,不能改造不适合PPP基本属性的项目,另外,PPP项目受地方政府的财政支出能力限制,财政部92号文规定对政府付费的项目坚持审慎的原则,地方政府PPP项目支出总和不得超过当期地方政府一般预算支出的10%,不得把经营类项目列入PPP项目。在PPP化解地方政府债务时要严格掌握PPP相关政策和入库管理规定,谨慎筛选可运用PPP模式化解地方政府债务的项目。

(三)准确适用PPP操作模式

PPP化解地方政府债务有多种模式,要根据地方政府债务类别形成的原因、进展情况、资产现状区别对待,选择适合地方政府债务的PPP操作方案和实施模式。否则,不但不能实现化解地方政府债务的目的,而且可能形成新的违规举债。

(四)严格依法依规操作

PPP操作必须严格依法依规进行,《财政部关于印发政府和社会资本合作模式操作指南(试行)的通知》(财金〔2014〕113号)、《关于规范政府和社会资本合作(PPP)综合信息平台项目库管理的通知》(财办金〔2017〕92号)等规范性文件规定了PPP项目的操作流程,包括物有所值评价、财政承受能力论证、实施方案的制定及批复、公开采购程序、信息公开公示,以及PPP合同需经地方政府批准生效、地方政府融资平台不得作为PPP社会资本方等一系列严格程序和政策红线。这些规定我们在化解地方政府债务时需严格遵守,不得僭越。

（五）防止国有资产流失或加重政府负担

PPP 化解地方政府债务最容易出现的问题之一就是国有资产流失，加重地方政府债务负担。化解地方政府债务为的是有效降低地方政府债务负担，如果通过 PPP 改造，政府债务负担不降反增，就违背了 PPP 化解地方政府债务的初衷和目的。所以制定 PPP 化解方案时，要对经济指标进行详细分析和测算，确定优于原融资方案的经济目标。要严格程序，对国有资产转让制定科学的方案，要对转让的公允价值进行科学的评估确认，经过严格的招投标程序选择社会资本方，防止国有资产流失或增加政府负担。

（六）防止 PPP 异化

PPP 的本质是公共产品提供的创新模式，政府和社会资本合作的目的是提供公共产品，而不是提供融资，但现实中很多 PPP 项目存在明股实债、承诺兜底收益和固定回报、违规担保等情况，把 PPP 异化为新的融资工具。如果用这样的 PPP 项目化解地方政府债务，"换汤不换药"，不能从根本上化解地方政府债务。所以一定要严格依法依规操作，防止化解地方政府债务中出现"伪 PPP"。

参考文献

[1] 习近平：《决胜全面建成小康社会，夺取新时代中国特色社会主义伟大胜利——在中国共产党第十九次全国代表大会上的报告》，《学理论》2017 年第 11 期。
[2] 刘传轩：《地方政府债务路在何方》，《财政科学》2018 年第 11 期。
[3] 毛捷、徐军伟：《中国地方政府债务问题研究的现实基础——制度变迁、统计方法与重要事实》，《财政研究》2019 年第 1 期。
[4] 李升：《地方政府隐性债务风险及其治理》，《地方财政研究》2018 年第 12 期。

B.18
PPP模式在乡村振兴中的运用

闫拥军 陈 功*

摘　要： 实施乡村振兴战略，是习近平总书记在党的十九大会议上做出的重大决策。总书记在视察湖北和长江经济带发展时，再次要求对政府与农民之间的关系重新进行审视，将政府和农民有机地统一起来，共同实现乡村振兴。在国家大力实施乡村振兴战略的背景下，各地探索PPP模式与乡村振兴结合，产生了"PPP+乡村"的多个发展模式。但是进一步探究这些模式可以看到，"PPP+乡村"模式在实际应用中仍旧存在一系列问题和风险，应该从风险识别、健全法律法规、建立利益约束机制、构建融资服务平台等方面对风险进行防范，加快并保证PPP项目在乡村振兴过程中的良性发展。

关键词： 乡村振兴　PPP模式　农业

一　乡村振兴与PPP概述

（一）概念

乡村振兴是习近平总书记在党的十九大报告中提出的以国内外城市化成

---

* 闫拥军，权益高级合伙人，盈科（北京）管委会副主任，国家发改委、财政部PPP专家库法律专家，中央财经大学PPP智库专家；陈功，中央财经大学政信研究院副院长，中央财经大学PPP智库专家。

功经验和存在问题为基础，与中国特色社会主义新时代下的现实国情相适应，具有高屋建瓴的理论高度的战略。该战略坚持以目标和问题为导向，推进以人为核心的城镇化。

我国是农业大国，农业作为第一产业，是生产发展的重要基础，但城市和乡村在发展中仍旧存在优质资源配置不平衡的情况。城乡发展的不平衡使优质资源高度集中在少部分群体、少部分地区，长期发展将造成社会发展的不平衡。乡村发展不能只靠城镇化，实施乡村振兴战略是在社会主义新农村建设基础上的全面提升，是全面建设小康社会和社会主义现代化国家，实现全国人民共同富裕，适应我国新发展阶段的必然选择和必经之路。

总书记针对乡村振兴战略提出的总体要求是产业兴旺、生态宜居、乡风文明、治理有效和生活富裕，并重点强调了"四个优先"、"五个振兴"和"三个体系"。"四个优先"是指干部配备优先考虑、要素配置优先满足、资金投入优先保障、在公共服务上优先安排；"五个振兴"是要求农村聚焦产业兴旺、生态宜居、乡风文明、治理有效和生活富裕，实现产业振兴、人才振兴、文化振兴、生态振兴和组织振兴；"三个体系"是要求加快构建现代农业产业体系、生产体系、经营体系。

PPP是英文Public-Private-Partnership的缩写，即政府和社会资本合作，是公共基础设施建设的一种项目运作模式。PPP模式的主旨在于鼓励民营资本与政府进行合作，让民营资本掌握的资源、技术、资金等投入公共基础设施的建设，向社会和民众提供高质量、高水平的基础设施和优质的服务。PPP模式与乡村振兴结合起来，将为乡村振兴战略的实施提供强大的支持。

根据习总书记的指示和现实发展的需要，在乡村振兴的过程中，乡村基础设施的建设是关键。乡村基础设施建设的规模大小、建设质量的好坏、建设水平的高低直接关系我国乡村振兴与否。基础设施建设一般需要耗费大量的时间和资金，而多数地方政府的财政实力不足，公共服务经验不丰富，因此，乡村振兴战略单纯依靠地方政府很难完成。"PPP+乡村"模式可以引进民间资本，不仅能分担地方政府的财政压力，而且能大力提升乡村公共基础设施的建设规模、建设质量、建设水平和服务能力。政府在吸引社会资本参与建设的同时，获得社会智慧、社会资金，并促进政府职能转变，充分发挥市场机制的作用，推动农业供给侧结构性改革。因此，"PPP+乡村"模式将在我国乡村振兴过程中发挥重要作用。

（二）相关政策

（1）2016年12月，PPP指导性文件《国家发展改革委 农业部关于推进农业领域政府和社会资本合作的指导意见》（发改农经〔2016〕2574号）指明：①重点支持社会资本开展高标准农田、种子工程、现代渔港、农产品质量安全检测及追溯体系、动植物保护等农业基础设施建设和公共服务；②引导社会资本参与农业废弃物资源化利用、农业面源污染治理、规模化大型沼气、农业资源环境保护与可持续发展等项目。

（2）2016年12月，《中共中央 国务院关于深入推进农业供给侧结构性改革加快培育农业农村发展新动能的若干意见》明确：①鼓励农村集体经济组织创办乡村旅游合作社，或与社会资本联办乡村旅游企业；②推行政府购买服务，支持各类社会力量广泛参与农业科技推广。

（3）2017年2月，《国务院办公厅关于创新农村基础设施投融资体制机制的指导意见》（国办发〔2017〕17号）明确：①对农村道路等没有收益的基础设施，建设投入以政府为主，鼓励社会资本和农民参与；②对农村供水、污水处理、垃圾处理等有一定收益的基础设施，建设投入以政府和社会资本为主，积极引导农民投入；③对农村供电、电信等以经营性为主的基础设施，建设投入以企业为主，政府对贫困地区和重点区域给予补助。

（4）2017年2月，一年一度的中央1号文件正式发布，2017年一号文件也是21世纪以来指导"三农"工作的第14份中央一号文件。《中共中央、国务院关于深入推进农业供给侧结构性改革加快培育农业农村发展新动能的若干意见》第28条"改革财政支农投入机制"中多次提到

PPP 模式，具体表述为：创新财政资金使用方式，推广政府和社会资本合作，实行以奖代补和贴息，支持建立担保机制，鼓励地方建立风险补偿基金，撬动金融和社会资本更多投向农业农村；拓宽农业农村基础设施投融资渠道，支持社会资本以特许经营、参股控股等方式参与农林水利、农垦等项目建设运营。鼓励地方政府和社会资本设立各类农业农村发展投资基金。

（5）2017 年 3 月，《农业部 财政部关于开展国家现代农业产业园创建工作的通知》提出各地方应加大对创建国家现代农业产业园的支持力度。统筹现有渠道和资金，按照"渠道不乱、用途不变"的原则向园区适当倾斜，形成集聚效应。发挥财政资金的引领作用，通过 PPP、政府购买服务、贷款贴息等方式，撬动更多金融和社会资本投入园区建设，鼓励地方创新产业园管理体制和产业园投资、建设、运营方式。

（6）2017 年 5 月 31 日，财政部、农业部发布了《关于深入推进农业领域政府和社会资本合作的实施意见》（财金〔2017〕50 号），提出要引导社会资本积极参与农业领域政府和社会资本合作（PPP）项目投资、建设、运营，提出了改善农业农村公共服务供给的总体要求、重点领域，明确要规范项目实施，加大政策保障。

（7）2018 年 1 月 2 日，《中共中央 国务院关于实施乡村振兴战略的意见》提出了新时代乡村振兴的重大意义、总体要求、基本原则等，要求开拓投融资渠道，强化乡村振兴投入保障。

（8）2018 年 9 月 27 日，财政部为深入贯彻落实党的十九大精神，落实《中共中央 国务院关于实施乡村振兴战略的意见》精神，积极发挥财政职能作用，支持乡村振兴战略顺利实施，加快推进农业农村现代化，颁布了《财政部贯彻落实实施乡村振兴战略的意见》（财办〔2018〕34 号），提出了准确把握支持实施乡村振兴战略的总体要求，建立健全实施乡村振兴战略多元投入保障制度，构建完善财政支持实施乡村振兴战略政策体系，着力提升财政资金管理水平和政策成效。

二 PPP 模式在乡村振兴中运用的现状及存在问题

（一）PPP 模式在乡村振兴中运用的现状

将 PPP 模式引入乡村建设，是 PPP 模式开展以来的一种创新做法。"PPP+乡村"模式的建立和发展，需要充分发挥 PPP 模式的优势，并结合农村发展的特点和具体实践情况，找到两者的契合点，将两者完美融合，从而更好地实现乡村振兴。

2017 年以来，国家各部委、各地方政府推出了一系列针对农业农村 PPP 的优惠政策，优先支持农村农业 PPP 的大力发展，努力借助 PPP 来促进农村公共基础设施的建设，吸引优秀的社会资本，拓宽融资渠道，推进乡村振兴。在实施乡村振兴战略的背景下，"PPP+乡村"模式也得到了广泛应用，特色小镇、田园综合体、"PPP+美丽农村"、"PPP+现代农业产业园"、"PPP+休闲农业"、"PPP+智慧农业"等各种形式不断涌现。

2017 年 7 月 28 日，国家发改委和农业部确定了农业领域首批共 20 个 PPP 试点项目。随后，根据财政部发布的《全国 PPP 综合信息平台项目管理库 2018 年第 2 期季报》，截至 2018 年 6 月，农业领域的 PPP 项目有 53 个，投资额 516 亿元。

（二）PPP 模式在乡村振兴中存在的问题

虽然"PPP+乡村"模式的运用在全国各地持续升温，但仍旧存在很多挑战和风险，需要各部门进行规范，各领域的专业人士进行积极引导，才能有后续更大的发展空间。我们认为，PPP 模式在乡村振兴发展过程中主要存在以下问题。

1. 政府对 PPP 项目的运营监管力度较小，公众利益容易受损

在 PPP 模式运用到乡村振兴发展、乡村基础设施建设、基本公共服务提供的过程中，其后期的运营可能存在监管机制不够健全的问题，最终容易致使公众利益受损、地方政府财政负担增加。

地方政府在"PPP+乡村"模式中既是基础设施建设项目的参与者，也是政策的制定者。地方政府希望凭借"PPP+乡村"模式获取社会资本的资金、管理经验、运营服务经验，从而降低自身负债率、减轻财政负担、丰富公共管理服务经验。但是，部分地方政府长期以来的"家长"管理思维难以改变，很难把控自身的角色和职能，实际开展"PPP+乡村"模式的过程中可能存在政策制定不合理、透明度不高、监管缺位、监管力度不够、管理越位等现象，导致公共设施的建设质量不达标、交工延迟以及服务产品价格不合理、乱收费等情况，最终损害乡村居民的利益。

同时，采用"PPP+乡村"模式开展的项目多为纯公益或半公益性质，如道路交通、景观绿化、污水处理、垃圾焚烧等。此类项目一般由地方财政通过提供成本补贴、绩效补贴、可行性缺口补助等形式，维持项目公司的基本利润，而在补贴的标准、具体的补贴数额、补贴的方式等方面，如果监督不善则十分容易滋生腐败。而且，项目公司一旦因为经营不善而破产解散，PPP项目反而会形成新一轮的地方政府负债。

2. 风险和利益分配不合理，政策风险难管理

首先，在政策支持方面，由于PPP项目在法律上没有相关规定，实际操作中亦未形成统一的合同标准，因此，"PPP+乡村"模式在开展中缺乏完善的法律制度和操作标准，在项目运行中各项目情况不一导致合作双方的责任划分、风险分担及利润分配方式等也有所不同。如果没有严格的法律约束、政策引导和操作标准，项目各方在风险分担和利益共享等方面可能会存在不合理的现象。

其次，以PPP模式开展的农村基础设施建设等项目通常投资较大且持续时间较长，尽管项目开展初期双方签订的项目合同或特许经营协议已经设定了合理的风险分担机制，但由于项目合作时间长，难免会出现不可预见的风险。而且，在PPP法律及政策不确定、不统一的情形下，政策变动也会使得乡村振兴发展中的PPP项目面临新的风险。

最后，在PPP模式中，地方政府和民间企业基于双方签订的项目合同

或特许经营协议而建立一种合作关系。双方虽然有共同的合作目标，但因各方性质不同，在项目开展中实际追求的目标也不尽相同。政府追求满足公众的需求，而民间企业的逐利性更强，追求的主要是自身经济利益最大化，因此在合作中不可避免地在利益分配、风险分担等关键问题上产生分歧。

3. 乡村 PPP 项目发展迅速，但应建立市场秩序

自党的十九大报告提出乡村振兴战略以来，PPP 模式在乡村振兴的发展中得到广泛应用，乡村基础设施建设类 PPP 项目如雨后春笋，短短一段时间内已经发展壮大，规模扩张迅速。但乡村地区经济发展相对落后，情况较为复杂，优质的资源较少，专业技术人员缺乏，导致"PPP + 乡村"模式在实际开展中存在许多困难。

首先，有些地方政府不理解 PPP 的本质及操作要点，仅把 PPP 模式当作融资和缓解财政压力的手段。因此，在前期准备阶段不严格区分项目类型，不严格筛选社会资本，凡是有关乡村基础设施建设或改造的项目都采用 PPP 模式，导致乡村 PPP 项目过快发展，由此衍生明股实债、政府提供担保背书、项目资本金不足等一系列违规问题。

其次，在项目的实际操作和运营方面，乡村可配备的优质人才较少，缺乏专门的技术人才对项目的实施进行专业指导。而政府自身对项目进行管理和运营的经验不足，可以借鉴的经验又非常少，因此容易出现缺乏秩序、本末倒置、错误解读政策、项目申报困难、技术标准及操作流程不明等各种困难，最终导致项目在运营中的宣传推广和实际落地都受到阻碍。

4. 社会资本在乡村振兴中的参与度不高

从目前乡村的发展建设来看，各地的乡村基础设施建设正在如火如荼地开展，但由于项目的公益性属性，社会资本参与的积极性尚未充分调动起来，PPP 模式在乡村振兴发展中的优势并未充分发挥出来。

由于我国 PPP 模式的起步较晚，还处于发展阶段，虽然不可否认近年来的发展有所加快，但由于乡镇政府的信用水平不高、履约能力及财政能力较弱，乡村基础设施建设 PPP 项目投资金额大、回报期长、收益低、市场

进入门槛高等,社会资本对于乡村振兴发展中的基础设施建设 PPP 项目投资意愿不强,再加上我国 PPP 模式上位法缺失,政策法规不统一,且存在很多不确定因素,因此,社会资本参与乡村振兴发展 PPP 项目的积极性仍不高。

三 农业具体领域运用 PPP 模式探究

建议政府重点引导和鼓励社会资本参与以下领域农业公共产品和服务供给:农业绿色发展、高标准农田建设、现代农业产业园建设、特色小镇、田园综合体、农产品物流与交易平台、"互联网+"现代农业等。下面就几种主要的运用模式进行分析。

(一)"PPP+美丽乡村"模式

党的十八大报告提出,要"努力建设美丽中国,实现中华民族永续发展",习总书记也指出要"实现城乡一体化,建设美丽乡村"。"美丽中国"战略应用到农村领域即为"美丽乡村"。

首先,美丽乡村的建设是一项系统性、全局性、长远性的工程,需要进行总体规划和科学长远的设计。一些地方政府在响应党中央号召大力进行美丽乡村建设时追求短期高政绩,过度注重单一硬件设施的建设,导致出现重复建设、建设不到位、重建设轻环境、特色化建设不足、建设效率低下等局面。

其次,建设美丽乡村不能只关注公共基础设施的建设,还需要结合村民的生产、生活、生态与民风进行整体统筹建设,以实现乡村的物质文明和精神文明协同发展。一些地方政府仅仅局限于硬件设施等物质方面的建设,而对于乡村的传统文化、居民素质等精神文明的建设重视程度不高,使得美丽乡村的建设中只有新房、新设施,却无新的精神文明风貌。

因此,将 PPP 模式与美丽乡村结合,能有效吸引社会闲散资金进入美丽乡村的建设,不仅能缓解地方政府的财政负担,还能引导社会资本分步骤进行建设,实现美丽乡村全面、快速、绿色、长远的发展。并且,通过吸收社会资本科学的运营、管理和服务经验,为村民提供更加优质的社会公共服务,产生"四两拨千斤"的效果,实现物质文明和精神文明的共同发展。

(二)"PPP+农业产业升级"模式

我国农业长期处于粗放型发展阶段,短期内满足了全国人民的粮食需求;但长期来看,一定程度上对农业环境和自然资源造成了破坏。长此以往,农村水资源和土地资源受到破坏,农业生态环境恶化,农业成本增高,比较效益降低,农民增收将更加困难。因此,向集约、高效、科学、可持续发展的现代化农业发展模式转变是当下农村发展的核心所在。

"PPP+农业产业升级"模式将引入社会资本优秀的产业发展模式和产业运营理念,共同建设现代农业产业园及仓储基地,丰富农产品生产加工,提升农产品物流体系,创建农产品交易平台,整合农业产业链,形成农业"生产+加工+科技"的一体化结构。政府与社会资本共同努力,各自发挥自身的优势,提高农产品的品质和竞争力,创建农业特色品牌,提高农村经济效益,有效促进农业产业结构的升级。

(三)"PPP+农业信息化"模式

农业信息化是指在社会信息化背景下,以信息化理论为指导,以信息化技术为工具,提高农村的经济效益和农民个人综合素质的发展模式。它将科技进步和劳动者素质的提高作为农村经济发展的主要动力,以科技和农村人才促进农村各项事业全面协调发展。

"PPP+农业信息化"模式的核心是创新和科技,在互联网、物联网、大数据、云计算发展日新月异的现代社会,农业信息化应运而生。地方政府受自身职能的限制,在农业信息化发展方面并不具有优势,而社会资本的创新性强,对科技发展敏感度高。通过"PPP+农业信息化"的模式,使社会资本参与到农业信息化建设中来,能够加速现代农业的深度融合,实现智慧农业、科技农业、创新农业的目标,并从智能农业示范基地、智能农业装备、智能物流运输、农村电商平台、智能农业遥感与勘测技术等各方面推动农业转型升级,为乡村振兴注入活力。

(四)"PPP+绿色生态园"模式

随着政府将"生态文明"提上国家建设日程,近年来,国家对生态文明建设予以高度重视,生态文明和生态经济发展成为农村新经济发展的重要内容。

要打造乡村绿色生态园,就要通过绿色发展来引领农村经济振兴。"PPP+绿色生态园"模式包含生态农业、生态旅游、生态产业园等,其表现形式包括但不限于生态旅游产业链、生态观光、沼气生产规模化、小麦秸秆综合利用、农膜处理等。

在实施"PPP+绿色生态园"模式时,不仅要关注乡村的环境治理问题,坚持走绿色发展道路,而且要促进绿色经济的形成和发展,增加农业生态产品与生态服务的供给。政府和社会资本应将经济发展和绿水青山的建设进行有机结合,以促进乡村振兴的长期发展。

四 PPP模式在乡村振兴中的风险及对策

(一)PPP模式在乡村振兴中存在的风险

1. 政策性风险

政策性风险是一种宏观风险,指不可预知的政府行为变化导致的难以预计的项目价值变动。

乡村振兴战略实施过程中的PPP模式合作期限长、项目建设运营程序复杂、项目投资大,可能遇到法律、法规、政策进行修改,政府改变价格管制规定,质量标准体系发生变化,税收或补贴增加或减少,无偿征用等情形。政策性风险将直接影响项目的实施以及项目运营收益的可持续性。

2. 信用风险

在PPP项目开展中融资是关键。将PPP模式应用到乡村振兴项目中时，融资仍是社会资本关注的重点。而信用的高低直接决定了PPP项目融资的成败，也在某种程度上决定了"PPP+乡村振兴"模式能否有序开展。

信用风险不仅限于政府的政策信用，还包括社会资本的运作信用和企业信用。对于政府方来说，项目建设、项目运营都要按照法律、法规、政策及上级文件执行，并且需要多部门、多机关联合审批。一旦法律制度改变或上级单位、其他部门审批延误，政府失信的情况就可能出现。同时，如果在项目开展中社会资本资金流动或企业整体发展出现变化，临时撤资或中途退出，将带来企业失信的风险。

3. 施工建设风险

基础设施建设项目的首要条件是土地，但是项目用地的外部制约因素多，土地流转风险较大。土地的拆迁难度较大、征地补偿价格较高、征地审批程序复杂等问题都将对乡村PPP项目的顺利推进产生较大的影响。

同时，PPP基础设施项目规模较大、工期较长，由于涉及公共利益，一般技术标准要求严格，项目在施工建设中可能出现设计变更、技术变更等众多不确定因素。一旦出现重大变更，项目工期延长或整体造价提高，必然影响项目的最终建设时间及成本，更有甚者可能导致项目质量出现问题，产生质量风险。

4. 运营风险

由于PPP基础设施项目一般运营周期较长，对实际运营能力及运营水平的要求较高。在项目的运营过程中，项目运营公司经验不足、管理方法不善，或主观人为失误引发运营风险，将导致项目收益得不到基本保证，出现运营事故等，严重的甚至会引发项目公司破产，直接造成项目失败。

（二）PPP模式在乡村振兴中的风险防范

1. 正确识别风险

充分认识风险点、分清风险等级、明确项目风险承担主体是PPP项目风险合理分担的前提。根据乡村 PPP 项目的特点，分析并梳理项目可能存在的众多风险点，对其进行分类整理；根据不同的风险可能带来的不同后果，列明风险等级，明确风险承担主体；做好事前分析，采用科学的方法针对不同等级的风险进行充分预估和基础防范。

2. 健全 PPP 相关法律法规，完善 PPP 操作政策

PPP 项目具有大规模性、长期性、资本密集性、参与方的复杂多样性等，项目一旦出现问题，将影响政府、社会资本、社会民众等众多方面的利益。因此，维护项目相关政策的持续性和稳定性，对项目的实际开展和运营管理都至关重要。

良好的制度包括有效的法律、法规，统一的操作原则和流程规范，较少的腐败等因素。明确的法律法规及科学的操作流程和制度管理，既能为私人部门提供利益保障，又可为合同的长期可执行性和稳定性提供依据。

3. 建立并完善项目参与各方的利益约束机制

PPP 项目的参与方为政府和社会资本，双方在公平和自愿的基础上达成合作意向，并在互惠、互利的基础上约定利益分配和约束机制。

政府以向社会提供基础公共服务为主要目标，而社会资本以获得资本溢价为主要目标。基于此种分歧，双方在项目实际操作中的开展方式、实施标准等都不一致。除在合同中约定明确的工作流程、工作方式及操作标准外，双方还可以通过第三方监管机构协调双方利益，并可约定一定条件下的调价机制，以实现长期合作中的动态利益平衡。

参考文献

[1] 中央财经大学政信研究院：《中国 PPP 行业发展报告（2017～2018）》，社会科学文献出版社，2018。

[2] 刘振伟：《乡村振兴中的农村土地制度改革》，《农业经济问题》2018 年第 9 期。

[3] 《借力精准扶贫机遇，助力美丽乡村建设》，孝昌传媒网，2017 年 7 月 17 日。

［4］《"中国PPP大数据"之全国PPP综合信息平台项目管理库2017年报》，http：//www.zgppp.cn，2018年1月29日。

［5］王立胜：《对实施乡村振兴战略要系统性把握》，《中国党政干部论坛》2018年第4期。

［6］韩长赋：《大力推进质量兴农绿色兴农加快实现农业高质量发展》，《农民日报》2018年2月27日。

［7］刘晓雪：《新时代乡村振兴战略的新要求——2018年中央一号文件解读》，《毛泽东邓小平理论研究》2018年第3期。

［8］贺雪峰：《谁的乡村建设——乡村振兴战略的实施前提》，《探索与争鸣》2017年第12期。

［9］张忠根、黄祖辉：《规模经营：提高农业比较效益的重要途径》，《农业技术经济》1997年第5期。

B.19
全域旅游PPP模式研究

林峰 陈功*

摘 要： 全域旅游是靠资源、业态、产品、基础设施和公共服务设施支撑的目的地综合发展体系，其开发需要海量资金支持。全域旅游建设中PPP模式的运用有利于政府充分发挥引领作用、企业充分展示市场敏感度与专业度，有助于破解地方政府资金困局，解决长期以来制约旅游行业转型升级的融资建设问题与经营管理问题。本报告从全域旅游的概念特征及开发理念出发，解读PPP运作在全域旅游开发中的优势，并对全域旅游PPP的开发模式及项目开发类型进行了详细的阐释。

关键词： 全域旅游 PPP模式 政府统筹 社会资本 项目开发

全域旅游是以供给侧结构性改革为主线的国家高位战略谋划，也是地方实践层面重要的一种区域综合发展理念和模式，其目的是以旅游业为引擎，促进资源的有机整合、产业的深度融合发展和社会文明的优化提升，从而带动区域经济社会的全面发展。在经济新常态背景下，应通过发展全域旅游来促进旅游业的转型升级，建立先导性的旅游综合治理机制，促进旅游要素的业态化创新，通过"旅游+"推进现代旅游产业向深度和广度发展，从而

---

* 林峰，北京绿维文旅控股集团董事长、北京绿维文旅科技发展有限公司董事长、北京绿维文旅城乡规划设计院院长；陈功，中央财经大学政信研究院副院长、中央财经大学PPP智库专家。

优化旅游环境和旅游过程。全域旅游是靠资源、业态、产品、基础设施和公共服务设施支撑的目的地综合发展体系,其开发需要海量资金支持,PPP模式基于各级政府的主导和统筹,高效配置各类市场资源,发挥企业投资、经营和服务的优势,有利于破解地方政府建设资金困局,形成政府与社会资本联动、社会多层次全方位共建共享的格局。

一 全域旅游的概念特征及开发理念

(一)全域旅游的概念特征

根据国家官方定义,"全域旅游是指在一定的行政区域内,以旅游业为优势主导产业,实现区域资源有机整合、产业深度融合发展和全社会共同参与,通过旅游业带动乃至统领经济社会全面发展的一种新的区域旅游发展理念和模式"。① 从概念可以看出,全域旅游体现了综合发展的理念,突破传统的景点旅游模式,运用旅游产业工具推动社会向更高层次发展。

全域旅游的概念特征包括以下四个层次:从社会文明的角度看,全域旅游是城市文明和社会发展的思维方式;从区域经济发展的角度看,全域旅游是以优化区域经济结构为主导的发展方式;从产业角度看,全域旅游是旅游产业转型升级的体现,也是以旅游为主导的产业融合与产业带动方式;从产品角度看,全域旅游要推动旅游业供给内容的丰富、种类的多元与质量的提升。

(二)全域旅游的开发理念

1. 以"旅游+"为核心理念

旅游是一个无边界的产业,依托其巨大的带动效应和灵活的市场机制,具有为各相关产业"搭建平台、促进共享、提升价值"的功能。因此,"旅游+"是实现全域旅游的最根本措施,也是推动区域经济转型升级的新引

---

① 林峰:《全域旅游孵化器·自主旅游时代的全域旅游》,中国旅游出版社,2017年。

擎。其核心在于通过旅游把人有效聚集到目的地，再通过与相关产业的融合转化和创新消费项目，进而有效带动区域综合发展。

"旅游+"没有固定的逻辑框架，融合的内容包括工业、农业、教育、文化、大健康、体育、互联网等各类产业，融合的方式、层次也多种多样，各地需要因地制宜、因时制宜地选择优先领域重点突破，探索旅游与其他产业深度融合的最优路径。

2. 全域旅游开发的"新四观"

在全域旅游的视角下，旅游目的地的开发要树立新的资源观、市场观、要素观和发展观，促进全域资源的共建共享、结构化、体系化的市场开拓、旅游全要素多元审视和综合开发、全产业链的整体发展。

资源观方面，全域旅游的开发要从资源的空间观和时间观出发，跳出传统的国家风景名胜区、自然保护区、文物保护单位等资源概念局限，重新认识旅游资源核心区、旅游资源融合区、旅游资源拓展区的价值，运用"旅游+"串联工业、商业等产业资源，活化当地非物质文化资源，实现资源的相互融合转化，实现人文旅游资源、自然旅游资源、产业资源等多种资源的全面共建共享，提升旅游产品的综合价值。

市场观方面，全域旅游目的地注重结构化、体系化的市场分析、研究和开拓。全域旅游格局的发展趋势是旅游消费常态化、生活化，旅游人群多样化、细分化，旅游市场主题化、体验化、特色化；旅游客群呈现散客和自主旅游的出游偏好；旅游竞争呈现国际化、系统化和全面化的总体特征。全域旅游市场观着眼于大客源基础上的旅游消费提档升级，应具有结构化、体系化市场开拓的思路，不但需要研究市场总量的变化，也需要发现市场人群特征、客源地消费习惯等变化趋势，通过供给侧产品创新来开拓市场，构建多样化旅游吸引物，形成多样化的市场结构。

要素观方面，全域旅游的要素不只包括狭义的旅游六要素或旅游十二要素乃至十八要素，还涉及旅游目的地综合发展的各个方面，树立全要素开发观，对旅游目的地相关要素进行全方位的审视，具体包括五个方面：一是对核心吸引物的诊断，包括旅游目的地的旅游资源开发现状、旅游产品现状、旅游线路现状、节庆情况等；二是对旅游基础要素（十八要素）的诊断；三是对基础设施和公共服务设施的诊断；四是对"旅游+"新业态的诊断，包括文化、健康、体育等；五是对城乡旅游发展环境的诊断。除了以上五个主要方面，还要注意对乡村旅游发展、旅游扶贫、旅游产业融合、目的地产业品牌等多个方面的研究与推进。

发展观方面，全域旅游是一种新的旅游发展观，不只"就旅游做旅游"，而站在旅游推动区域社会经济发展的层面来看待旅游业的发展方向。在大众旅游、自主旅游时代下，全域旅游超越了过去以抓点为特征的旅游开发模式，旅游业已经升级为实现区域产业、生态环境、公共服务、体制机制、政策法规、文明素质共同提升的重要抓手。

3. 全域旅游开发的"因地制宜"思维

全域旅游开发没有统一的模式，不同时期、不同区域的开发思路和难易程度都有所不同。旅游目的地应立足于自身的区位、先天资源和发展阶段，抓重点、立逻辑，探索适应市场节奏和自身发展需求的全域旅游开发模式。

首先，全域旅游目的地要形成核心吸引力。应从大众旅游、自主旅游时代的市场需求出发，从时代背景和自身客源两个角度深入分析旅游目的、出行组织方式、消费行为、客群细分等市场特征，以此为导向打造辨识度高的品牌形象和畅销的旅游产品。

其次，全域旅游的开发应符合区域禀赋和社会发展规律，杜绝不惜血本的盲目开发。应在全域范围内，立足地域特征，寻找适宜旅游发展的空间节点，以此为基础，通过资源的整合和业态的创新布局形成满足市场需求的旅游线路和产品体系。

二 PPP模式在全域旅游开发中的优势

（一）全域旅游PPP运作的政策支持

截至目前，国家全域旅游示范区仍停留在创建阶段，相关国家部委尚未公布已通过验收、获得正式命名的全域旅游示范区。可以看出，全域旅游的开发是一个系统工程，需要在国家政策的指引和市场需求的导向下，形成政府统筹引领、社会共同参与的工作机制，结合本地现状和未来的发展要求，探索因地制宜的发展模式和循序渐进的提升路径。

文化和旅游部、财政部于 2018 年 4 月发布《关于在旅游领域推广政府和社会资本合作模式的指导意见》（本文以下简称《意见》），明确提出了"鼓励推广政府和社会资本合作（PPP）模式改善旅游公共服务供给，要求以全域旅游示范区为导向，逐步加强旅游基础设施建设，持续提升旅游公共服务供给水平，对一定区域内的厕所、咨询服务体系、旅游引导标识系统、旅游资源保护等与酒店、景区等经营性旅游资源进行整合开发建设"。[②]

《意见》以供给侧结构性改革为核心、以优质旅游发展为目标，通过在旅游景区、旅游产品、旅游设施等相关建设要素开发过程中建立混合经济模式，在改善地方政府资金短缺现状的同时，优化社会资本参与全域旅游开发的环境和渠道，有利于扩大旅游供给、提升旅游质量，在美丽中国、幸福中国建设中发挥重要作用。

（二）全域旅游发展理念与 PPP 的耦合性

旅游产业的美好前景吸引着社会资本，同时该产业也亟须突破传统的融资瓶颈。全域旅游开发具备公益性与商业性的双重性质，与 PPP 模式有天然的耦合性。

PPP 模式既是融资概念，也是全域旅游项目的运营管理概念。PPP 模式的运用有助于解决长期以来制约旅游行业发展的融资建设问题与经营管理问题，是在全域旅游建设中政府充分发挥引领作用、企业充分体现市场敏感度与专业度的重要渠道，将成为新常态下推动旅游产业升级的动力性抓手。PPP 模式可以汇聚社会资本的投资力量，为区域旅游项目开发融资，并且通过提升区域旅游服务质量等提高目的地旅游产业的发展水平。通过规划、投资、开发、运营等一系列的经营管理活动，PPP 模式将推动区域旅游产业的转型升级。

（三）旅游设施建设中 PPP 模式的必要性

旅游基础设施与公共服务设施建设是构建全面发展的目的地结构体系并使全域旅游发展得以持续的重要保障。旅游设施通常由政府投资建设，存在投入大、周期长、回报难、维护难以持续等难题，而 PPP 由政府主导、由社会资本运营，可发挥政策和市场运作双重优势，能够形成"土地整理、基础设施建设、公共设施建设、物业项目开发、持续经营、综合服务"全程一体化的项目结构，有助于破解旅游设施建设中的资金和运营困局。

1. 旅游交通设施——构成"道路+节点"的服务结构

旅游交通网络是整合空间资源、构建全域旅游目的地体系的重要环节。通过导入 PPP 模式，旅游交通设施的建设能够突破传统的政府修路形式，通过风景道、休闲步道、文化道、运动赛道等特色道路的修建，形成"大尺度的景观节点+服务节点+休闲度假点+软性活动"的目的地空间结构。大尺度的景观节点是指沿路形成的大面积、大尺度景观结构，是构成全域旅游的重要内容；服务节点包括从游客集散中心到多样化服务平台的道路服务体系；休闲度假点包括依托于交通设施的休闲营地、民俗村落等特色服务内容；软性活动指定期举办的休闲赛事、节庆活动等。

从投资回报角度看，旅游道路应创新服务理念，形成多样化的产品，构成收益回报结构。道路建设投资者可以通过特许经营权垄断商业开发权，开发沿线全部交通工具出租点、服务站、休息区、餐饮店、营地、运动休闲区等公共服务点，以经营资金补足设施维护资金，从而构建可持续的资金良性循环。

2. 旅游环境卫生设施——创新商业模式

旅游目的地卫生设施的充足供给和人性化服务，不仅会优化城市形象，而且对城市文明水准和公共服务的提升也有积极带动作用。旅游卫生设施覆盖范围广、经济投入规模较大，因此基于生态化和科技化的有效利用，导入 PPP 模式形成市场化的连锁经营结构，是卫生设施最重要的提升方向。

目前，政府主导、多部门协作的投资运营模式存在后期运营不积极的弊端,很多城市和旅游目的地开始尝试PPP模式,并通过后期市场化运营实现盈利。市场化运营主要通过广告价值、附加服务和配套商业三大途径实现。广告价值抓住卫生设施服务点的高人流量,吸引旅游企业及其他企业与之合作;附加服务基于提升厕所服务档次的思路,在基础服务基础上提供擦鞋、按摩等有偿服务;配套商业也称为"以商养厕"模式,是在生态厕所基础上,形成公共服务空间或驿站空间,提供休闲商业和餐饮服务。例如,光大置业的生态厕所践行了"以商养厕"模式,在应用生态能源、无味化处理等先进技术进行生态厕所建设的基础上,运用互联网、GIS、大数据等技术实现了监测管理的创新,并以生态厕所为基础打造集餐饮、零售、远程诊疗、旅游体验等功能于一体的"光大驿站",为"厕所革命"做出了示范。

3. 信息化设施——智慧化应用和管理

信息技术的飞速发展与广泛应用加速了旅游设施的信息化元素渗透。近年来,信息化设施对旅游业而言逐渐成为核心支撑和重要组成部分。加强旅游信息化建设是适应信息化时代游客的行为需求、满足全域旅游发展客观要求的必由之路。

需要注意的是,信息化设施的建设不只是进行的建设,更重要的是依托硬件形成智慧化监测、监控,实现数据应用和智慧管理,提供面向游客的智慧化旅游服务和面向运营商的智慧化管理,这才是旅游信息化设施建设的意义。因此,导入PPP模式,实现政府与专业化信息科技企业的联动合作,能够形成区域良好的智慧旅游环境,基于电力、电信、网络的设施建设,将物联网、云计算、高性能信息处理、大数据等技术应用在旅游服务、流量监测、游客行为分析、行政管理等方面,使信息资源能够得到系统化的开发激活。

4. 旅游公共服务中心——提升综合功能

在旅游公共服务中心建设的过程中导入PPP模式,使其由单一的政府运营逐渐向市场化运营转变,既具有游客集散、目的地宣传、导游服务、公共管理等功能,还满足游客体验、商业服务等综合需求,是兼顾公共服务与旅游营利的有效手段。例如,中国房山世界地质公园的公共服务中心以博物馆为核心,外部整体建筑顺应自然地势、应用地域材料,内部设计了八大园区的微缩景观，并利用各种现代科技手段提高游客的参与度和服务中心的趣味性。商业化方面融入旅游商品展销、旅行社超市等业态，并启动电子旅游公共服务中心的建设。

三 全域旅游 PPP 的开发模式

（一）成立 SPV 公司作为全域旅游开发主体

SPV 公司是全域旅游开发的具体实施主体，由政府及其下属机构或公司、社会资金主体、金融机构联合成立，负责项目融资、建设、运营及维护等全过程的运作。

政府部门通常是 SPV 公司的主要发起人，是项目整体调节和监督者（调节项目进入资本的盈利空间及各方利益关系），具体职能主要包括政策制定及实施、招投标、特许经营权授予、部分政府付费、财政补贴、融资支持基金、质量监管等。社会资金主体包括私营企业、国有参股企业、混合所有制企业、多家企业组成的联合体等，参与者投入的股本形成公司的权益资本，通过谋取企业合理利润，提供更专业的项目设计和后期运营管理服务，并获取部分项目运营权，实现综合效益；金融机构包括商业银行、信托投资机构等，是全域旅游项目投资的主要资金来源方，参与主体可以单纯地提供资金支持和信用担保，以贷款利息作为主要收入，也可作为社会资本直接参与开发，享受项目运营收益分成或政府偿付费用（见图 1）。

（二）以 PPP 引导基金推动旅游产业升级

未来，全域旅游设施项目通过 PPP 模式包装，政府的基础设施投入和民营商业化投入相结合是大势所趋。一般来说，这一投入将遵从"二八定律"，20% 由政府和国有企业投资，80% 引导民营资本投资，并通过融资杠杆推动区域旅游产业升级开发。这将成为旅游产业实现发展的基础（见图2）。

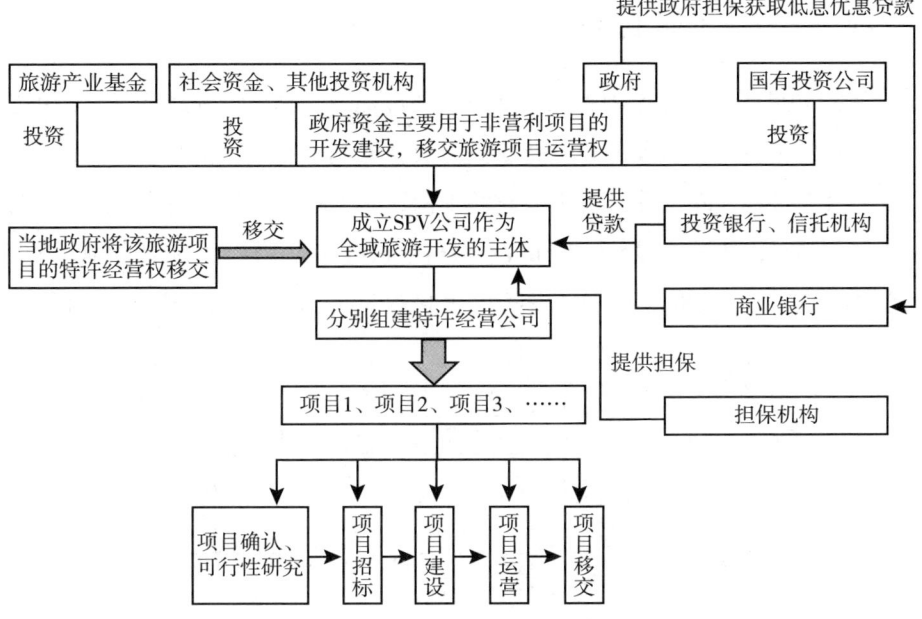

图1 成立SPV公司作为全域旅游开发的主体

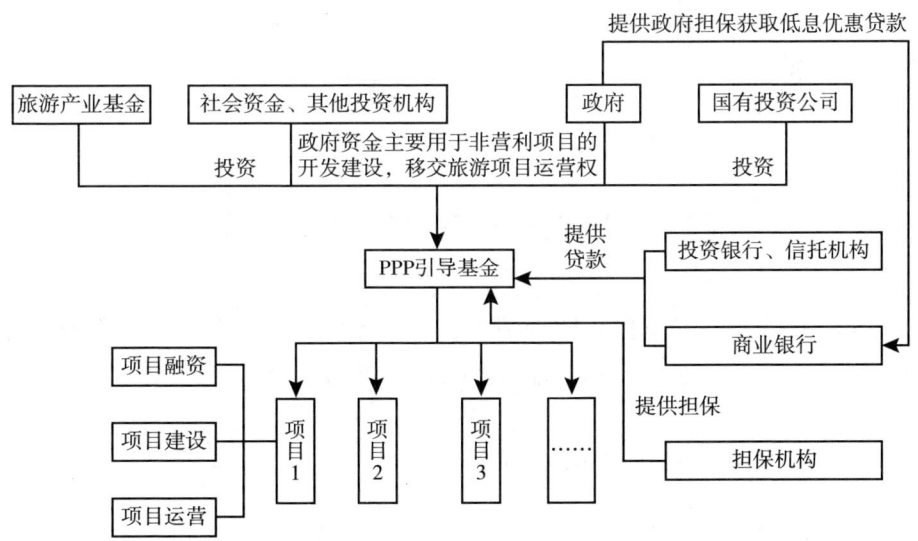

图2 以PPP引导基金推动旅游产业升级

（三）PPP 的回报机制

采用 PPP 模式的旅游项目内容侧重于环境提升、基础设施改造等，提供公共产品及服务通过使用者付费来回收投资及获取基本收益，将非经营性和经营性项目整体打包，满足社会资本的收益平衡，减少政府负债，提升当地人民收入水平。同时，通过使用者付费和政府可行性缺口补助相结合的回报机制减轻项目整体风险，并可设置合理的超额利润分配机制以及运营绩效考核机制（见图3）。

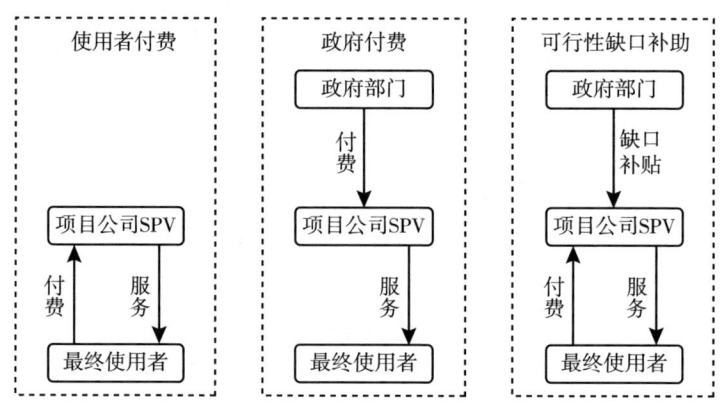

图 3　PPP 的回报机制

四　全域旅游 PPP 项目开发类型

全域旅游 PPP 项目包括四种类型：专项基础建设 PPP 项目、区域综合开发 PPP 项目、单项重点 PPP 项目、特色村镇 PPP 项目。

（一）专项基础建设 PPP 项目

专项基础建设项目开发聚焦旅游基础设施建设，为景区目的地提供良好交通、公共服务设施等，包括符合当前消费形态的更具吸引力的项目，如低空飞行、自驾营地等。专项开发具有跨区域、较离散、公益性等特点。基础设施建设和公共服务体系建设是PPP应用的首选，基础设施投资缺口大，政府财力不足，为社会资本提供合理出口，充分发挥政府和社会资本的互补优势。此类项目均采取PPP运作模式，投资商负责项目所有建设内容，回报机制为政府付费、使用者付费以及其他协议性回报（见图4）。

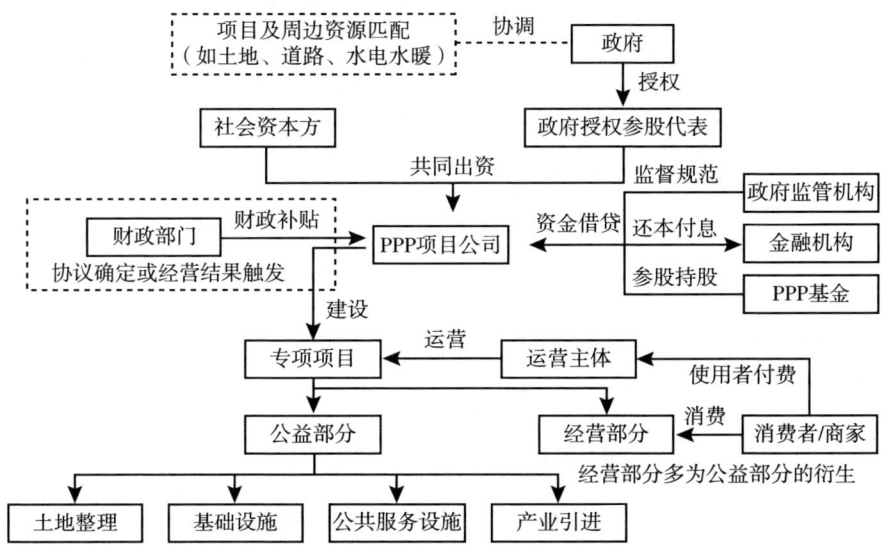

图4　专项基础建设PPP项目运作模式

（二）区域综合开发PPP项目

区域综合开发项目是全域旅游开发的核心，汇集数个旅游项目优势，形成特色区域开发板块进行整体打造，便于更好地规划目的地，形成系统的旅游文化体系，满足游客多种体验需求。

区域内部多种旅游资源密集分布，极易形成综合优势。区域开发的最终目标是要达到区域经济、社会、文化结构与功能的转变，因其投资规模大和运作复杂而特别适于采用PPP方式进行运作（见图5）。

区域旅游示范区包括大量的一级土地开发、商业街区建设、公益性公共服务设施等，也包含景区度假区开发、商业街修建以及区域内子项目招商引资和产业服务等。

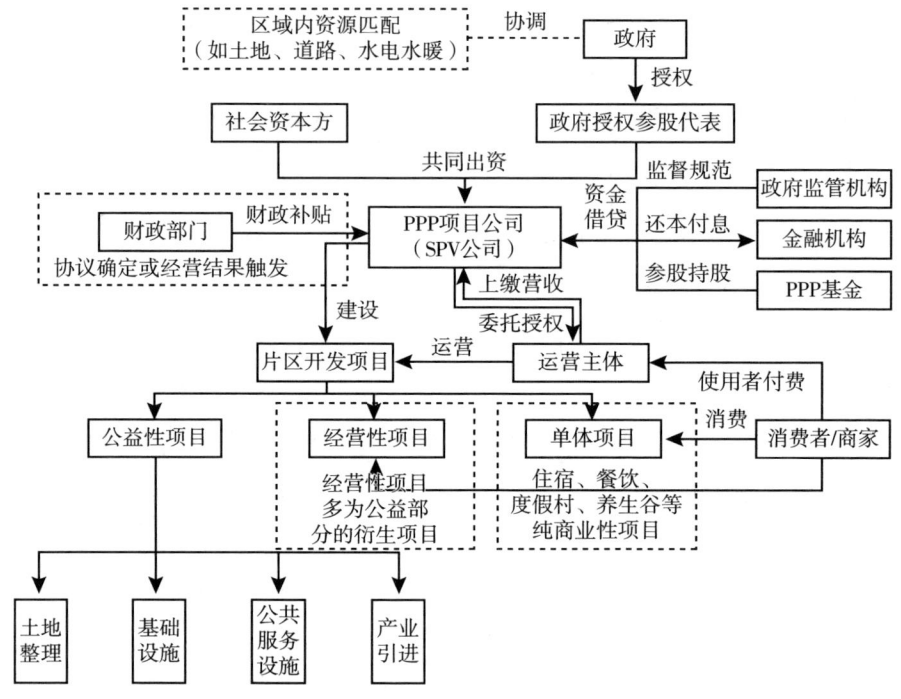

图5 区域综合开发PPP项目运作模式

项目收入包括建设利润收入、招商引资提成收入等现金流入，适合以特许经营、政府补贴、政府购买服务等形式包装成PPP项目。

（三）单项重点PPP项目

单项重点项目包括景区、度假村、文化园和森林公园等建设，侧重个性化与经营性，属于优质资源，包含少量基础设施建设，主要是纯商业项目建设运营，项目中完善项目区域内景区公共设施等公益性工程的亦可采用PPP模式，纯商业性开发部分采取商业开发模式（见图6）。

（四）特色村镇PPP项目

特色村镇在城镇化发展中占据重要的地位，有重点、有特色的发展是小城镇建设的重要原则。特色村镇建设推动"产、城、人、文"的融合，由于

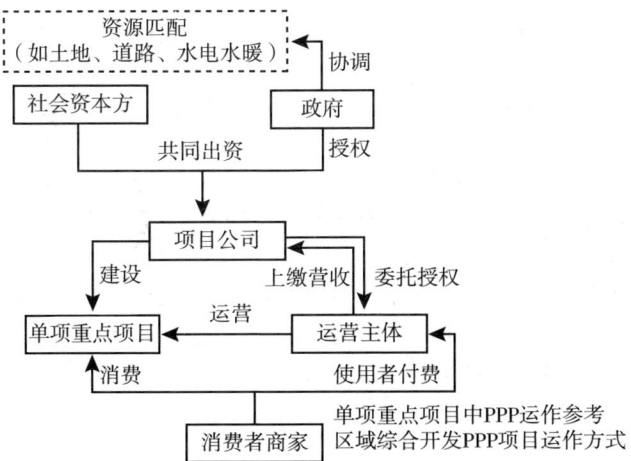

图 6　单项重点 PPP 项目运作模式

整体开发过程中涉及大量小镇基础设施和公共设施的建设和完善，包含大量公益性质工程，均可采取 PPP 模式运作（见图7）。

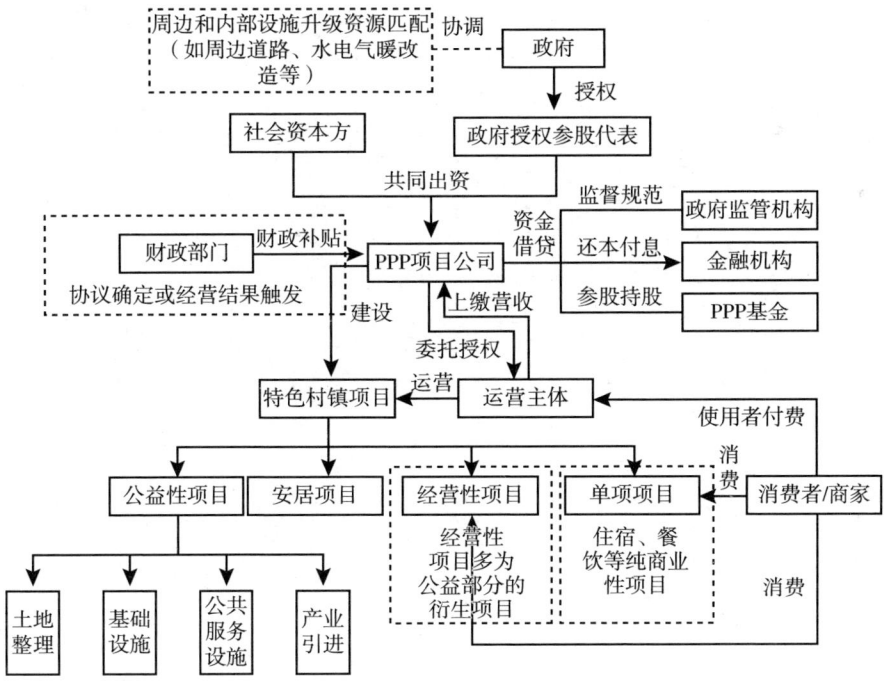

图 7　特色村镇 PPP 项目运作模式

参考文献

［1］原国家旅游局：《关于开展"国家全域旅游示范区"创建工作的通知》（旅发〔2015〕182号），2015年9月。

［2］文化旅游部、财政部：《关于在旅游领域推广政府和社会资本合作模式的指导意见》（文旅旅发〔2018〕3号），2018年4月。

［3］林峰：《全域旅游孵化器·自主旅游时代的全域旅游》，中国旅游出版社，2017。

金融篇

Finance Reports

B.20 强监管政策对PPP融资的影响

尹昱 耿帅 应文杰*

摘　要： 2018年是PPP规范年，财政和金融监管双紧使PPP融资可获得性降低。本报告首先分析了2018年政策面的变化，国资委、财政部相继出台规范政策，PPP项目库清库使得PPP项目的投资风险加大。防范地方政府债务性风险和全社会去杠杆的大环境有效遏制了地方借PPP名义变相举债情况的发生。其次深入分析了三大"金融新规"，新规使整个金融市场资金收紧，也影响了PPP项目资本金的筹集，使PPP融资难问题更加突出。最后指出2018年末随着有关政策的逐渐明朗，PPP开始回暖，社会资本方、金融机构将重拾信心。

关键词： PPP规范　债务风险　金融监管

---

* 尹昱，就职于建设银行建银工程咨询公司，财政部、国家发改委PPP专家库定向邀请专家，中央财经大学PPP智库专家；耿帅，就职于山东建筑大学管理工程学院；应文杰，中天运会计师事务所合伙人，中央财经大学PPP智库专家。

2018年财政政策和金融监管双紧，PPP的融资可获得性降低。防范地方政府债务性风险、去杠杆有利于经济健康发展，但短期内加剧了PPP融资难的状况。2017年11月财政部清库通知开启了PPP规范整顿，国资委《关于加强中央企业PPP业务风险管控的通知》（国资发财管〔2017〕192号）限制央企过度参与PPP项目，《关于规范金融企业对地方政府和国有企业投融资行为有关问题的通知》（财金〔2018〕23号）和三大"金融新规"对PPP融资产生了重大影响。

一 2018年PPP始终笼罩在隐性债务的阴影下

2017年7月全国金融工作会议召开，此后守住不发生系统性风险的底线成为"三大战役"之首，全国范围内开始降杠杆。加强地方政府债务监管的文件密集出台，地方政府债务要"终身追责、倒查责任"，不少官员因违规举债被问责。2018年上半年，PPP不规范导致隐性债务引起广泛关注，在防范地方隐性债务风险和降杠杆的双重压力下，地方政府推进PPP的积极性减弱。

8月，各地党政一把手传达学习《中共中央 国务院关于防范化解地方政府隐性债务风险的意见》（中发〔2018〕27号文）和《地方政府隐性债务问责办法》（中办发〔2018〕46号文），明确控制化解地方政府隐性债务是防范系统性风险的首要任务，禁止地方政府新增隐性债务。8月下旬，审计署全面开展地方政府隐性债务审计，剑指PPP涉及的财政支付责任。严峻的形势遏制了借PPP名义变相举债情况的发生。

二 国资委、财政部"三道金牌"抑制PPP过热

2017年11月10日，国资委正式发布《关于加强中央企业PPP业务风险管控的通知》，对央企参与PPP提出禁止性规定，严禁其参与不具备经济性（投资回报低于债务融资成本）的项目、付费来源缺乏保障的项目，PPP

项目累计净投资不得超过集团上年合并净资产的50%，不能以PPP业务推高负债率，负债率超过85%或近两年连续亏损的子企业不得单独投资PPP项目，这些要求抑制了支撑PPP市场半壁江山的央企的扩张冲动。

2018年9月，中央办公厅、国务院办公厅发布《关于加强国有企业资产负债约束的指导意见》，要求国企平均资产负债率到2020年末比2017年末降低2个百分点，要求金融机构严控列入重点关注企业名单或负债率超出重点监管线的国企新增债务融资，不得对列入重点监管企业名单的国企新增债务融资。严控负债率使得PPP的主力军国企参与PPP的热情直线下降。

央企和地方国企先后踩刹车，PPP市场从火爆转为冷清。民营企业方面，2018年5月21日"PPP第一股"东方园林债券发行失利，原计划发行规模不超过10亿元，结果只募集5000万元。这成为积极参与PPP的民营企业陷入困境的标志性事件，东方园林、铁汉生态先后引进国有股东，前几年大举抢占PPP市场的民营企业普遍陷入进退维谷的境地。

2017年11月17日，《财政部办公厅关于规范政府和社会资本合作（PPP）综合信息平台项目库管理的通知》发布，开启了近一年的清理整顿工作。截至2018年10月底，累计清库2428个项目，涉及投资2.9万亿元；整顿2005个项目，涉及投资3.1万亿元。清库从长远来看有利于PPP规范发展，但由于入库已成为很多机构的风险控制标准，清理退库给金融机构和投资人带来了不确定性。《财政部办公厅关于规范政府和社会资本合作（PPP）综合信息平台项目库管理的通知》（财办金〔2017〕92号）还要求审慎开展政府付费类项目，有些省份直接暂停了政府付费类PPP项目。

2018年3月30日，财政部正式发布《关于规范金融企业对地方政府和国有企业投融资行为有关问题的通知》（财金〔2018〕23号），要求国有金融企业不得提供债务性资金作为政府投资基金或政府PPP项目资本金，要求资本金穿透，对于未落实项目资本金来源的PPP项目不得提供融资。该文件规定详细明确，对PPP融资产生了直接影响。

三 金融"三大新规"使金融市场降温

2017~2018年金融监管趋严,清理绕开监管的影子银行使得整个金融市场资金收紧,也影响了PPP项目资本金的筹集。

2017年11月初,中国证券投资基金业协会发布《私募基金管理人登记须知提示》,要求不得搞明股实债、明基实债,对PPP基金的募集和投资PPP的方式产生影响。2015年后,各类私募基金迅速发展,管理总规模已近11万亿元。基金过去充当信贷资金通道,通过单一资产对接或结构化设计等方式发行"明股实债""明基实贷"产品的运作方式行不通了。

2018年1月6日,银监会印发《商业银行委托贷款管理办法》,对近14万亿元、存量规模仅次于人民币贷款和企业债券的社会融资第三大来源委托贷款进行规范,明确规定委托贷款不能"作为注册资本金、注册验资;用于股本权益性投资或增资扩股",使非标和通道业务几近穷途末路。

2018年3月28日,中央全面深化改革委员会第1次会议通过《关于规范金融机构资产管理业务的指导意见》,重拳治理百万亿元规模的资管市场。7月19日,中国人民银行发布《关于进一步明确规范金融机构资产管理业务指导意见有关事项的通知》,"资管新规"细则落地,对整个资金市场产生了巨大影响。

四 四季度PPP逐渐回暖

上半年GDP同比增长6.8%,经济增速下滑和基建投资断崖式下跌带来的问题短期看似乎比债务风险更难以承受。2018年7月23日召开的国务院常务会议释放了宽松政策的信号;7月31日中央政治局召开会议,提出稳投资等"六稳"以及基础设施补短板;7月底以来,中央出台了多个宽松政策和促增长措施,央行多次降准并增加了流动性投放,地方政府债券发行提速,对PPP项目的清理和审计告一段落,意在支持基建投资。

2018年10月,《国务院办公厅关于保持基础设施领域补短板力度的指导意见》(国办发〔2018〕101号)要求规范有序推进政府和社会资本合作(PPP)项目,撬动社会资本特别是民间投资投入补短板重大项目。今后一段时期,PPP模式在基础设施补短板方面大有可为。

12月1日,在上海召开的第四届中国PPP融资论坛上,财政部表示依法合规在10%限额以内的PPP项目财政支出责任不视为隐性债务。PPP模式终于在2018年底开始摆脱隐性债务的阴影,逐步回暖。

12月26日,财政部金融司司长王毅在参加北京大学PPP论坛时表示,财政部将厘清PPP项目政府支出责任与地方政府隐性债务边界,发布PPP正负面清单,推动PPP事业健康发展。

参考文献

[1] 财政部PPP中心:《全国PPP综合信息平台项目管理库2018年月报》。

B.21
2018年金融支持PPP作用增强

尹昱 耿帅 应文杰*

摘 要： 2018年进入执行阶段的PPP项目累计数量达到顶峰，PPP项目总体融资到位率较低，融资难问题更加突出。本报告首先提出2018年金融对PPP的支持作用增强，主要表现在商业银行加大了对PPP的支持、债券融资进展良好、PPP基金落地加快。其次分析了金融机构从依靠政府信用转向控制项目自身风险以及融资创新的现状。最后详细列示了2018年PPP专项债、PPP资产支持证券的发行情况，以及PPP基金的使用情况，也提出了几种主要融资方式存在的问题。

关键词： PPP 金融服务 融资

截至2018年12月底，全国PPP综合信息平台项目管理库中共有12554个项目，总投资额17.55万亿元，其中管理库累计入库8654个项目，总投资额13.2万亿元；累计4691个项目签约落地，投资规模7.2万亿元，其中，开工项目2237个，投资规模约3.2万亿元，金融支持起到了重要作用。一年来，财政部、国家发改委加强了规范引导、案例宣传和经验分享，从不同方面推动融资落地，综合信息平台管理更加精细化，PPP融资环境不断改

---

* 尹昱，就职于建设银行建银工程咨询公司，财政部、国家发改委PPP专家库定向邀请专家，中央财经大学PPP智库专家；耿帅，就职于山东建筑大学管理工程学院；应文杰，中天运会计师事务所合伙人，中央财经大学PPP智库专家。

善，但相关法律和政策环境尚不成熟，金融服务仍滞后于PPP实践发展，PPP项目缺乏足够的资金支持。

一 PPP金融服务现状

目前，商业银行的中长期借款是国内PPP融资的主渠道，商业银行固定资产贷款期限较长、利率较低、融资规模大、融资可获得性较高，一直是基础设施和公共服务建设项目的主要资金来源。政策性银行、信托公司、证券公司、保险公司、融资租赁公司和资产管理公司也积极参与PPP融资，推出了各自的PPP金融服务产品。政策性银行成为支持PPP模式发展的生力军，能为PPP项目提供长期限、低利率的信贷支持。信托公司、基金公司等金融机构为PPP项目提供股权融资和债权融资，证券公司在探索PPP项目资产证券化方面取得了长足的进步。

PPP项目投资规模大、回收期长、法律关系复杂、不确定性大，对金融机构的风险管控能力和项目评估能力提出更高要求。与以往的政府融资平台模式相比，PPP模式在融资期限、还款来源和风险分配等方面存在较大差异。商业银行习惯于工业企业的贷款模式，普遍要求借款人提供抵押担保，而且要求的提款先决条件较多，致使融资效率较低。为更好地服务PPP模式，金融机构亟须由过去注重地方政府背景，转向关注项目自身、合同条款约定、政府和社会资本双方权责利分配等，商业银行相关行业信贷政策、审批标准等均需重检，以便进行PPP模式下客户和项目甄选。

二 商业银行加大了对PPP的支持力度

2014年10月以来，商业银行积极研究PPP模式，前台和后台都加深了对PPP模式的认识理解，逐步熟悉了PPP项目的运作流程。从各类金融机构参与PPP融资的金额来看，商业银行占据了半壁江山。

大型商业银行出台了PPP项目营销指引和PPP类项目信贷审批指引，

部分商业银行在总行设立了统一的PPP贷款授信品种,规定了PPP贷款的区域、客户和项目条件,有的还针对采用PPP模式建设的海绵城市、综合管廊、城镇化、棚户区改造和特色小镇等出台了专门的产品制度,提高了贷款授信的可操作性。商业银行还通过理财产品或资管计划为项目提供债务融资或资本金融资。

银行从借款主体、所在区域和项目本身三个维度判断一个项目的融资可行性。在借款人维度上,优先选择国有企业或综合偿还能力较强的大型民营企业,一般要求项目公司负债率不高于75%、实收资本5000万元以上。已经建立现代企业制度、实现市场化运营,妥善处置地方政府债务并明确公告不再承担地方政府举债融资职能的融资平台公司,可以作为社会资本借款主体。在区域维度上,优先支持地级市和百强县项目,要求项目所在地财政实力较强,债务率一般不得超过80%。审慎支持即将突破10%红线地区的完全政府付费PPP项目,严禁接受地方政府出具的承诺函、财政支持函等各类违法违规担保。

在项目维度上,重点支持进入省级以上政府PPP项目库的项目,应有明确的回报机制和收费定价调整机制,还款来源涉及政府支付的部分,需纳入同级政府预算;不支持政府不负有提供公共服务义务的地产项目、招商引资项目、仅建设无运营项目。PPP贷款项目最低资本金比例要求适用《国务院关于调整和完善固定资产投资项目资本金制度的通知》(国发〔2015〕51号),对通过产业基金、股权性投资产品等给予资本金支持的项目,为同一项目提供的所有资金不得超过总投资额的80%。

在融资方式创新方面,部分银行开发了特许经营权质押贷款,向项目融资的正确方向跨出了第一步。其实质是创新担保措施,接受项目收益权质押的保证方式,拓展了商业银行可接受押品范围。将项目预期收益视同应收账款进行质押,作为项目贷款风险的控制措施,这相对于传统的抵押担保融资和信用贷款是一种进步。从上市公司及债券发行人公开披露的信息来看,建设银行、兴业银行、农业发展银行和许多地方商业银行都接受特许经营权、PPP项目合同项下的收费权或应收账款作为质押物。

虽然最高人民法院指导案例53号确认了特许经营权收益权质押的效力,

特许经营权的收益权可依法质押；根据新修订的《应收账款质押登记办法》，特许经营权项下的收益权也可依法办理质押登记，但其估值的确是个难题。《关于规范金融企业对地方政府和国有企业投融资行为有有关问题的通知》（财金〔2018〕23号）规定，"严禁向地方政府虚构或超越权限、财力签订的应付（收）账款协议提供融资""项目现金流涉及可行性缺口补助、政府付费、财政补贴等财政资金安排的，应严格核实地方政府履行相关程序的合规性和完备性"，增加了应收账款质押的操作难度。考虑到收益权的不确定性及权力流转、质权实现受限，并且各地在实践中存在规定不统一、操作复杂等障碍，目前应谨慎对待PPP项目收益权质押融资。

三 PPP债券融资方式进展良好

2018年，PPP直接融资得到较快发展。逐步改变了以往主要依靠银行贷款等间接融资方式的格局，有助于PPP项目的融资渠道多元化，并降低了融资成本。另外，从债券公开发行的特点来看，有望借助资本市场的信息披露功能，促进地方政府行为规范和合同履约。

（1）2018年PPP项目收益债券得到了较快发展。我国项目收益类债券市场包括三部分：项目收益票据由中国人民银行下属的中国银行间市场交易商协会（本文以下简称"交易商协会"）审核，在银行间债券市场发行；项目收益债券由国家发改委审批，在银行间债券市场发行；项目收益公司债由证监会审批，在交易所市场发行。2014年6月24日银行间债券市场推出非金融企业项目收益票据，国家发改委2015年8月推出项目收益债券，2017年10月18日交易所市场首单项目收益公司债在上海证券交易所成功挂牌，至此交易商协会、国家发改委和证监会三大债券监管部门都发行了项目收益债券。项目收益债券发行方式以私募为主，期限结构以5年期、7年期和10年期为主；债项级别集中在AAA、AA+、AA、AA-级；募集资金投向集中于棚改安置、城市停车场、园区开发、水务、路桥等基础设施和公用事业领域；增信措施多数为附加差额补足和连带责任担保。

项目收益债券可以用于PPP项目建设期融资,债券本息偿还资金主要来源于项目建成后的运营收益。PPP项目已开工或具备开工条件的,项目实施单位筹集项目资本金到位即可发行项目收益债券,募集资金用于项目建设和运营。项目公司或项目公司的集团公司都可作为项目收益票据的发行人,选择公开发行或非公开定向发行方式在银行间市场发行,而且不占用集团公司的净资产额度。项目收益票据期限设计可以涵盖项目建设、运营的整个投资周期,首单项目收益票据发行期限达到15年,预计未来发行的项目收益票据仍将保持较长的期限。目前一些PPP项目的实施主体已经发行了项目收益债券筹集项目资金,2018年项目收益债券共发行20笔,总金额102.2亿元。

(2) 2017年4月25日,国家发改委推出PPP项目专项债券。PPP项目专项债券是为PPP项目建设期和运营期融资量身打造的,对于解决PPP融资难问题有重要意义。社会资本方和PPP项目公司均可作为PPP项目专项债券的发行主体,募集资金主要用于PPP的项目建设、运营,或偿还项目的银行贷款。PPP项目专项债券核定发债规模时不考察非金融企业债务融资工具的规模,发行形式既可以是普通企业债券,也可以是项目收益债券。在偿债保障措施完善的前提下,允许使用不超过50%的募集资金补充营运资金(以项目收益债券形式发行PPP项目专项债券除外),PPP项目专项债券以项目收益支持偿债,但债务人可以是社会资本方本身。目前,PPP项目专项债券支持重点为能源、交通运输、水利、环保、农业、林业、科技、保障性安居工程、医疗、卫生、养老、教育、文化等传统基础设施和公共服务领域项目。2018年PPP专项债券发行情况如表1所示。

(3) 2018年PPP资产证券化取得长足进步。我国资产证券化市场分为央行和银监会主管的信贷资产证券、证监会主管的企业资产证券(资产支持专项计划)以及交易商协会主管的资产支持票据(ABN)三种。国内资产证券化产品在2005年开始试点,到2017年底共发行762只资产支持证券产品,发行规模达到9122.82亿元。2018年上半年,全国共发行资产证券化产品6867.22亿元,其中,企业资产支持证券发行3447.77亿元,资产支持票据发行367.98亿元,资产证券化市场继续保持快速增长的态势。资产支持证券2018年发行391笔,发行额8407亿元,其中很大一部分是为

2018年金融支持PPP作用增强

表1 2018年PPP专项债券发行情况

序号	债券名称	发行金额	种类	发行方式	期限	债项级别	发行利率	募集资金投向	增信方式
1	2018年江苏省美尚生态景观股份有限公司PPP项目专项债券（第一期）	3亿元	企业债券	公开发行	7年期	AAA	固定利率	昌宁县勐波罗河治理及柯卡连接道路建设项目补充营运资金	全额无条件不可撤销的连带责任保证担保
2	2018年广州珠江实业集团有限公司社会领域产业政府和社会资本合作（PPP）项目专项债券	10.2亿元	实名制记账式企业债券	公开发行	15年期	AAA	固定利率	所筹资金5.1亿元用于开封市体育中心建设项目，5.1亿元用于补充营运资金	无担保
3	山西建设投资集团有限公司政府和社会资本合作（PPP）项目专项债券	18亿元	实名制记账式债券	公开发行	10年期	AA+	固定利率	所筹资金9亿元用于晋中市城区东、南外环道路快速化改造项目，9亿元用于补充营运资金	无担保

基础设施和PPP项目发行的。

　　PPP资产支持证券是PPP项目建成运营后，以其在运营阶段的收益权或合同债权等作为基础资产发行的资产证券化产品。PPP项目资产形成稳定的现金流以后，PPP项目公司依合同通过使用者付费、可行性缺口补助和政府付费获得收益，项目单位可利用这些收益权发行资产支持证券，盘活PPP的存量资产，阶段性地提前收回投资，提高持续投资的能力。当然PPP资产证券化的开展并非社会资本在项目公司中的股权退出，不减轻项目公司项目运营和维护的责任，项目公司仍要保证提供公共服务的质量、可持续性和稳定性。另外，社会资本方可以用其在项目公司的股权发行资产支持证券，PPP的融资方也可以利用融资收益发行资产支持证券。

　　2016年12月26日，《国家发展改革委 中国证监会关于推进传统基础设施领域政府和社会资本合作（PPP）项目资产证券化相关工作通知》（发改投资〔2016〕2698号）发布；2017年6月19日，财政部、中国人民银行、证监会发布《关于规范开展政府和社会资本合作项目资产证券化有关事宜的通知》（财金〔2017〕55号），对PPP项目资产证券化的业务类型、条件、工作程序、监管做出了规定。两部委共同推动PPP领域资产证券化的发展，拓宽了PPP的融资渠道。去年以来，一些社会资本方和PPP项目公司已在交易所市场发行了PPP资产支持证券，总规模约100亿元。目前PPP项目资产证券化市场规模不大，主要是因为很多PPP项目尚处于建设阶段，大量项目真正进入成熟的运营阶段尚需时间，相信随着PPP的发展，未来会有较大空间。

　　PPP资产证券化也有不足之处，PPP资产支持证券比母公司发行的债券风险高、期限短，发行难度大，需要增信，其发行成本也高于母公司债券。这里有基础资产选择以及证券化结构设计的问题，也有国内投资者对资产证券化产品的风险偏好问题。在成熟市场，资产支持证券发行人希望实现"出表"，优化企业财务报表和指标，但多数以收益权为基础资产的PPP证券化项目无法"出表"，仅有PPP相关的债权或股权等"在表资产"可以"出表"。目前市场上已发行的资产支持证券普遍存在母公司的差额补足，尚不能实现母公司"出表"。2017年和2018年资产支持证券发行情况如表2和表3所示。

表2 2017年PPP资产支持证券发行情况

序号	产品简称	项目	发行金额(万元)	产品状态	基础资产	评级	地区	交易场所
1	新水源PPP2017～1	太平洋证券新水源污水处理服务收费收益权资产支持专项计划	84000	存续期	污水处理收费收益权	AA+	新疆	机构间私募产品报价与服务系统
2	庆春PPP2017～1	中信建投-网新建投庆春路隧道PPP项目资产支持专项计划	115800	存续期	隧道专营权合同收益	AAA	浙江	上交所
3	首创PPP2017～1	中信证券-首创股份污水处理PPP项目收益权资产支持专项计划	53000	存续期	污水处理收费收益权	AAA	山东	上交所
4	九通PPP2017～1	华夏幸福固安工业园区新型城镇化PPP项目供热收费收益权资产支持专项计划	70600	存续期	供热收费收益权	AAA	河北	上交所
5	绿源PPP2017～1	广发恒进-广晟东江环保虎门绿源PPP项目资产支持专项计划	32000	存续期	污水处理收费收益权	AAA	广东	深交所
6	东环PPP2017～1	富诚海富通-浦发银行PPP项目资产支持专项计划	152480	存续期	环城大道经营权收入	AA+	辽宁	上交所
7	幸福固安PPP2017～1	华夏幸福固安工业园区新型城镇化PPP资产支持票据	20000	存续期	物业服务费应收款项	AAA	河北	银行间债券市场
8	沣西PPP2017～1	西咸新区沣西新城综合管廊资产支持专项计划	10000	存续期	综合管廊租金请求权	AA+	陕西	上交所
9	仪师PPP2017～1	中海恒信-联储证券-仪征技师学院PPP项目资产支持专项计划	38000	存续期	政府支付服务费	AA+	江苏	上交所

续表

序号	产品简称	项目	发行金额（万元）	产品状态	基础资产	评级	地区	交易场所
10	华夏幸福 PPP2017～1	华夏幸福固安工业园区新型城镇化 PPP 项目资产支持专项计划	320000	存续期	服权的分红收益及股东债券	AAA	河北	上交所
11	川投 PPP2017～1	华西证券－川投 PPP 项目资产支持专项计划	25000	存续期	停车场使用者付费、政府可行性缺口补助	AA＋	四川	深交所
12	桑德 PPP2017～1	上银中信桑德环保资产支持专项计划	59500	存续期	6家再生资源子公司的应收账款		北京	上交所
13	京蓝冰禾 PPP2017～1	中信建投－京蓝冰禾 PPP 项目可持续发展资产支持专项计划	41100	存续期	20个牛特镇苏木乡镇牧场街巷硬化工程建造、运营维护等相关服务的收费收益权		内蒙	上交所
14	山财大 PPP2018～1	国君资管山财大莱芜校区 PPP 资产支持专项计划	67000	存续期	山东财经大学莱芜校区 PPP 项目可用性付费的收费收益权		山东	上交所
15	润州园 2017～1	国君资管兴业银行润州园 PPP 绿色资产支持专项计划	20000	终止	—		山西	上交所
16	海湾 PPP2017～1	海通－惠州海湾大桥 PPP 项目资产支持专项计划	15800	停售	泉州台商投资区海湾大道 PPP 项目可用性付费的收费收益权		广东	深交所

2018年金融支持PPP作用增强

表3 2018年PPP资产支持证券发行情况

序号	债券名称	发行金额（亿元）	种类	发行方式	期限（年）	债项级别	发行利率	募集资金投向	增信方式	交易场所
1	山财大PPP 2018-1（国君资管山财大莱芜校区PPP资产支持专项计划）	6.70	企业资产证券化-PPP					国君资管山东财经大学莱芜校区PPP资产支持专项计划	山东财经大学莱芜校区PPP项目可用性付费收益权	上交所
1.1	山财大01	0.50	PPP	私募	0.61	AAA	附息式固定利率			上交所
1.2	山财大02	0.53	PPP	私募	1.64	AAA	附息式固定利率			上交所
1.3	山财大03	0.55	PPP	私募	2.66	AAA	附息式固定利率			上交所
1.4	山财大04	0.58	PPP	私募	3.70	AAA	附息式固定利率			上交所
1.5	山财大05	0.61	PPP	私募	4.72	AAA	附息式固定利率			上交所
1.6	山财大06	0.65	PPP	私募	5.75	AAA	附息式固定利率			上交所
1.7	山财大07	0.68	PPP	私募	6.79	AAA	附息式固定利率			上交所
1.8	山财大08	0.72	PPP	私募	7.80	AAA	附息式固定利率			上交所
1.9	山财大09	0.76	PPP	私募	8.86	AAA	附息式固定利率			上交所
1.10	山财大10	0.79	PPP	私募	9.85	AAA	附息式固定利率			上交所
1.11	山财大优	0.33	PPP	私募	9.85	无评级	附息式固定利率			上交所
2	京蓝沐禾PPP2018-1	4.11		私募	8.06	AAA	附息式固定利率	—	—	上交所
2.1	18京蓝优	3.90	PPP	私募	8.06	AAA	附息式固定利率	—	—	上交所
2.2	18京蓝次	0.21	PPP	私募	8.06	无评级	附息式固定利率	—	—	上交所

中国PPP蓝皮书

四 2018年PPP基金降温

部分PPP项目难以落地,其背后是融资难,而首要问题是资本金融资难。PPP基金以股权投资形式入股PPP项目公司,可以有效解决PPP项目的资本金难题。产业基金期限较长,引入财务投资者可减轻PPP项目的财务压力;政府引导基金的子基金入股,可以对PPP项目起到增信作用,有效带动其他社会资金进入,并有助于项目取得银行等金融机构的资金支持。

1. 中国PPP基金作用明显

为推动PPP项目落地,2016年3月4日,财政部牵头成立了中国政企合作投资基金股份有限公司,注册资本为1800亿元。中国政府和社会资本合作融资支持基金(中国PPP基金)通过项目签约和设立省级PPP子基金两种方式投资。2016年7月27日,中国PPP基金成立之初即投资了呼和浩特地铁1号线和2号线,12月2日与内蒙古、吉林、江苏、河南、湖南、海南、贵州、陕西和宁夏九省份签署合作设立省级PPP基金的协议,涉及基金总规模437亿元。

2018年8月,中国PPP基金已拨款项目的投资总额占全国同期已开工项目投资总额的14%。截至2018年11月底,中国PPP基金累计已决策项目128个,涉及项目总投资约11170亿元;累计拨款项目55个,涉及项目总投资4400多亿元,覆盖26个省份的近100个地市,有力支持了PPP项目的融资。在近年来清库的大背景下,这样的成绩难能可贵,但离成立之初参与2万亿元PPP项目的目标还有不小差距。主要原因是中国PPP基金对单个PPP项目的投资不能超过项目总投资的10%,股权投资金额不得超过项目资本金的30%。另外,政府引导基金主要发挥引导和规范作用,对单个项目的支持力度不大。

中国PPP基金是国内唯一的国家级PPP基金,在PPP领域占据举足轻重的地位,在为项目增信、带动金融机构参与、督促项目合作方强化契约精神和履约守信方面发挥了重要作用,但由于各种原因,运作中也遇到了一些问题。2018年6月20日,审计署发布《国务院关于2017年度中央预算执行和其他财政收支的审计工作报告》,揭示中国PPP基金有近九成资金因没有好项目而闲置,只能用于购买理财产品。2018年11月8日,财政部发布《关于加强中国政企合作投资基金管理的通知》,要求中国PPP基金不能因规避风险而怠于投资PPP项目,不能为追求稳定回报而只做低风险的固定收益类产品投资。2018年中国PPP基金使用情况如表4所示。

表4 2018年中国PPP基金使用情况

序号	项目名称	公示时间	额度
1	湖南省益阳资江风貌带及城市西环线建设综合工程PPP项目	2018年1月2日	1.4832亿元
2	四川省遂宁市船山区旅游基础设施、公共配套及水利设施PPP项目	2018年1月5日	1.3亿元
3	湖北省宜昌市伍家岗长江大桥PPP项目	2018年1月12日	拟投入2.4亿元
4	乌鲁木齐市老城区改造提升建设工程PPP项目(B1包)	2018年1月19日	18.08亿元
5	云南省元江至蔓耗高速公路(红河段)工程PPP项目	2018年1月26日	16.688亿元
6	广东省江门市国省道(国道G325、五邑路等)PPP项目	2018年2月2日	1.38964亿元
7	长春新区新型城镇化建设项目(一期)	2018年2月9日	17.78亿元
8	四川省成都市天府新区核心区综合管廊及市政道路工程(一期)	2018年3月2日	0.9624亿元
9	湖南省株洲市金山新城日月湖及配套路网PPP项目	2018年3月9日	0.675亿元
10	青岛市红岛-胶南城际轨道交通(青岛市地铁13号线)二期工程PPP项目	2018年3月16日	8.145亿元
11	贵州乌当洛湾云锦医药食品新型工业园基础设施PPP项目	2018年3月22日	1.5亿元
12	内蒙古自治区巴彦淖尔市街巷硬化PPP项目	2018年3月30日	3亿元
13	湖南省湘潭天易示范区物流园市政工程PPP项目	2018年4月13日	1.275亿元
14	江苏省盐城新水源地及引水工程项目	2018年4月20日	2.3688亿元
15	湖北省武汉市江夏区"清水入江"投融资、策划(含规划、设计)、建设、运营一体化项目	2018年4月27日	3.066亿元

续表

序号	项目名称	公示时间	额度
16	河南省商丘市夏邑县高级中学整体迁建项目	2018年5月4日	0.6166亿元
17	江苏省徐州市城市轨道交通2号线一期工程建设项目	2018年5月11日	16.95亿元
18	湖南省常德市澧县城区路网建设工程（一期）PPP项目	2018年5月18日	4.3亿元
19	云南省元阳至绿春高速公路PPP项目	2018年5月25日	8.7亿元
20	河南省开封市城乡一体化示范区水系综合治理项目	2018年6月1日	3.767亿元
21	湖北省荆州市城北快速路（引江济汉渠－上海大道）建设工程PPP项目	2018年6月8日	4.95亿元
22	内蒙古自治区呼伦贝尔市街巷硬化PPP项目	2018年6月15日	3亿元
23	江苏省徐州市城市轨道交通3号线一期工程建设项目	2018年6月22日	15.2亿元
24	贵州省毕节市七星关区南部新区深圳路延伸段道路建设工程	2018年6月29日	0.7亿元
25	浙江省台州市域铁路S1线一期PPP项目	2018年7月5日	19.0亿元
26	贵州省黔东南州天柱县鉴江小流域综合治理PPP项目	2018年7月13日	1.34亿元
27	浙江省台州市路桥区飞龙湖生态区PPP项目	2018年7月20日	12亿元
28	河南省洛阳市城乡一体化示范区东南环城区域整体城镇化建设项目	2018年7月27日	1.92亿元
29	贵州省毕节市七星关区2016年碧海片区城市棚户区改造项目	2018年8月3日	1.39亿元
30	四川天府国际机场资阳临空经济区产业新城PPP项目	2018年8月24日	10.21亿元
31	山东省德州高新技术产业开发区中央创新区核心区PPP项目	2018年8月31日	1.66亿元
32	内蒙古自治区兴安盟经济技术开发区基础设施PPP项目	2018年9月7日	0.6530亿元
33	福建省平潭综合实验区地下综合管廊及道路基础设施存量资产PPP项目	2018年9月25日	1.84亿元
34	陕西汉中心城区地下综合管廊PPP项目	2018年9月28日	0.5亿元
35	山西省长治市职教园区和文化场馆PPP项目	2018年10月12日	1.65976亿元

续表

序号	项目名称	公示时间	额度
36	浙江省杭州市富阳区亚运场馆及北支江综合整治工程PPP项目	2018年10月19日	2.429亿元
37	2016年唐山世界园艺博览会基础设施及配套项目	2018年10月26日	3亿元
38	江苏省盐城市快速路网三期工程PPP项目	2018年11月2日	5.78亿元
39	四川省攀枝花市工业园区基础设施综合配套工程PPP项目	2018年11月9日	1.17亿元
40	甘肃省张掖市G0611张掖—汶川高速公路张掖至扁都口段工程	2018年11月16日	5.87亿元
41	湖北省武汉市江汉七桥工程PPP项目	2018年11月20日	1.58亿元
42	浙江温州高铁新城产城融合综合开发PPP项目	2018年11月30日	11.02亿元
43	内蒙古呼和浩特市城市轨道交通2号线一期工程PPP项目	2018年12月7日	12.35亿元
44	四川省乐山市省道215线大件过境公路工程PPP项目	2018年12月14日	0.92亿元
45	大连湾海底隧道和光明路延伸工程PPP项目	2018年12月21日	2.88亿元
46	新疆乌鲁木齐市老城区改造提升建设工程（A2项目包）PPP项目	2018年12月28日	4.02亿元

2. 地方政府引导基金推进不顺畅

地方政府引导基金是由各级地方政府通过预算安排，与社会资本共同出资设立，支持项目资本金融资的专项基金。2015年，为抵御经济下行压力，国家鼓励PPP基金、政府引导基金和各类私募产业基金的发展。山东、江苏、河南、贵州、安徽和重庆等省份较早设立了政府引导基金，地方政府通过引导基金对专项子基金出资或与社会资本组成专项子基金，为本地区的PPP项目提供资本金支持。山东发起设立资本市场发展、天使投资、科技成果转化等19个方向的政府引导基金，参股51只子基金，形成"19+51"的母子基金群。其中设立12只PPP子基金，总规模为1200亿元。

3. 部分地区盲目追求基金目标规模

2015年之后，各地政府引导基金、PPP基金遍地开花，部分地区贪大求全、追求基金目标规模。截至2018年11月20日，全国设立政府引导基金2065只，目标规模达12.27万亿元。政府引导基金及其子基金数量庞大，造成基金募集难、投资难。据清科私募通统计，目前2065只政府引导基金实际募资仅3.7万亿元，其中57%的基金还没有发生过投资。

4. 政府引导基金降温与政策环境密切相关

2017年7月24日召开的政治局会议提出要"坚决遏制隐性债务增量"，审计署认为PPP"明股实债"和政府性投资引导基金由政府兜底会产生隐性债务，对PPP基金的发展造成双重不利影响。根据《财政部关于财政资金注资政府投资基金支持产业发展的指导意见》（财建〔2015〕1062号）和国家发改委《政府出资产业投资基金管理暂行办法》（发改财金规〔2016〕2800号），政府出资的优先级合伙份额不能为从社会募集来的优先级合伙份额充当劣后，优先级有限合伙人的资金募集由此面临困难。2017年11月21日，国资委印发《关于加强中央企业PPP业务风险管控的通知》（国资发财管〔2017〕192号），要求央企不得通过引入"明股实债"类股权资金或购买劣后级份额等方式承担本应由其他方承担的风险。地方政府不能充当劣后，央企也不能为社会募集的优先级合伙份额充当劣后，造成了基金募集困难。2017年12月，中国证券投资基金业协会发布了《私募基金管理人登记须知提示》，要求不得搞"明股实债""明基实债"，对PPP基金的募集和投资方式都产生了影响。2018年4月27日，《关于规范金融机构资产管理业务的指导意见》（银发〔2018〕106号）出台，要求消除多层嵌套和通道、禁止资金池，部分银行使用理财资金参与PPP引导基金的做法受到限制。部分PPP基金无法募集足够资金，落地的项目不多，陷入尴尬境地。

5. 政府引导基金实际运作面临困境

政府引导基金逐渐降温折射其实际运作中的困境和矛盾。目前，政府引导基金政策规定和制度设计行政化色彩较浓厚，强调体现地方政府调控意图及对相关地区发展的重大项目进行投资，对子基金的投资方向限制较多。在实际运作中，政府引导基金面临政策性基金和商业化运作之间的矛盾，政府引导基金是政策性基金，不追求盈利，而社会资本追求资金安全和收益，政府推荐的项目大部分盈利较少且投资回收期长，社会资本参与热情不高。

目前，参与 PPP 基金的社会资金主要为银行理财计划和资管计划，从市场募集来的优先级合伙人期限一般在 5 年以下。由于银行理财计划多为中短期且有刚性兑付的要求，因此基金投资普遍采取中短期"明股实债"的方式，但 PPP 项目建设期加运营期多为 15~20 年，需要更长期限的资金来源匹配。应培育偏好 PPP 项目的长期股权投资者，希望 PPP 基金市场能出现麦格理基础设施基金这样真正偏好基础设施投资的长期基金，相应的基金募集对象应该是寿险资金、养老金、教育基金、家族基金等长期权益性资金，这样才能逐步改变基金"明基实债"的局面。

建议中国 PPP 基金和各级政府引导基金及其子基金在股权投资之外开办融资担保业务，当 PPP 项目出现财务风险或地方政府违约、失信等政策风险，金融机构的资金无法收回，由基金承担还款义务。这样能依托商业性金融机构评估项目的专业性，体现依靠市场进行资源配置，也能更好地发挥政府性基金对 PPP 项目的增信作用，提高 PPP 融资的效率。

五 金融促进 PPP 高质量发展

PPP 经过四年多的发展，项目签约量不断增加。截至 2018 年 11 月 15 日，全国 PPP 综合信息平台项目管理库累计入库 12554 个项目，总投资额 17.39 万亿元；累计 4586 个项目签约，投资额 6.95 万亿元。随着越来越多的项目进入执行阶段，融资成为制约 PPP 项目落地的关键因素，社会资本和地方政府认识到融资的重要性，各界也开始普遍关注融资问题，把融资作为 PPP 发展的重要方面，关注"融资难"背后深层次的基础性问题，针对 PPP 的特点创新融资方式，解决融资难问题。

在 PPP 项目全生命周期中，融资的确是较为关键的一环，PPP 融资难也是客观存在的，但目前对"融资难"问题的范围和原因存在模糊认识。在经济下行时期，工业企业产能过剩，相比而言具有长期稳定现金流的基础设施项目是很好的投资对象。这就出现了一个悖论,资本是逐利的,为什么会出现PPP项目融资难?

1. PPP"融资难"在范围上被夸大了

在PPP项目的资金支持上,应区分财政资金与金融市场资金、政策性金融与商业性金融的适用对象。要对PPP项目进行分类,不同种类适用不同的资金支持。由于《国务院关于加强地方政府性债务管理的意见》(国发〔2014〕43号)堵住了融资平台贷款的大门,地方政府规范的融资方式(一般债券和专项债券)又远远满足不了需求,地方政府实施的项目都落在了PPP模式上。根据实践中具体的项目情况,入库PPP项目可分为四类。

(1)第一类是暂时不该上的项目。地方政府出于"父爱主义",什么项目都想上,一些项目超前规划、盲目上马,甚至出现与基本公共服务关系不大的大广场、大体育中心等形象工程,形成了地方基建资金需求的"饥饿症"。稳增长确实需要基建托底、PPP护航,但不顾实际需要、过于超前的项目,建好后长期空置,既浪费宝贵资源,又使政府承担的可行性缺口补助付费增加,带来长期财政负担。这些项目不该上,更不应该应用PPP模式,也就谈不到融资难的问题。

(2)第二类是有建设的必要性,但不适用PPP模式。基础设施和市政公用设施具有公益性、外部性和长期性,应以政府投资为主,PPP模式只是重要的补充。关于没有收益的公益性项目,因为基础设施和公共服务的终极责任在于地方政府,应该用无偿的财政资金或地方政府一般债券提供支持。有一定收益但营利性不足的项目,应由地方政府发行项目收益与融资规模自求平衡的专项债券来支持。专项债券利率低、期限长,随着发行规模的扩大是理想的资金来源。所以要区分财政资金与金融市场资金的适用范围,这一类项目应使用地方政府合法的渠道融资,也谈不到PPP融资难的问题。

(3)第三类是棚改等政策性项目,有一定收益但收益率不高。由于专项债券规模有限,这类项目可使用利率低、期限长的政策性银行贷款,或由政策性担保机构担保的商业银行贷款,也要区分政策性银行与商业性金融机构的资金。

（4）第四类是优质的 PPP 投资项目，经济收益足以覆盖商业银行的贷款成本。金融机构应针对 PPP 项目的特点创新融资方式，着力解决这类 PPP 项目的融资难题。

2. 当前存在高估融资在 PPP 模式中作用的倾向

各方都喊 PPP 融资难，仿佛制约 PPP 发展的主要因素是融资问题，PPP 项目只要解决了融资问题就可以成功了，这掩盖了 PPP 落地难的基础性问题。实际上 PPP 落地难的根本原因不是融资难，而是 PPP 模式的法律和政策环境有待改善，许多 PPP 项目不是好的投资项目，部分社会资本也存在疑虑。如果说社会资本和项目公司是车，地方政府（包括交通规则）是路，融资就是加油，车不好、路不好，多加油就能跑得快吗？把注意力放在"融资难"这个表面问题上，就会忽视政策性风险、地方政府契约意识有待加强等诸多基础性问题，不利于 PPP 的长远发展。

3. 金融机构筛选融资项目是市场配置资源的表现

金融的筛选作用可以弥补 PPP 项目可行性论证和现有物有所值评价的不足，客观上起到促进 PPP 项目高质量发展的作用。

（1）2015~2018 年，不少无建设必要性和不适合 PPP 模式的项目被挤到 PPP 上来。实践证明地方政府难以进行严格的必要性和可行性论证，物有所值论证也未起到应有的作用。地方政府不能无节制地透支未来财力，不应把太多负债和财政支付责任留给后人，但谁来确保地方政府量力而行？谁能抑制社会资本方通过 PPP 扩张的冲动？由于地方政府的"父爱主义"和软预算约束，从顶层设计上难以很好地解决这个问题。除了中央政府化解隐性债务风险、降杠杆的行政措施，重要的经济手段就是让金融机构筛掉没有财务可行性的项目，以使 PPP 高质量发展，提高基础设施投资效率。

（2）近年来，金融机构可能是 PPP 项目参与各方中最理性、最稳健的。2017 年底以来，不少入库项目被清理、整顿甚至退库。大型商业银行保持了清醒的头脑，没有大幅跟进，社会资本、地方政府和金融机构因此没有遭受大的损失。高质量 PPP 项目在财务上应当是成功的。金融机构有严格的风险控制体系，对项目的财务可行性分析更客观，能获得融资的项目，借款人、项目以及地方政府三方面的综合实力一定不弱。把稀缺的金融资源配置到优质项目上，PPP才能高质量地发展。

4. 资本市场倒逼地方政府和社会资本规范实施PPP项目

上市或发债等资本市场公开融资方式，对信息披露的要求较高。PPP项目前期准备情况、合同内容、项目公司股东构成都要做出相应的信息披露，持续运营期项目运营质量、项目收益实现及风险等也要做出披露，这样有利于投资者和社会公众对PPP项目建设、运营过程的监督。一旦发生违约事件，负面消息在资本市场上传播很快，可能引起连锁反应，也会倒逼PPP项目规范实施。

参考文献

［1］尹昱、耿帅：《防止四种泡沫，促进PPP理性发展》，《财政科学》2018年第2期。

［2］赵哲、唐艺丹、段彤、李超、姜洋、方竹沁：《PPP项目资产证券化特征分析及前景展望》，联合评级微信公众号。

［3］尹昱：《银行设立政府引导基金子基金的实践和思考》，《财政科学》2016年第2期。

B.22
如何破解 PPP 融资难问题

尹 昱 耿 帅 应文杰*

摘　要： 随着越来越多的 PPP 项目进入执行阶段，融资成为制约 PPP 项目落地的关键因素，各界普遍关注融资问题。本报告首先指出要认清 PPP 融资难问题的实质，把融资放到 PPP 发展的适当位置上认识；其次提出融资制度环境不完善以及政府保证缺失是目前 PPP 项目难以获得融资的重要原因，应逐步解决"融资难"背后深层次的基础性问题；最后提出应针对 PPP 的特点创新融资方式，引入项目融资方式，借鉴国外金融机构介入权制度，提高金融机构的可控制力，从而缓解 PPP 融资难问题。

关键词： PPP 融资难　制度环境　项目融资

目前 PPP 存在融资难问题，首先，PPP 模式的政策环境不稳定、法律环境不成熟，对社会资本和金融机构权益的保障力度不够；其次，信用环境尚待改善，地方政府提供的支持不足，使得项目难以获得融资；再次，金融机构对 PPP 模式认识不足，对 PPP 项目的融资按照融资平台贷款的思路，习惯依靠地方政府信用；最后，沿用以往对工业企业贷款的经验，要求社会资

---

* 尹昱，就职于建设银行建银工程咨询公司，财政部、国家发改委 PPP 专家库定向邀请专家，中央财经大学 PPP 智库专家；耿帅，就职于山东建筑大学管理工程学院；应文杰，中天运会计师事务所合伙人，中央财经大学 PPP 智库专家。

本提供抵押和担保，这些都造成了PPP项目的融资难。

（1）改善融资的法律和政策环境，尽快出台一部高质量的PPP条例，明确PPP是一种长期性的制度安排，稳定各方的政策预期；消除现有政策法规与PPP模式的冲突，为地方政府、社会资本和金融机构提供良好的法律环境。进一步落实国务院关于加强诚信建设的要求，加强信用环境建设，地方政府和社会资本方都要践行法治和契约精神，确保PPP项目合作协议的履行不受政府换届、部门调整的影响，提振社会资本和金融机构参与PPP项目的信心。

（2）政府保证（Government Guarantee）的缺失是目前PPP项目难以获得融资的重要原因。基础设施建设的超前性天然要求政府给PPP的投资者提供三类承诺。国家发改委、财政部和中国人民银行等六部委颁布的《基础设施和公用事业特许经营管理办法》（2015年第25号令）第21条规定，"政府可以在特许经营协议中就防止不必要的同类竞争性项目建设、必要合理的财政补贴、有关配套公共服务和基础设施的提供等内容做出承诺"。2017年4月26日财政部等六部委发布《关于进一步规范地方政府举债融资行为的通知》（财预〔2017〕50号），禁止地方政府不规范的融资担保行为，某些地方将此解读为不能出具2015年第25号令第21条的三类承诺，甚至连将PPP项目财政支付责任纳入预算的承诺都不愿意做出，这严重影响了社会资本的信心。因为地方政府负有提供基础设施和公共服务的终极责任，应明确地方政府为社会资本提供信用支持的责任，出具三类承诺并将财政支付责任纳入预算是PPP项目获得融资的必要条件。

（3）金融机构应针对PPP的特点创新融资产品。在经济下行时期，工业企业产能过剩，金融机构缺少优质信贷项目，存在"资产荒"情况，而基础设施和市政公用设施具有长期稳定的现金流，是优质的投资对象。

①商业银行要有创新思维，从过去依靠政府信用和抵押担保转向控制项目自身的现金流。PPP项目的优势在于具有特许经营权或PPP合同项下的收费权，弱点是抵押难和担保难。《基础设施和公用事业特许经营管理办法》第23条要求，"探索利用特许经营项目预期收益质押贷款，支持利用相关

收益作为还款来源"。国资委《关于加强中央企业 PPP 业务风险管控的通知》(国资发财管〔2017〕192 号)要求,"项目债务融资需要增信的,原则上应由项目自身权益、资产或股权投资担保,确需股东担保的应由各方股东按照出资比例共同担保"。政策鼓励金融机构围绕 PPP 项目收费权进行融资创新。

事实上,控制基础设施项目风险的关键在于项目自身的经济强度,要合理规避建设风险和有效控制运营期现金流量。贷款银行要侧重考察项目本身面临的风险、借款人自身还款能力和还款意愿,主动控制风险。项目融资从项目本身出发防范风险的做法,对金融机构做好 PPP 项目的融资有借鉴意义。

②项目融资是国际通行的大中型基础设施建设项目融资方式,应用于发电设施、高速公路、桥梁和城市供水等基础设施,以及建设规模大、具有稳定长期预期收入的工业项目,在我国已有 20 多年的成功实践。项目融资由项目公司作为借款人,不需要母公司和第三方担保,也不需要项目以外的抵押,贷款不体现在母公司的资产负债表中,对于母公司来说是表外融资,更适于希望以表外方式融资的项目。因此,项目融资是最适合 PPP 模式的融资方式,是破解 PPP 融资难的好思路。

在项目融资方式下,有限追索限制了银行追索的程度和范围,贷款银行主要依赖项目本身获得还款,因此项目融资面临的风险比传统的担保贷款要大得多,必须在投资者、贷款银行以及其他项目利益方之间划分风险,并通过各种合同将各方面利益结合起来,实现风险共担。借鉴项目融资做法,挖掘 PPP 项目收费权优势,金融机构可以更好地支持 PPP 模式的发展。

③借鉴国外介入权制度,提高金融机构的可控制力。贷款人介入权(Step-In Right)指当借款人违约时,金融机构有权介入并临时接管项目公司,对 PPP 项目进行有效控制,以保证金融机构在 PPP 项目中的权益。

在有些司法管辖体系下,通过直接协议等合同安排将项目公司的控制权转移给银行,也可在融资协议中写明贷款人介入权。直接协议由银行等金融机构与项目公司的主要合同方签订,将它们与项目公司签订合同的权益转让给贷款银行。PPP项目形成的资产是公共资产,一旦借款人违约,金融机构很难处置资产,实际上项目的收入是还本付息的唯一来源;项目的经济价值不是抵押的有形资产,而是使项目运转的一系列合同安排,所以介入权被视为贷款银行控制项目并救济违约情形的最好措施。介入权先后被许多国家纳入BOT法令,支持了PPP项目的融资,也提高了PPP融资的效率。

建议引入介入权和直接协议的概念,使介入权成为贷款银行等金融机构控制项目公司资产和权益的重要方式,为贷款银行提供更好的保护机制,使金融机构能够围绕收费权进行融资创新,提高PPP项目融资的可行性。

参考文献

［1］尹昱:《项目融资的风险分摊和控制机制》,《山东经济》2001年第2期。

［2］楼建波:《基础设施公私合作(PPP)项目债权人的介入权研究》,《社会科学》2018年第3期。

［3］The World Bank,*Guidance on PPP Contractual Provisions 2017 Edition*,Washington,2017.

风控篇

Risk Control Reports

B.23 当前我国PPP发展中的主要问题

朱 静[*]

摘　要： 中国的PPP作为基础设施领域的一种新型融资模式，对缓解财政支付压力、平滑财政支出、防范化解政府债务风险发挥了积极作用，取得了明显成效。PPP模式在不断推进和发展的过程中必然遇到各种阻力和障碍，也必然出现各种问题。本报告通过详细分析2014年下半年以来我国PPP模式推广过程中遇到的各类困难，归纳总结PPP项目在发展过程中存在的各类主要问题，为准确而有针对性地解析PPP项目法律风险打下基础。

关键词： PPP模式　发展　实施　问题

---

[*] 朱静，江苏义行律师事务所主任，财政部PPP中心专家，中央财经大学PPP智库专家。

2014年下半年以来，PPP模式在中国的应用已有四年多的时间，面对现阶段我国不断增长的政府债务和日趋严格的金融环境，PPP模式无疑是地方政府发展经济、改善和加快基础设施建设、减轻政府财政压力和负担、化解部分存量债务的有效途径之一。实践也证明PPP模式正在发挥特有的功效：一是PPP不仅是一种融资模式，而且是一种体制、机制和管理方式的创新，公共资源和私人资源无缝对接、优化配置，各种要素自由流动、充分融合，改变过去公共服务领域对私人资本设置的各种门槛，充分发挥各自的禀赋优势；二是PPP模式成为地方政府"仅有"的合法融资渠道，不但缓解了财政支出压力、降低了政府债务、平滑了财政支出，而且政府付费部分被纳入预算管理和中长期财政规划，按照代际公平的原则分担财政投入，PPP项目财政支出责任不属于债务；三是PPP作为社会资本的新投资路径，对于盘活社会存量资本、激发民间投资活力、提升经济增长动力起到较为明显的作用；四是PPP模式符合社会分工细化的大趋势，在提升政府效率、降低公共资源成本等方面的作用是显而易见的。

由于我国PPP立法尚缺失，在PPP发展进程中，一些地方政府简单地把PPP模式作为一种投融资手段，固定回报、明股实债、到期回购、BT方式移交等违规违法问题依然存在，埋下了隐性债务危机和风险，更为PPP项目带来了巨大的法律风险。因此，防范和化解PPP全生命周期的法律风险也成为各级领导和各级人士普遍关注的问题。

一 我国PPP发展面临的主要问题

（1）部分地方领导、相关部门对PPP认识不到位，对如何保障PPP项目顺利实施考虑不足。

（2）在现阶段的金融环境下，社会资本出资难度大，同时对运营内容不感兴趣，违约风险较高。

（3）部分PPP实施方案、项目合同存在漏洞、缺陷、瑕疵，极易导致后期项目执行阶段的矛盾和纠纷。

（4）投资造价可能虚高，财务测算错误，程序缺乏专业机构复核、把关、鉴证，专家论证走过场、不到位。

（5）PPP全生命周期法律咨询及法律顾问制度缺失，缺乏应对策略，导致法律风险等。

二 我国PPP实施过程中存在的主要问题

（1）到目前为止，仍存在以本级政府融资平台作为社会资本，以及国有企业作为实施机构的现象。

（2）违背PPP招选社会资本初衷，变相规避政府采购流程，母公司中标，子公司入股SPV公司，导致中标方、PPP合同签约方与SPV公司方股东不一致，形成变相转包。

（3）违反《财政部办公厅关于规范政府和社会资本合作（PPP）综合信息平台项目库管理的通知》（财办金〔2017〕92号）的规定，中标的联合体成员不实际出资入股，未全部入股SPV公司。

（4）社会资本方违规转让SPV公司的股权，包括违反合同约定转让、未经政府方同意转让、变相换让、规避PPP合作初衷、受让方资质低于转让方，实际上是抽走资金实现退出。

（5）社会资本方不承担运营责任，违反《财政部关于进一步加强政府和社会资本合作（PPP）示范项目规范管理的通知》（财金〔2018〕54号）的规定，将运营责任返包给政府方出资代表或指定第三方承担。

（6）财务投资人、基金等金融机构未经采购程序入股SPV公司（合伙制基金本身不是法人，不能当社会资本）。财务投资人未经招标作为联合体成员参与政府采购，规避政府采购法（政府性基金可以加入采购，但需要在PPP方案、采购文件、PPP合同中留有"……可引入政府性基金"的表述）。

（7）项目边界不清晰，建设运营具体内容（建设内容、运营内容、付费机制、法律边界等）不清晰，不具有可操作性。

（8）建设期未设定绩效考核指标，或实际挂钩部分不足30%，固化政府支出责任。

（9）绩效考核缺乏"监督、审计"导向，指标设置粗化、虚化、泛化，起不到激励惩戒作用。

（10）"明股实债"，政府方或社会资本方的资本金为债务性资金或"穿透"后实际为债务性资金。

（11）政府方或社会资本方未按方案、采购文件、合同等约定按期、足额缴纳资本金（违反合同法）。

（12）政府保底承诺、提供违规担保或变相违规担保。

（13）在采购方式上依然存在意向性招选，设置歧视性条款，或让不合格的社会资本中标。

（14）"一案两评"未按规定编制，专家意见缺失或造假，测算依据不统一，数据口径不一致，仅测算单个项目支出责任等。

（15）前期项目建议书、可行性研究报告无批复，项目未立项，土地指标未落实，环评、国有资产评估等程序未履行（无法开工建设）。

（16）社会资本违约成本太低，合同约定的违约责任及处罚条款不具有实操性，"社会资本违约预防机制"不到位等。

B.24
PPP全生命周期法律风险解析

朱 静*

摘 要： 本报告结合PPP项目运作实务，以及相关法律法规和规范性文件的规定，详尽解析了PPP项目在全生命周期中的识别论证、项目采购、项目执行、项目移交等各阶段存在的法律风险，以及PPP项目公司在日常运营、公司治理、股权转让、项目融资、履约管理等各方面的法律风险。通过上述分析，让读者更为清晰地了解PPP项目在运作过程中应予以关注的的法律风险，从而为PPP项目的顺利推进和实施打下良好基础。

关键词： 全生命周期 法律风险 要点解析

PPP项目全生命周期是指包括投资、建设、运营、移交等在内的项目识别论证、项目采购、项目执行、项目移交的完整周期，从开始到结束一般为10～30年。PPP模式在实务操作中涉及政府与社会资本双方，具有合作时间长、投资金额大、参与主体杂、经历阶段多、涉及专业知识难等特点，存在来自工程、财务、法律、投融资等诸多领域的风险。只有努力确保PPP项目在全生命周期的全流程、各阶段运作和实施依法合规，才能有效地防范化解PPP项目的各类法律风险。

---

* 朱静，江苏义行律师事务所主任，财政部PPP中心专家，中央财经大学PPP智库专家。

中国PPP蓝皮书

一 PPP法律纠纷的现状

（一）PPP纠纷涉及领域广

目前我国涉及PPP的纠纷主要集中在污水处理、道路工程、旅游、垃圾处理、棚户区改造、新型城镇化等领域。

（二）PPP纠纷参与主体多

PPP模式涵盖了错综复杂的各种主体间的法律关系，主要包括政府方、社会资本方、PPP项目公司、第三方金融机构、保险公司、施工承包商、项目运营商、原料供应商等。

（三）PPP纠纷类型多元化

目前，有关PPP模式的纠纷多数是BOT模式引发的纠纷，纠纷案件不再集中在民事领域，也涵盖刑事和行政纠纷案件等。而民事纠纷案件的类型也更加复杂，主要包含PPP模式引发的各类合同纠纷、侵权纠纷等。各种类型的合同纠纷数量均有上升势头，如与建设工程合同、买卖合同、租赁合同、借款合同相关的纠纷，以及BOT项目引发的贷款合同纠纷、应收账款质押合同纠纷等。刑事案件包括PPP项目中的受贿案件、合同诈骗案件等。行政案件包括与PPP项目信息公开相关案件、不服行政决定案件等。

（四）PPP纠纷新型问题不断涌现

由于PPP模式的发展在中国仅有几年时间，很多问题尚未完全显现，PPP尚未有统一的上位法，同时，随着项目的快速推进，各类新型问题出现，包括股权转让合法性判断问题、情势变更适用问题、项目运营质量评价问题、PPP支持基金出资协议的性质和效力问题等，都有别于传统的纠纷类型,相关问题的不明确或"无法可依"使PPP项目在执行阶段发生纠纷的可能性极大。

(五)PPP纠纷案件审理难度大

PPP项目是一个系统工程,涉及财政、财务、工程、金融、法律、土地、税收、环保等众多专业领域,PPP纠纷的处理需要综合多领域知识,运用多种方法,做到"公平裁判"。但是现阶段我国尚未有专门的PPP立法,也没有专门法律和行政法规,PPP项目实施的指导主要依靠财政部、国家发改委等部门的规章,以及一些地方性法规等,缺乏统一的PPP法律体系,导致法院审理PPP纠纷"无法可依",审理难度明显加大。

二 PPP项目识别论证的法律风险

《财政部关于印发政府和社会资本合作模式操作指南(试行)的通知》(财金〔2014〕113号)第七条要求,财政部门(政府和社会资本合作中心)会同行业主管部门,对潜在政府和社会资本合作项目进行评估筛选,确定备选项目。实务中PPP项目识别论证阶段的主要法律风险如下。

(一)项目入库的法律风险

对于列入年度开发计划的项目,项目发起方应按财政部门(政府和社会资本合作中心)的要求提交相关资料。新建、改建项目应提交可行性研究报告、项目产出说明和初步实施方案;存量项目应提交存量公共资产的历史资料、项目产出说明和初步实施方案。

财政部门(政府和社会资本合作中心)应会同行业主管部门,从定性和定量两方面开展物有所值评价工作。

《财政部办公厅关于规范政府和社会资本合作(PPP)综合信息平台项目库管理的通知》(财办金〔2017〕92号)要求,"未按规定开展'两个论证',包括已进入采购阶段但未开展物有所值评价或财政承受能力论证的;

虽已开展物有所值评价和财政承受能力论证，但评价方法和程序不符合规定的项目"。

《财政部关于进一步加强政府和社会资本合作（PPP）示范项目规范管理的通知》（财金〔2018〕54号）提出，要夯实项目前期工作，按国家有关规定认真履行规划立项、土地管理、国有资产审批等前期工作程序。

据此，未进行合法合格的前期论证，没有通过物有所值评价和财政承受能力论证的项目，存量资产没有依法处置的项目不是合法的PPP项目，最终面临不能入库或被退库的风险，政府最终将不承担任何财政支出责任，对社会资本和项目本身来说，显然存在巨大的法律风险。

（二）PPP项目实施机构资格的法律风险

按照财政部规范性文件的要求，政府可以作为实施机构，政府指定的有关职能部门或事业单位也可作为实施机构；任何企业不能作为实施机构；群团组织不能作为实施机构，融资平台和国企不能作为实施机构。同时，PPP项目的实施机构须按PPP政策规定由项目所属县级以上政府明确授权，未经授权，所签PPP合同效力即存在违规的法律风险，所签订的PPP合同也存在被认定无效的法律风险。财金〔2018〕54号文件规定，严格审查签约主体，坚持政企分开原则，加强PPP项目合同签约主体合规性审查，国有企业或地方政府融资平台公司不得代表政府方签署PPP项目合同，地方政府融资平台公司不得作为社会资本方。否则，就属于违规运作，所实施的项目也面临被清理出库的风险。

（三）PPP项目实施方案的法律风险

PPP项目实施方案是整个项目的顶层设计和纲领性文件，是政府进行决策的重要依据，更是PPP项目顺利实施的基础和保障。按照财金〔2014〕113号文件规定，PPP项目实施方案应主要包括项目概况、风险分配、回报机制、边界条件、项目监管、项目采购、财务测算等方面，涉及的专业领域有工程、财务、法律、金融、绩效管理等。目前，所有PPP项目的实施方案均由咨询公司负责编制，包括工程咨询公司、财务公司、招标代理公司等，它们各有其专业领域，而这些公司的专业技术力量显然是不足的，很难满足实施方案对各领域专业性的要求。

笔者评审的百余起PPP项目实施方案存在的共性问题包括：结构混乱、条理不清，主要内容缺项漏项严重；权利义务、交易条件、履约保障、调整衔接等边界条件不清；风险分配机制不合理，风险识别不全面；回报方式计算错误；采购方式选择及社会资本方资格条件、评分标准等设置不合理，等等。结果是政府决策的依据不足，对存在的风险和问题把握不够，为下一步项目顺利有效推进埋下隐患。

三 PPP项目采购阶段的主要法律风险

PPP项目的招投标不同于传统工程的招投标，主要适用的是财政部2017年10月1日起实施的《政府采购货物和服务招标投标管理办法》。该办法规定，PPP项目招投标时，要取消各种歧视性条款，充分降低准入门槛；允许与潜在社会资本充分磋商；充分结合项目实际设置招标条件和评分标准等。

财办金〔2017〕92号文件规定，"采购文件中设置歧视性条款、影响社会资本平等参与的"属于不规范运作，也属于"集中清理已入库项目"。财金〔2018〕54号文件要求，要加强对项目实施方案和采购文件的审查，采用单一来源采购方式的项目必须符合政府采购法及其实施条例相关规定；不得设置明显不合理的准入门槛或所有制歧视条款，不得未经采购程序直接指定第三方代持社会资本方股份。

PPP项目采购过程中存在的法律风险包括：围标串标、开标评标阶段的法律风险，如评标的方法和标准不当有歧视性条款，导致评标无效；合同签订阶段的法律风险，如签订阴阳合同和擅自转包分包等行政、民事、刑事的法律风险；等等。

（一）PPP 项目采购方式选择的法律风险

按照《政府采购货物和服务招标投标管理办法》要求，PPP 项目可采取公开招标、邀请招标、竞争性谈判、竞争性磋商和单一来源采购五种采购方式，PPP 项目实施机构应依法选择符合条件的采购方式并按采购程序实施采购，若错误选择采购方式或采购程序不当，可能导致社会资本方中标或成交结果无效。

（二）资格预审文件设定社会资本方资格条件的法律风险

在编制资格预审文件设定社会资本资格条件时，应严格遵照《政府采购货物和服务招标投标管理办法》第十七条"采购人、采购代理机构不得将投标人的注册资本、资产总额、营业收入、从业人员、利润、纳税额等规模条件作为资格要求或者评审因素，也不得通过将除进口货物以外的生产厂家授权、承诺、证明、背书等作为资格要求，对投标人实行差别待遇或者歧视待遇"的规定和要求，并应在招标文件中给出鼓励支持民营资本参与的具体表述。

（三）联合体投标的法律风险

PPP 项目采购过程中，应要求联合体所有成员均作为项目公司股东，承担股东的全部权利义务。在项目实操过程中，政府方不要求所有成员持股将导致联合体成员的不可控性，特别是施工企业如果前期未投入资金，在项目建设完成之后有可能立即退出，势必给项目运营及其他方面带来法律风险。

（四）PPP 项目合同的法律风险

PPP 项目合同是明确政府与社会资本双方权利义务和责任的依据，是整个 PPP 项目合同体系的核心，更是 PPP 项目在全生命周期内顺利实施的基础和保障，PPP 项目合同具有无可比拟的重要性。同时，较之一般的合同，PPP 项目合同有较明显的特殊性：编制内容规范，应按照财金〔2015〕156

号文件的要求编制；相关职能部门（财政、法制、行业主管部门）进行规范审核；审批生效（政府的最终批准是 PPP 合同的效力保证）。对于 PPP 合同的关键点，财金〔2016〕92 号文件也有明确要求。

同时，按照财金〔2018〕54 号文件要求，要坚守合同谈判底线，加强合同内容审查，落实项目风险分配方案，合同中不得约定由政府方或其指定主体回购社会资本投资本金，不得弱化或免除社会资本的投资建设运营责任，不得向社会资本承诺最低投资回报或提供收益差额补足，不得约定将项目运营责任返包给政府方出资代表承担或另行指定社会资本方以外的第三方承担。

但是，笔者在参与审核和评审多个 PPP 项目合同时发现，非法律专业的咨询公司编制的 PPP 项目合同容易出现的共性问题包括：一是融资、建设、运维、履约担保、付费机制、股权转让等关键条款未约定或约定不清；二是权利义务约定不明，责、权、利划分不清；三是实施方案中的风险分配方案形同虚设，在 PPP 项目合同中根本没有体现，也不予以落实；四是存在违法违规条款，无绩效考核或绩效考核未与不低于 30% 的建设成本挂钩，"重建设，轻运营"的内容依然存在；五是无违约责任的承担方式，导致对一方违约责任的追究不具有可操作性等。笔者认为，将"极端重要"的PPP 项目合同交由没有法律理论及实务经验的机构编制，产生以上问题不足为怪，会为未来项目公司建设运营埋下法律风险和隐患，最终导致政府和社会资本的合作失败，现实中不乏这类纠纷案例，应该给予高度重视。

四 PPP 项目执行阶段的主要法律风险

经过项目采购程序，选择社会资本并签署项目合同，这只是"万里长征"走完了第一步，后续 PPP 项目的执行更为关键。随着执行阶段 PPP 项目数量增多，前期工作如果不扎实、不严谨，后续发生纠纷的可能性极大。有一些 PPP 项目虽然完成了采购，已经签约，但是并没有开工，个别项目公司未成立，处于停滞状态。项目执行对社会资本至关重要，建设和运营阶段如果出现失误，可能整个项目陷入停滞、中止甚至终止，社会资本可能亏损甚至破产清算。

项目执行阶段，政府与社会资本双方都可能出现违约行为，政府方可能出现的违约行为如下。

（1）未按合同约定付费或提供补助达到一定期限或金额。

（2）未完成项目合规合法手续，如未进入财政部项目管理库。

（3）政府方可控的对项目设施或股份的征收或征用。

（4）政府方可控的政策法规变更导致合同无法继续履行。

（5）其他违反项目合同项下的义务，并导致项目公司无法履行合同。

项目公司可能出现的违约行为如下。

（1）擅自转让合同项下的义务。

（2）未在约定时间内完成建设进度或开始运营，且逾期超过一定期限。

（3）未按照规定提供产品或服务，情节严重或造成严重后果。

（4）违反合同约定的股权变更限制。

（5）未按合同约定完成融资。

由于以上因素的存在，PPP项目执行阶段需要关注以下问题和法律风险。

（1）项目公司设立或运作过程中的股权转让、股权融资运作是否有相应的限制，是否合法合规。

（2）PPP项目合同各方是否按照项目合同约定履行相关义务；涉及地方政府换届的，新一届政府领导是否遵守合同约定，是否出现"新官不理旧账"等现象。

（3）社会资本或项目公司是否完成了项目各阶段的融资，是否及时完成了融资方案设计、机构接洽、合同签订和融资交割等工作。

（4）项目公司的融资方案或融资计划是否涉及政府担保或兜底内容，是否存在企业债务向政府转移的隐患，有无涉及政府担保承诺、保底承诺、固定回报承诺、回购承诺等问题。

（5）实施机构是否根据PPP项目合同约定监督社会资本方和项目公司

履行PPP项目合同义务，是否定期监测项目产出绩效目标，是否严格按照绩效考核办法和考核指标完成了对项目建设和运营的绩效考核。

（6）PPP项目公司的绩效考核程序及对绩效考核结果的应用，是否符合项目合同的约定以及有关法律法规、政策制度的规定。

（7）政府对社会资本方和（或）项目公司负有支付义务的，实施机构是否按照实际绩效直接或通知财政部门向社会资本方和（或）项目公司及时足额支付。

（8）项目设置超额收益分享机制的，社会资本方和（或）项目公司是否根据PPP项目合同约定向政府方足额支付应由政府方享有的超额收益。

（9）如项目实施机构和社会资本方和（或）项目公司拟对PPP项目合同进行变更或签署补充合同等文件，该变更合同或补充合同等是否符合法律法规和政策制度的规定。

（10）项目公司增减注册资本，政府方或社会资本方转让股权、转让PPP项目合同权利义务、引入第三方以及项目融资、资产证券化等合同履行过程中的重大事项是否符合法律法规和政策制度的规定。

（11）增减建设内容导致项目建设地点、建设内容、总投资、政府支出责任、财政承受能力等发生重大变化，是否按照相关法律法规和政策制度重新履行项目立项、调整实施方案、物有所值评价及财政承受能力论证、政府审批、补充合同签订等程序。

（12）社会资本方和（或）项目公司违约，危及公共产品和服务持续稳定安全供给，或危及国家安全和重大公共利益而导致项目终止时，政府方和社会资本方就项目终止的处理约定是否符合法律法规和政策制度的规定。

（13）政府方临时接管或直接介入项目，依法追究社会资本方或项目公司责任，重新招选社会资本方的程序等，是否符合PPP项目合同的约定以及法律法规和政策制度的规定。

（14）项目合作期限届满前，社会资本方提前退出项目建设运营的，其有关退出的处理是否符合PPP项目合同的约定以及法律法规和政策制度的

规定。

（15）项目执行过程中相关争议纠纷的处理是否符合PPP项目合同的约定及法律法规和政策制度的规定。

五 PPP项目移交阶段的主要法律风险

《财政部关于印发政府和社会资本合作模式操作指南（试行）的通知》（财金〔2014〕113号）第三十二条规定，项目合同应明确约定移交形式、补偿方式、移交内容和移交标准。移交形式包括期满终止移交和提前终止移交；补偿方式包括无偿移交和有偿移交；移交内容包括项目资产、人员、文档和知识产权等；移交标准包括设备完好率和最短可使用年限等指标。

《财政部关于印发〈政府和社会资本合作项目财政管理暂行办法〉的通知》（财金〔2016〕92号）第三十三条规定，各级财政部门应当会同行业主管部门做好项目资产移交工作。项目合作期满移交的，政府和社会资本双方应按合同约定共同做好移交工作，确保移交过渡期内公共服务的持续稳定供给。项目合同期满前，项目实施机构或政府指定的其他机构应组建项目移交工作组，对移交资产进行性能测试、资产评估和登记入账，项目资产不符合合同约定移交标准的，社会资本应采取补救措施或赔偿损失。

PPP项目在移交时常会面临在项目资产移交或股权转让之间的选择，资产移交即由项目公司将项目资产移交政府，再将项目公司清算解散；股权转让即由社会资本方将其所持项目公司股权全部转让给政府方出资人，社会资本全面退出项目公司。政府方和社会资本方都需要结合项目具体情况和财务税收等因素提前做好设计。

PPP项目移交阶段主要存在的法律风险有：事后的信息不对称带来的道德风险；PPP项目在移交之前一直由项目公司进行管理运营，项目移交阶段存在信息不对称；无偿移交使项目公司没有积极性和经济驱动力来保证移交项目的性能和标准等。

六 PPP 项目公司的法律风险

根据财政部规范性文件要求，PPP 项目公司（SPV 公司）是依法设立的自主运营、自负盈亏的具有独立法人资格的经营性实体公司，可以由社会资本出资单独设立，也可以由政府和社会资本共同出资设立，但政府在项目公司中的持股比例应当低于 50%，且不能有实际控制及管理权。项目公司在设立时需要明确很多问题：政府方是否一定要参股项目公司？地方融资平台可否作为社会资本参与设立项目公司？社会资本方是否需要同项目公司一起承担连带责任？政府与社会资本是否必须同股同权？如何保障政府出资方代表在项目公司中的权利？

按照财金〔2018〕54 号文件的要求，要对 PPP 项目合同签约主体进行合规性审查，国有企业或地方政府融资平台公司不得代表政府方签署 PPP 项目合同，地方政府融资平台公司不得作为社会资本方。如果在项目公司设立时不注意这些问题，就会在后续工作中面临巨大法律风险。

（一）项目公司日常运营的法律风险

个别地方政府过于强势和霸道，随意更改合同内容、不履行合同义务的现象时有发生，甚至存在以公共利益需要为理由干扰 SPV 公司的自主经营权的情况，导致项目公司无法正常运作。

（二）项目公司融资的法律风险

PPP 项目进入执行阶段后，随着金融环境的变化，项目公司受到越来越多的制约和影响，融资也存在很大的风险和不确定性。

（三）股权转让的法律风险

PPP 项目在合作期尤其是建设期结束进入运营期后，会面临社会资本方转让项目公司股权的问题，这对于政府或项目公司的运营而言有弊有利。在实际股权转让过程中应切实履行股权转让合规程序，保证转让的合法合规性。

（四）项目公司治理的法律风险

PPP项目公司治理良好是项目融资、建设、运营各环节顺利进行的重要基础，也是政府在建设期、运营期对项目公司绩效考核的重要指标之一。

（五）项目公司履约管理的法律风险

项目公司应当加强合同签订及履约过程的各项管理工作，由专业人员对项目公司合同起草、签订、履约进行跟踪管理和全方位把关，防微杜渐，避免不必要的风险和纠纷。

B.25
PPP 全生命周期法律风险防范

朱 静[*]

摘 要： 本报告针对 PPP 项目全生命周期包括项目公司投资、建设、运营、移交等阶段中存在的各类法律风险，结合 PPP 项目全生命周期的每一个环节实际存在的问题，逐一提出了防范和应对措施，同时，重点指出了项目公司在项目实施阶段关于项目融资以及项目公司股权转让两大重点问题的法律风险防范措施，对防范化解 PPP 项目法律风险的实务操作有较好的指导作用。

关键词： 全生命周期 项目公司 法律风险防范

PPP 模式作为基础设施和公共服务供给机制的重大创新，是现代财政改革发展的重大成果和发展方向。PPP 模式具有投资金额大、合作周期长、法律和政策制度涉及面广、管理环节多、风险防控压力大等特点，决定其必须进行全生命周期法律风险防范以实现科学管理、依法管理，这对 PPP 项目健康、科学、高质量发展具有十分重要的作用和意义。为此，本报告将对 PPP 项目全生命周期法律风险防范要点进行解析。

一 PPP 项目识别论证阶段

对项目的识别论证，是 PPP 项目的起点，防范 PPP 的法律风险从项目

---

[*] 朱静，江苏义行律师事务所主任，财政部 PPP 中心专家，中央财经大学 PPP 智库专家。

识别论证这一源头就应严格把关,应重点关注以下问题。

(1)无论是政府方还是社会资本方发起项目,均应按照《政府和社会资本合作模式操作指南(试行)》《政府和社会资本合作项目财政管理暂行办法》的要求提交相关前期资料。新建项目和改扩建项目应提交可行性研究报告、项目产出说明和初步实施方案。存量项目应提交公共资产的历史资料、项目产出说明和初步实施方案。

(2)所实施的PPP项目应通过物有所值评价和财政承受能力论证,且论证的程序合法合规。

(3)实施机构编制的PPP项目实施方案的内容应保持完整且合法合规,主要包括:风险分配基本框架、项目运作方式、项目投融资结构、回报机制、相关配套安排明确且合法合规;项目合同的权利义务、交易条件、履约保障和调整衔接等边界明确且合法合规;对潜在风险、争议的处置安排合法合规;存量项目的实施方案涉及国有资产权益转移的,应有合法合规的安排;实施方案中项目用地的取得及使用应合法合规等。

(4)严格把握以下不得入库的项目范围。

①未按规定履行相关立项审批手续的新建、改扩建项目。

②未按规定履行相关国有资产审批、评估手续的涉及国有资产权益转移的存量项目。

③不属于公共服务领域,政府不负有提供义务的项目,如商业地产开发、招商引资项目等。

④仅涉及工程建设,无运营内容的项目。

⑤项目建设成本不参与绩效考核,或实际与绩效考核结果挂钩部分占比不足30%,固化政府支出责任的项目等。

二 PPP项目采购阶段

按照财政部规范性文件的要求,PPP项目采购阶段,项目实施机构应当优先采用公开招标、竞争性谈判、竞争性磋商等竞争性方式采购社会资本方，鼓励社会资本积极参与、充分竞争，项目实施机构还应当根据项目特点和建设运营需求，综合考虑专业资质、技术能力、管理经验和财务实力等因素合理设置社会资本的资格条件，保证国有企业、民营企业、外资企业平等参与。综合考虑社会资本竞争者的技术方案、商务报价、融资能力等因素合理设置采购评审标准，确保项目的长期稳定运营和质量效益提升。为此，应重点注意以下问题。

（1）招标文件、资格预审文件的内容是否违反法律、行政法规、强制性标准、政府采购政策，是否违反公开透明、公平竞争、公正和诚实信用原则。

（2）社会资本资格条件是否设置了限制投标人投标的资格条件，如将注册资本、资产总额、营业收入、从业人员、利润、纳税额等规模条件作为资格要求或者评审因素。

（3）社会资本资格条件设置是否结合项目特点和建设运营需求，是否综合考虑专业资质、技术能力、管理经验和财务实力等重要因素。

（4）招标文件中是否有影响公平竞争的歧视性或排他性条款，是否保证国有企业、民营企业、外资企业平等参与。

（5）招标文件设置采购评审标准时，是否综合考虑社会资本竞争者的技术方案、商务报价、融资能力等因素合理。

（6）作为PPP项目招标文件附件的PPP项目合同、项目公司章程、项目公司股东协议有关内容及签约程序的合规合法性。

（7）PPP合同作为一种明确政府与社会资本双方权利义务的"契约性"文件，应当聘请有PPP实战经验并且通晓"合同语言""合同逻辑""合同精髓"的专业律师事务所编制或审核把关，真正做到"专业的人做专业的事"，力争将合同的法律风险和隐患降至最低。

（8）要紧紧抓住PPP项目合同编制的关键，一是要关注关键条款，如融资条款、付费机制、绩效考核、建设、运营、股权转让等；二是要避免出现违法或违规条款，如固定回报、明股实债、到期回购等；三是要在双方之间合理分配合同风险及责任；四是要明确约定项目参与各方在各阶段应有的权利义务和应承担的违约责任。

三 PPP 项目执行阶段

项目执行阶段是项目实施最为关键的阶段，在此阶段防范项目的法律风险，应重点关注项目融资、项目建设运营等关键问题。

（1）项目实施机构是否根据 PPP 项目合同约定，监督社会资本方和项目公司履行 PPP 项目合同义务，并定期监测项目产出绩效目标，是否严格按照绩效考核体系对项目建设和运营进行绩效考核。

（2）社会资本方的出资以及项目公司的融资能否保证及时足额。

（3）政府对项目公司负有支付义务的，财政部门是否在付费年度足额安排财政支出预算，实施机构是否按照实际绩效直接或通知财政部门向项目公司及时足额支付。

（4）项目公司增减注册资本，政府方或社会资本方转让股权、转让 PPP 项目合同权利义务、引入第三方，项目融资，资产证券化等重大事项是否符合法律法规和政策制度的规定。

（5）增减建设内容导致项目建设地点、建设内容、总投资、政府支出责任、财政承受能力等发生重大变化，是否按照相关法律法规和政策制度重新履行项目立项、实施方案调整、物有所值评价及财政承受能力论证、政府审批、政府采购、签订补充合同等程序。

（6）社会资本方和（或）项目公司违约危及公共产品和服务持续稳定安全供给，或危及国家安全和重大公共利益而导致项目终止时，政府方和社会资本方关于项目终止的处理约定是否符合法律法规和政策制度的规定。

（7）如政府方临时接管项目并依法追究社会资本方或项目公司责任、重新招选社会资本方的程序是否符合 PPP 项目合同的约定以及法律法规和政策制度的规定等。

四 PPP 项目移交阶段

根据财金〔2014〕113 号文件第三十二条，项目移交时，项目实施机构或政府指定的其他机构代表政府收回项目合同约定的项目资产。

项目合同中应明确约定移交形式、补偿方式、移交内容和移交标准。移交形式包括期满终止移交和提前终止移交；补偿方式包括无偿移交和有偿移交；移交内容包括项目资产、人员、文档和知识产权等；移交标准包括设备完好率和最短可使用年限等指标。

采取有偿移交的，项目合同中应明确约定补偿方案；没有约定或约定不明的，项目实施机构应按照"恢复相同经济地位"的原则拟定补偿方案，报政府审核同意后实施。为此，防范PPP项目移交的法律风险，实务中应注意以下问题。

（1）项目移交前，项目实施机构制订的具体移交方案（移交形式、补偿方式、移交内容和移交标准等）是否符合PPP项目合同的约定及法律法规和政策制度的规定。项目移交是否按照PPP项目合同中约定的移交形式、补偿方式、移交内容和移交标准等执行。

（2）项目移交后，项目公司的处置方案、社会资本方的退出方式、项目公司人员劳动关系的处理等重大事项是否符合PPP项目合同的约定及法律法规和政策制度的规定。

（3）项目移交后继续委托社会资本方运营的，是否履行了相应法定程序。

（4）移交过程相关争议纠纷的处理是否符合PPP项目合同的约定及法律法规和政策制度的规定等。

五　PPP项目公司法律风险防范

防范项目公司设立的法律风险，应关注项目公司设立时的主体问题，出资方的选择、政府的出资比例、双方权利义务、职务及职责安排、政府分红等问题，要结合PPP项目的有效落地、有效融资及未来的有效运营等方面综合全面考虑，不可马虎随意地设计或安排，应要注意防范以下法律风险。

（一）项目公司融资的法律风险

PPP项目进入执行阶段，项目所有融资责任都由社会资本或项目公司负责和承担，但随着金融环境的变化，项目公司受到越来越多的制约和影响，融资也存在很大的风险和不确定性，为此，要注意以下几点。

（1）监督社会资本方或项目公司严格按照PPP项目合同的约定，及时足额完成项目建设所需资金。

（2）加强对项目公司的融资监管和考核。

（3）项目出现重大经营或财务风险，威胁或侵害债权人利益时，债权人可要求社会资本或项目公司改善管理。

（二）项目公司股权转让的法律风险

PPP项目在合作期内，尤其在建设期结束进入运营期后，会面临社会资本方转让项目公司股权的问题，为此，需要在PPP合同中合理设置股权转让条款，既不能限制太死，也不能影响项目的正常运营，更不能违背PPP项目实施的初衷，同时在实际股权转让过程中要切实履行股权转让合规程序，保证交易合法性。

B.26 财政视角下的PPP项目法律风险防范

朱 静*

摘 要： 本报告依据财金〔2016〕92号文件的精神和要求，结合最新出台的财金〔2019〕10号文件对PPP项目的最新规范要求即"十六字方针"和"正负面清单"，站在财政监管的高度，从PPP的财政预算管理、合同审核管理以及对PPP项目的合规合法性监管角度，提出了防范化解PPP项目法律风险的具体措施和方法，创新性地提出了"PPP项目全生命周期法律顾问制度"，对有效防范PPP项目的法律风险具有一定指导意义。

关键词： 预算管理 合同审核 合规合法性监管 全生命周期法律顾问

目前，财政部门对PPP项目的风险控制措施和管理制度尚未涵盖PPP项目全生命周期的各个阶段，财政风险控制主要集中在物有所值论证、财政承受能力论证等方面，对PPP项目其余阶段的财政风险控制不足，尚未形成成熟、有效的PPP项目财政风险控制体系，下一步需要关注的问题包括：避免合作的社会资本破产倒闭导致PPP项目半途而废，给财政造成重大损失；把握在合同签订过程中财政补贴的承诺尺度，承诺过多给财政带来损失，承诺过少难以调动合作社会资本的积极性，合作难以长久；等等。为此，防范PPP项目给财政带来的法律风险就显得尤为重要。

---

* 朱静，江苏义行律师事务所主任，财政部PPP中心专家，中央财经大学PPP智库专家。

一 加强PPP项目的财政预算管理

财金〔2016〕92号文件第十八条规定，行业主管部门应当根据预算管理要求，将PPP项目合同中约定的政府跨年度财政支出责任纳入中期财政规划，经财政部门审核汇总后，报本级人民政府审核，保障政府在项目全生命周期内的履约能力。第十九条规定，本级人民政府同意纳入中期财政规划的PPP项目，由行业主管部门按照预算编制程序和要求，将合同中符合预算管理要求的下一年度财政资金收支纳入预算管理，报请财政部门审核后纳入预算草案，经本级政府同意后报本级人民代表大会审议。

据此，PPP项目的财政支出责任必须纳入政府的预算管理，依约支付，其目的就是保障政府在PPP项目全生命周期内的履约能力。

我国PPP项目管理中政府预算政策存在的风险如下。

（1）政府预算不能保证PPP项目补贴、付费的及时到位。一些PPP项目合同盲目签订，项目建成后，政府难以按期支付财政补贴，直接损害合作方的利益，也损害了地方政府信誉。

（2）政府预算对PPP项目的绩效约束力不足。把绩效考核作为政府付费的依据，全面加强预算的绩效管理无疑是国家的政策导向和要求，2018年9月1日出台的《中共中央国务院关于全面实施预算绩效管理的意见》要求积极开展包括PPP项目在内的涉及一般公共预算的财政资金的绩效管理。财金〔2016〕92号文件第二十一条要求，财政部门应对行业主管部门报送的PPP项目财政收支预算申请进行认真审核，充分考虑绩效评价、价格调整等因素，合理确定预算金额。第二十五条要求，各级财政部门应当会同行业主管部门开展PPP项目绩效运行监控，对绩效目标运行情况进行跟踪管理和定期检查，确保阶段性目标与资金支付相匹配，开展中期绩效评估，最终促进实现项目绩效目标。监控中发现绩效运行与原定绩效目标偏离时，应及时采取措施予以纠正。这些规定无疑将使目前政府预算对PPP项目绩效管理不足的现象有较大改变，也能又快又好地实现"提高公共服务的质量和效率"的绩效管理最终目标，对快速提升政府公共管理职能也将起到积极作用。

（3）PPP项目预算信息尚不够公开，就投资周期长、风险大、数额高的PPP项目而言，无疑存在着较大的风险，也不利于提高社会资本方参与PPP项目投资建设的积极性。

二 加强财政部门对PPP项目合同的审核管理

财金〔2016〕92号文件第十六条规定，采购结果公示结束后PPP项目合同正式签订前，项目实施机构应将PPP项目合同提交行业主管部门、财政部门、法制部门等相关职能部门审核，并报本级人民政府批准。

依据此条款规定，PPP项目合同生效的前提是本级人民政府的审批，政府审批的前提是项目实施机构已经将PPP合同提交财政、法制等相关职能部门事先把关审核，没有经过政府审批的PPP合同是无效合同，这是PPP项目合同与传统的民商事合同在合同生效要件方面最为本质的区别。

财金〔2016〕92号文件第十七条规定，PPP项目合同审核时，应当对照项目实施方案、物有所值评价报告、财政承受能力论证报告及采购文件，检查合同内容是否发生实质性变更，并重点审核合同是否满足以下要求。

（1）应当根据实施方案中的风险分配方案，在政府与社会资本双方之间合理分配项目风险，并确保应由社会资本方承担的风险实现了有效转移。

（2）应当约定项目具体产出标准和绩效考核指标，明确项目付费与绩效评价结果挂钩。

（3）应当综合考虑项目全生命周期内的成本核算范围和成本变动因素，设定项目基准成本。

（4）应当根据项目基准成本和项目资本金财务内部收益率，参照工程竣工决算合理测算确定项目的补贴或收费定价基准。项目收入基准以外的运营风险由项目公司承担。

（5）应当合理约定项目补贴或收费定价的调整周期、条件和程序，作

为项目合作期限内行业主管部门和财政部门执行补贴或收费定价调整的依据。

规范性文件对财政部门等审核PPP项目合同的内容做了严格细致的规定,这也是防范PPP项目可能给财政带来风险的关键措施。

三 加强对PPP项目合规合法性的监管

财金〔2016〕92号文件第三十五条规定,各级财政部门应当会同行业主管部门加强对PPP项目的监督管理,切实保障项目运行质量,严禁以PPP项目名义举借政府债务。

财政部门应当会同相关部门加强项目合规性审核,确保项目属于公共服务领域,并按法律法规和相关规定履行前期论证审查程序。项目实施不得采用建设—移交方式。

政府与社会资本合资设立项目公司的,应按照《公司法》等法律规定以及PPP项目合同约定规范运作,不得在股东协议中约定由政府股东或政府指定的其他机构对社会资本方股东的股权进行回购安排。

财政部门应根据财政承受能力论证结果和PPP项目合同约定,严格管控和执行项目支付责任,不得以当期政府购买服务支出代替PPP项目中长期的支付责任,规避PPP项目相关评价论证程序。

自2014年我国在公共服务领域推行PPP模式以来,各地政府盲目上马项目,却曲解或误解PPP的精髓和实质以及中央推广PPP模式的初衷及宗旨,无视PPP模式提高公共服务质量和效率的本质属性。大量无运营、无考核、无监管的"伪PPP"涌现,有的甚至是明股实债、固定回报、承诺到期回购等违规违法运作项目,无形中增加了财政的支付压力,带来政府债务风险。为此,中央高度重视PPP项目的规范运作和发展,陆续出台了规范文件及规定,尤其是财办金〔2017〕92号文件对已入库和未入库的项目都进行了严管,中国的PPP从此进入了"规范严管的新时代",2019年3月7日,《财政部关于推进政府和社会资本合作规范发展的实施意见》(财金

〔2019〕10号）出台，提出了"规范运行，严格监管，公开透明，诚信履约"的十六字方针，列出了规范实施PPP项目的正面及负面清单，标志着中国的PPP从此走上了高质量发展之路。

在实践中，有如下两种严重违规运作的PPP项目需要引起重视，并加以防范和禁止。

（一）明股实债的PPP项目

明股实债指在PPP项目资本金融资过程中，社会资本方引入金融机构充当名义上的股东，实际上通过抽屉协议的方式将股权转让给社会资本方，金融机构的投资回报与项目公司经营业绩无关，与资金需求方签署回购协议并获得固定回报实质是一种债务性的融资安排。实务操作中以明股实债的形式运作的PPP项目，对政府方来说在股权的定价及回购、资金退出等方面均存在较大风险，严重违背了PPP模式推行的初衷及精神，也是我国推行PPP模式以来一直明令禁止的违规运作行为。财金〔2019〕10号文件进一步明确规定了在PPP项目运作过程中存在政府方或政府方出资代表向社会资本回购投资本金、承诺固定回报或保障最低收益的项目，通过签订阴阳合同或由政府方或政府方出资代表为项目融资提供各种形式的担保、还款承诺等方式的项目，以及由政府实际兜底项目投资建设运营风险的的项目，"已入库项目应当予以清退，项目形成的财政支出责任，应当认定为地方政府隐性债务，依法依规提请有关部门对相关单位及个人予以严肃问责"。

（二）无实际运营的BT项目

PPP模式与传统BT模式最大的区别就是有无实际运营，这也是PPP项目能否实现基于绩效考核"按效付费"的关键点。实务中大量的PPP项目无运营或"轻运营"，运营的绩效考核结果不与政府付费挂钩，造成实质上固化政府财政支出的"固定回报"，也带来了政府隐性债务的风险。财金〔2019〕10号文件进一步明确了"PPP模式社会资本方实际只承担项目建设，不承担项目运营责任"，政府支出事项与项目产出绩效脱钩的"违规运

作PPP项目"被明令禁止。

除此之外，在财金〔2019〕10号文件列举的"负面清单"中，进一步明确以下行为应在限期内进行整改，无法整改或逾期整改不到位的，已入库项目应当予以清退，涉及增加地方政府隐性债务的，依法依规提请有关部门予以问责和妥善处置。

（1）以本级政府所属的各类融资平台公司、融资平台公司参股并能对其经营活动构成实质性影响的国有企业作为社会资本参与的本级PPP项目；社会资本方实际只承担项目建设而不承担项目运营责任，或政府支出事项与项目产出绩效脱钩的项目。

（2）未经法定程序选择社会资本方的项目；未按规定通过物有所值评价，财政承受能力论证或规避财政承受能力10%红线，自行以PPP名义实施的项目。

（3）以债务性资金充当项目资本金，虚假出资或出资不实的项目。

（4）未按规定及时充分披露项目信息或披露虚假项目信息，严重影响行使公众知情权和社会监督权的项目。

四 各级财政部门应尽快建立PPP项目全生命周期法律顾问制度

PPP项目在运作的前期看重的是项目的工程、财务、投融资等方面的专业咨询或顾问，但在项目的实际运作过程中以及项目正式进入建设运营阶段后，PPP项目涉及的领域较多，运作周期较长，投资风险较大，各级财政部门都应从规范运作、防范风险的角度出发，建立PPP项目全生命周期法律顾问制度，充分发挥法律专业人士尤其是PPP专业律师在防范化解PPP项目全生命周期法律风险方面的作用。这是促进各级政府PPP管理依法决策、科学决策的重要手段，是推动PPP项目全生命周期科学管理的重要保障，也是维护政府经济活动安全、防范和化解重大风险的重要途径，对确保PPP项目健康、科学、高质量发展具有十分重要的意义。

2018年12月3日,《关于建立全省政府和社会资本合作（PPP）项目全生命周期法律顾问制度的意见》（苏财规〔2018〕19号）出台,江苏省在全国范围内率先推行此项制度,对防范化解PPP项目法律风险发挥了重要而积极的作用。

PPP项目法律顾问可以接受财政部门委托履行以下职责。

（1）从顶层设计出发,为政府或财政部门在PPP项目管理过程中的重大决策、重大行政行为以及规范管理制度、流程、文件和政策制度的起草、论证等提供专业的法律服务或出具相关的法律意见建议。

（2）为政府洽谈PPP项目,参与当地PPP项目的实施方案、物有所值评价、财政承受能力论证,以及PPP项目相关合同文件等起草提供法律审查意见或专家论证结论等。

（3）为政府在PPP项目规范实施各阶段遇到的重大问题及事件的合法合规性论证提供专业法律服务。

（4）代表政府参与和PPP项目有关的涉法涉诉案件以及各种行政、刑事、民事争议的处理,出具法律意见书或代理诉讼、仲裁等法律事务。

（5）为政府PPP项目的高质量、规范、有序发展提供PPP理论、实操或政策解读等方面的专业培训等。

PPP项目全生命周期法律顾问制度的建立能够充分发挥法律人士或专职律师在PPP法律方面的专业优势,通过法律咨询、法律鉴证、审核把关、建言建议、质询论证等方式参与PPP项目推进实施全过程。以出具法律意见书等形式为PPP项目全生命周期管理提供智力支持,大幅提高政府PPP管理决策能力、管理效率和管理质量。基于法治思维,运用法律手段,防范和化解涉及PPP管理的潜在或现实风险。

PPP项目风险防范不可能一劳永逸地消除,建立PPP项目全生命周期法律顾问制度,从根本上确立PPP项目监管的制度性保障,才是防范化解PPP项目的法律风险和财政风险的理性选择。相信有较强专业能力的律师将可以为PPP项目提供咨询和顾问服务,较好地保证PPP项目在合规合法前提下运作,以有效地防范化解PPP全生命周期的各种法律风险。

PPP作为公共服务领域的投融资模式,具有涉及领域广、合作周期长、投资金额大、风险集聚等诸多特点,更埋藏许多隐性风险,未来也必将成为审计、巡视、督查的重点领域。因此,PPP项目的实施必须建立系统性思维,始终坚持全生命周期规范操作、严格管理,从业人员应不断学习并熟练掌握PPP的基本原理、内涵意义、政策制度和监管要求。

一直以来,我国财政部门始终坚持将PPP模式视为长期性、系统性的改革任务,在不断深入推进的同时,严格遵循PPP发展的规律,准确把握PPP的精神和实质要领以及PPP模式在"稳增长、调结构、促改革、惠民生、防风险"方面的作用,坚定不移地把PPP模式推广应用引向深入。只有不忘提质增效的初心,坚持全生命周期合法合规推进和高质量、低风险运作,方能实现政府与社会资本合作共赢的美好结局。

PPP在2018年已经进入规范发展的新时代,我们相信,伴随财金〔2019〕10号文件的出台,PPP高质量发展的号角已经吹响,防范PPP项目法律风险也必然成为运作PPP项目的理念,各方面要一起努力,不忘初心,让PPP回归本源,健康长远地发展。

绩 效 篇

Performance Management Reports

B.27
PPP 绩效管理现状、存在问题和难点

杨宝昆*

摘　要： 目前，部分 PPP 项目已经步入运营阶段，政府付费支出急需绩效评价结果作为依据，而 PPP 绩效评价仅是绩效管理的一个重要环节。目前 PPP 绩效管理存在政府层面绩效管理缺失，项目层面绩效目标不清晰或缺失，绩效运行跟踪不到位，评价指标体系设置不可比、操作性不强，绩效结果与付费挂钩办法五花八门，评价结果流于形式等重大缺陷。

关键词： 绩效管理　PPP 项目　管理现状　存在问题及管理难点

---

* 杨宝昆，云南云岭工程造价咨询有限公司董事长，国家发改委和财政部 PPP 专家库双库专家，中国财政学会绩效管理研究专业委员会常务委员，中央财经大学 PPP 智库专家。

《国务院办公厅转发财政部发展改革委人民银行关于在公共服务领域推广政府和社会资本合作模式指导意见的通知》(国办发〔2015〕42号)给出PPP定义:"政府和社会资本合作模式是公共服务供给机制的重大创新,…政府依据公共服务绩效评价结果向社会资本支付相应对价,保证社会资本获得合理收益……"明确PPP项目实行绩效考核下的政府付费,避免出现固定回报、保底收益等政策文件禁止的事项。党的十九大报告提出,"建立全面规范透明、标准科学、约束有力的预算制度,全面实施绩效管理"。《中共中央 国务院关于全面实施预算绩效管理的意见》明确:"……积极开展涉及一般公共预算等财政资金的政府投资基金、主权财富基金、政府和社会资本合作(PPP)、政府采购、政府购买服务、政府债务项目绩效管理。"上述文件都对PPP项目实施绩效管理提出了强制性要求。绩效管理是对公共服务或计划目标进行设置与实现,并对实现结果进行系统评估的过程。PPP项目要实现两个"P"长期合作、风险分担、利益共享的目标,政府方和社会资本方都需要从自身利益出发,基于自身职能职责和项目目标,开展PPP项目绩效管理。换句话说,政府方需要从优化资源配置、提高行政管理效能、强化预算支出责任和效率、提升公共产品和服务的水平等方面开展PPP项目绩效管理;社会资本方则应从追求利益最大化、促进企业转型升级、实现企业可持续发展等角度开展内部绩效管理,此外为了体现"激励相容、按效付费"原则,社会资本方和双方共同组建的项目公司还要接受政府方对PPP合同履约情况以及公共服务或产品提供数量、质量、效率等的绩效评价。

在基础设施和公共服务领域开展PPP项目绩效管理,应以具体的PPP项目为基础,以绩效提高、物有所值为目标,以绩效管理为手段,以绩效管理结果为依据,对PPP项目立项、实施情况以及财政预算资金申请、审核(批)、安排、使用情况进行全过程动态化管理,以控制并节约项目成本,把政府各项支出责任纳入年度预算和中长期财政规划,监控预算资金支出方向和支出内容,最大化确保预算安排资金使用的合规性、效率性和效果性。项目预算主管部门、项目实施机构和财政部门,通过建立预算编制有目标、预算安排有评估、预算执行有监控、预算完成有评价、评价结果有反馈、反馈结果有应用、绩效缺失有问责的 PPP 项目全过程预算绩效管理机制，充分关注产出和效果，强调政府支出责任和效率，督促社会资本方和项目公司不断改进公共产品和服务的质量，促进公共投资行为更加务实、高效，提升合作双方的预算管理水平，达到增强责任意识、提高公共服务质量、优化公共资源配置、节约公共支出成本的目的。

一 PPP 项目绩效管理紧迫性和实施现状

截至 2018 年 12 月 31 日，全国政府和社会资本合作（PPP）综合信息平台收录管理库 PPP 项目累计 8654 个，总投资额累计约 13.2 万亿元，其中政府付费类和可行性缺口补助类项目数及投资额约占管理库的 92.77% 和 91.67%，需要政府在年度预算和未来中长期预算中安排补助资金。目前，部分项目已经步入运营阶段，根据 PPP 合同约定，政府将按照社会资本方和项目公司提供公共产品或服务的数量和质量，以包括使用者（含政府方及社会公众）的满意度在内的绩效考核结果作为支付对价的依据，建立和完善 PPP 项目绩效管理机制已经变得日益紧迫。

第一，目前 PPP 绩效管理层次划分不完整、不清晰，很大一部分 PPP 项目的绩效评价活动停留在以"激励相容、提质增效"为目标的项目层次。政府层面上级政府对下级政府、上级部门对下级部门，以及财政、审计、人大等外部监督机构对项目预算主管部门、项目实施机构、政府授权出资代表等单位，以提高财政资金使用效率和实现资源有效配置、提升政府对项目的履职和监管效能、实现政府治理结构和机制创新为目标的 PPP 项目绩效管理系统尚未全面建立。

第二，PPP 预算绩效管理半闭环系统缺失 PPP 绩效目标的完整、清晰设定和动态监控活动，缺失与绩效目标设定相适应的政府层面和项目层面可比、相对统一、科学合理的 PPP 绩效评价指标体系（含指标、标准、权重）的构建和动态评价活动。

第三，PPP绩效管理结果运用仅注重激励社会资本方进行管理创新和持续提升公共产品或服务的效率，并开展按效付费的绩效考核和评价，没有实现在PPP项目决策、出台或PPP政策文件完善、相关政府或部门进行奖惩和责任人职务调整、预算资金与绩效挂钩安排等方面的运用。

上述绩效管理现状已经在一定程度上影响了PPP项目绩效管理工作的推进。

二　PPP绩效管理存在的问题

（一）政策及政府层面PPP绩效管理存在的问题

政策层面，PPP上位法缺失，国务院、财政部、发改委等部门出台PPP规章、办法，但无法强制要求相关各级政府及所属部门对PPP履职情况、资源配置效率、预期效益效果等实施自上而下或同级间的绩效管理与监督，也无法对绩效管理不到位、监管缺失的行为给予约束有力的问责、惩戒。

政府层面，财政部门、行业主管部门没有出台PPP绩效管理指引或办法，基层预算部门（主管部门、项目实施机构）、项目出资代表、财政部门对PPP项目绩效管理重要性认识不足，管理工作不到位；政府层面和项目层面绩效管理界限不清，用对项目公司的绩效评价替代政府内部、部门内部的PPP绩效管理和考核，PPP项目绩效管理结果运用包括问责或奖惩机制尚不完善。

（二）项目层面PPP绩效管理存在的问题

绩效目标管理方面，一是PPP实施方案、两个论证报告和PPP合同中项目绩效目标缺失，待项目进入执行期申请预算资金时，再根据预算管理要求补充申报绩效目标，将导致PPP项目绩效目标与PPP合同中绩效考核指标设置、付费挂钩办法衔接不足，只能在签订合同后再补充绩效目标，如绩效目标定得太高、太复杂，社会资本难以接受，而定得过低、过粗放，政府财政资金的绩效管理达不到预期效果；二是绩效目标设置比较宏观，填报内容不清晰、不规范，无法对后续绩效管理活动进行指导和约束，出现预算目标管理与预算安排"两张皮"的现象；三是 PPP 项目绩效目标与绩效指标设置混同，缺乏与目标匹配的指标体系，绩效指标目标值不够清晰、准确；四是绩效目标审核主体、职责内容不清晰，审核把关不够严格，绩效目标形同虚设。

绩效运行跟踪监控管理方面，PPP 项目涉及的政府部门或单位绩效运行跟踪职责、内容、程序、标准等不明确，尚缺乏 PPP 上位法约束和相关操作指南的引领；全方位推进 PPP 项目绩效管理的跟踪程序、方法不明确，具体执行不到位。

绩效评价实施管理方面，目前 PPP 项目涉及的 19 个行业、领域尚没有建立相对统一、系统完整、结果可比的 PPP 项目绩效评价指标体系；建设期和运营期绩效评价指标、标准、分值设定和与评价结果挂钩的付费办法操作性不强，定性绩效指标多、定量绩效指标少，评价结论的科学性和客观性存疑，PPP 项目绩效指标对绩效目标的支撑性不强。

绩效评价结果反馈和应用管理方面，PPP 项目绩效评价流于形式，绩效评价结果没有客观、科学地与政府支出责任挂钩；PPP 项目绩效评价结果对应的奖惩机制尚不完善，主要是奖励机制欠缺、激励作用不足。

在全面实施 PPP 绩效管理活动各环节存在上述重大缺陷的情况下，以绩效评价结果作为 PPP 项目财政补贴、收费标准、合作期限等重要内容的参考和调整依据，无法真正体现 PPP 的实质，极有可能给政府和财政预算支付带来严重隐患。

三 PPP 绩效管理难点

（一）政府层面绩效管理难点

PPP 项目属于政府和社会资本合作项目，双方在 PPP 项目中的权利、义务依据PPP合同约定。在两个层面的绩效管理中,要做到政府"不越位",即不出现政府绩效管理活动干扰社会资本方和项目公司的正常决策和管理活动,导致项目合约期未满即无法继续实施,或最终实施效果达不到预期,双方相互推诿责任的情况;同时,要做到政府"不缺位",即政府不因融资、设计、建设、运营等主要商业风险转移给社会资本方和项目公司而只做"甩手掌柜",对PPP项目不推卸应该履行的绩效管理和监督职责、义务。

(二)项目层面绩效管理难点

一是绩效目标确定和量化较为困难。PPP项目属于基础设施和公共服务领域,公益性和准公益性特征明显,绩效目标具有不确定性、模糊性、多重性和难以量化等特征,影响PPP项目绩效目标的因素较多,细化、量化程度不高的绩效目标将给未来的运行跟踪、绩效评价带来重大影响。

二是分行业、分领域PPP项目绩效指标体系构建和运用需要经历很长时间的探索。目前,全国范围内没有针对PPP项目特征的分行业、分领域绩效指标库和操作指南、办法,亟须解决PPP指标体系设计框架(一、二级指标)不统一、不可比的问题,需由财政部牵头,联合各行业、各部门共同完成,但这需要较长的时间探索。

(三)两个层面绩效管理工作衔接和结果运用存在难点

一是政府层面和项目层面PPP绩效管理的目的、职责、管理重点存在交叉,管理边界不清晰。虽然PPP绩效管理不能脱离项目层面单独实施,但是站在不同的层面,绩效管理的范围、内容、重点、方法和结果运用等都会有很大差异。目前,实务中普遍重视PPP项目层面以按效付费为目的的绩效评价,忽视政府层面在项目决策、执行、履职履责和结果运用等方面的绩效管理,PPP绩效管理无法形成完整、半闭环运行体系,难以揭示PPP项目实施中的深层次绩效问题,也无法对未来的PPP项目决策进行有效指导。

二是两个层面绩效管理活动面临众多的相关方和复杂的管理关系，应科学界定 PPP 项目不同绩效管理主体的职责和管理范围，做好两个层面绩效管理工作和结果的衔接，共同推动 PPP 项目的顺利开展。这个问题在 PPP 出台的相关政策文件中尚未涉及，急需理论研究和探讨。

三是结合两个层面绩效管理活动，建立、健全 PPP 项目绩效管理的决策机制、执行机制、监督机制和评价机制，将 PPP 项目绩效管理工作做好，使 PPP 绩效管理活动成为有效推进 PPP 项目的有力抓手，PPP 绩效管理有助于政府或社会资本方不断总结经验，对未来 PPP 项目投资决策起到支撑作用。

四是绩效评价结果应体现"激励相容、按效付费"的 PPP 精髓，同时能够促进政府内部各参与部门、单位履职履责、提升效能。哈维茨（Hurwiez）创立的机制设计理论提出，在市场经济中，每个理性经济人都有自利的一面，会按自利的规则行动，如果能有一种制度安排使行为人追求个人利益的行为与集体利益价值最大化目标相吻合，那么，这一制度安排就是"激励相容"的。现代经济学理论与实践表明，贯彻"激励相容"原则，能够有效地解决个人利益与集体利益之间的矛盾冲突，使行为人的行为方式、结果符合集体价值最大化的目标，让个人价值与集体价值的目标函数实现一致化。由于 PPP 项目政府方、社会资本方追求的目标具有极大的差异性，政府方想通过 PPP 项目的实施为社会公众提供高质量的公共产品或服务，同时平滑财政和支出，减轻债务负担，降低财政支出风险，而社会资本方则追求企业收益最大化。为此，需要设计一套有效的绩效管理和监督机制，既能推动社会资本主动进行创新管理，降低项目全生命周期成本，提高公共服务或产品的质量和效率，又能实现政府以最小的支出对价向社会资本方购买公共产品和服务，满足社会公众需求。目前，在 PPP 理论和实操中这个机制设计还存在不完善之处，尤其是政府对 PPP 模式的认知程度、对 PPP 项目的管控能力还有待提升。

参考文献

［1］ 杨宝昆:《PPP项目全过程绩效管理思考》,《新理财》2018年第11期。
［2］ 杨宝昆、刘芳:《PPP项目全生命周期绩效管理研究》,《工程经济》2018年第3期。
［3］ 《激励相容约束》,百度百科,https://baike.baidu.com/item/激励相容约/4303818？fr＝aladdin。

B.28
PPP 项目全生命周期动态化绩效管理体系

杨宝昆*

摘　要： 本报告从分析党的十九大报告关于全面实施绩效管理的要求，和国务院有关 PPP 项目实施绩效管理的政策文件入手，引出 PPP 绩效管理的内涵；从政府层面和项目层面描述 PPP 绩效管理主体、客体的多元化特征和相互关系。从 PPP 绩效管理的绩效目标管理、事前绩效评估、绩效跟踪监控、绩效评价运用、评价结果反馈和运用五个维度，分别阐释建立 PPP 项目全生命周期动态化绩效管理机制的意义和各维度开展绩效管理的相关内容。

关键词： PPP 项目　全生命周期　动态化　绩效管理

一　PPP 开展全生命周期动态化绩效管理的意义

2014 年以来，PPP 模式在全国范围内迅速推广，部分项目已经完成建设任务进入运营期，PPP 项目将迎来绩效考核和政府付费支出周期。从宏观层面看，所有预算管理活动均需通过绩效管理对其目标的实现程度和预算资

---

* 杨宝昆，云南云岭工程造价咨询有限公司董事长，国家发改委、财政部 PPP 专家库双库专家，中国财政学会绩效管理研究专业委员会常务委员，中央财经大学 PPP 智库专家。

金使用效率进行监督和评价；从微观层面看，PPP项目90%以上需要政府安排财政预算资金以履行政府支出责任，因此，PPP项目也要纳入绩效管理。PPP项目绩效管理要按照建立全面规范、公开透明的财政预算绩效管理制度的要求，坚持PPP所需财政预算资金编报、审核（批）、执行、监督与评价工作相互分离、相互制约，以切实优化财政资金配置，提高PPP项目财政预算管理科学化、精细化水平，激励社会资本和项目公司持续提高公共服务或产品的供给质量和效率，实现政府履约支出以绩效考核结果为依据。PPP项目全面实施绩效管理是响应和落实国家政策、切实维护公共利益的基本要求，是进一步巩固2017年11月至2018年6月末全国范围清理整改工作效果的有力抓手，也是PPP项目全生命周期管理和监督必不可少的重要环节。

PPP项目需要政府以补助或付费方式支出预算资金，财政部《关于推进预算绩效管理的指导意见》（财预〔2011〕416号）要求，"逐步建立以绩效目标实现为导向，以绩效评价为手段，以结果应用为保障，以改进预算管理、优化资源配置、控制节约成本、提高公共产品质量和公共服务水平为目的，覆盖所有财政性资金，贯穿预算编制、执行、监督全过程的具有中国特色的预算绩效管理体系"。结合目前预算绩效管理的新动态、新趋势，PPP项目需要建立包括绩效目标管理、事前评估管理、绩效运行管理、绩效评价实施管理和评价结果反馈及运用管理的半闭环动态管理系统。

一是通过构建PPP项目绩效目标，建立以绩效目标为导向的预算绩效管理机制，将绩效管理理念贯穿于PPP项目预算管理全过程，建立PPP项目绩效目标、绩效评价指标体系、绩效付费挂钩机制等，做好PPP项目预算绩效管理的基础工作。

二是通过引入PPP项目事前绩效评估机制，依据行业政策、区域规划、主管部门职能等，增强PPP项目实施的必要性、可行性，实现财政预算资金申请以及绩效目标设置的科学性，以及财政支持方式的理性等的有效衔接，确保PPP项目预算资金安排科学、合理，资金使用效率提升。

三是通过建立 PPP 项目预算执行监控体系,对 PPP 项目运行状态开展动态跟踪和分析,确保 PPP 项目执行与绩效目标、合同约定相一致,预算资金支出方向和使用效率符合财政预算管理规定,连续、系统、全面反映预算执行过程中的偏差,并采取有效的纠偏措施促进 PPP 绩效目标的实现。

四是通过建立 PPP 项目绩效评价机制,采集 PPP 项目各阶段信息和数据,对 PPP 绩效目标实现程度和执行效率、效果进行对比分析和量化评分,形成综合性绩效评价结果。

五是通过建立 PPP 项目监督、考核结果的运用和信息公开机制,为 PPP 项目立项决策、投融资模式选择以及预算资金事前预测、事中监控、事后评价提供信息支持,评价目的和内容不同,则评价结果运用方向也不同。项目层面的绩效评价,评价结果作为政府合理安排财政预算的资金依据,并对社会资本方和项目公司在 PPP 项目中的产出效果、执行效率等进行客观评价,促进其不断总结和改进工作,持续提升公共服务的质量和水平。政府层面的绩效评价,评价结果作为被评价政府或相关部门绩效奖惩、人员任免、项目决策、政策完善等的依据。绩效评价结果要向社会公开,以接受社会各界的监督,提高 PPP 项目预算信息的透明度。

二 PPP 全生命周期动态化绩效管理的主体和客体

从 PPP 绩效管理(监管)的主体来看,回报机制为政府付费、可行性缺口补助和使用者付费的项目中需要股权支出的 PPP 项目,政府支出责任需要纳入年度财政预算和财政中长期规划,只要使用了财政预算资金,按照要求都要纳入预算绩效管理范畴。因此,从政府层面分析,项目所属预算主管部门或项目实施机构、财政部门、政府授权出资代表等都是预算绩效管理的主体。行业或预算主管部门是从 PPP 项目资源配置有效性、履职履责情况和政府行政效能等角度对下级部门、项目实施机构、出资者代表开展内部绩效监管和绩效评价的主体；财政部门是从履行政府支出责任所需的预算资金安排的合理性、使用的合规性，以及资金使用效果、效率等方面开展外部预算绩效监管和绩效评价的主体；人大、审计部门、社会公众等是对PPP项目开展外部监管的主体。从项目层面分析，项目实施机构、政府授权出资代表是对社会资本方、项目公司提供的公共产品或服务是否达到合同约定的数量标准和质量标准，是否使公众（使用者）满意，项目是否具有可持续性等开展绩效评价的直接主体。

从PPP绩效管理（监管）的客体来看，由于PPP绩效管理的目的、层次不同，PPP绩效管理（监管）的客体也呈现多元化形态，主要是同级或下级预算主管部门或单位、同级或下级财政部门、项目实施机构、政府授权出资代表和项目公司，依照预算管理要求或PPP合同约定，基于PPP项目各环节目标实现程度、产出成果和效益数据的监控和评价来开展绩效管理活动。

在PPP绩效管理活动中，政府或所属部门、项目实施机构和政府授权出资代表等作为绩效管理的直接主体，需要按照绩效管理相关政策文件的要求，主动设立绩效管理机构或岗位，制定绩效管理制度文件，积极开展绩效管理活动，而上级或同级政府部门、财政部门、审计部门、人大等作为PPP项目外部绩效管理或监督主体，可以基于自身履职履责需要开展PPP绩效管理或监管，例如，预算主管部门对申报PPP预算资金的下级单位、项目实施机构进行绩效管理；财政部门对相关部门或单位申请、使用PPP项目预算资金实施审核和监管；审计部门根据国家、行业、地方政府需要，对PPP涉及的重大民生工程、民生资金实施绩效审计监督等。由此构成政府层面自上而下和同级间的多元绩效管理关系，具体关系如图1所示。

此外，在PPP项目层面，政府授权的项目实施机构、出资代表需要对项目公司开展全过程的绩效管理和绩效评价，确保PPP项目政府付费支出资金纳入预算绩效管理和监督范畴，保证资金支出合规、高效。

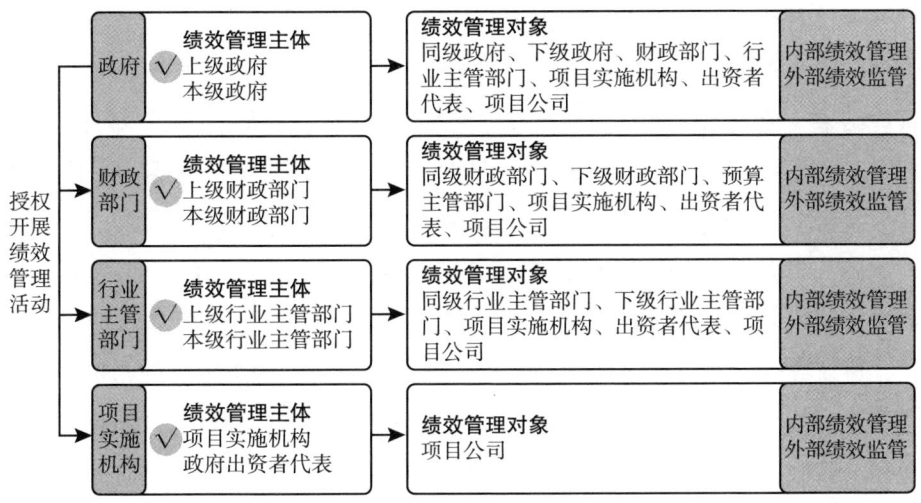

图1 PPP 绩效管理中的多元关系

三 PPP 全生命周期动态化绩效管理的具体内容

(一)两个层面 PPP 绩效管理的具体内容

1. 政府层面的绩效管理内容

(1)行业主管部门或项目实施机构绩效管理内容包括:负责制定 PPP 项目在政府和社会资本合作期内需达到的绩效目标、产出标准和要求、预期效率效果、满意度、项目可持续性等绩效总目标,并对目标进行分解;建立、健全从 PPP 项目的立项决策到项目移交,涵盖项目计划、组织、执行和评价的相关绩效管理制度;就 PPP 项目目标管理、范围管理、进度管理、采购管理、成本管理、安全管理、质量管理、风险管理、物有所值评价及财承动态监测等环节,对 PPP 项目识别筛选、准备、采购、执行(建设和运营)、移交五个阶段进行绩效跟踪监控,全面掌握 PPP 项目实施进程、预算执行进度和绩效目标完成情况,及时纠正 PPP 项目绩效运行与绩效目标的偏差;按照绩效管理要求和 PPP 合同约定,制订年度绩效评价工作计划,

对被评价对象开展绩效自评或再评价；根据绩效管理发现的问题，查找项目管理、资金管理等方面的问题，及时制定改进、提升绩效的措施，并将绩效管理结果及绩效问题整改结果上报财政、发展改革、人大、监察、审计等相关部门；根据信息公开要求将PPP项目绩效目标、绩效报告、评价结果、整改意见等绩效管理信息在本部门内部公开的同时，向社会公开，接受各方监督。

（2）其他部门的PPP项目绩效管理内容包括：审计部门着眼于PPP政策文件制定的有效性、执行的效率和效果等宏观目标，以及PPP项目合规性、可持续性、物有所值等微观目标，关注项目风险的合理分配、资源的有效配置、政府履职信息的充分披露、政府或社会公众合理付费、项目实施效果和公共服务能力等方面，对PPP项目开展绩效审计；发展改革部门服务于供给侧结构性改革，关注项目立项的科学合理、市场主体活力激发、多渠道融资政策支持、使用者付费价格监管等方面，对PPP项目立项的前期工作、执行中的定价和价格调整机制等进行绩效监管；财政部门负责制定并落实PPP项目公共财政资金项目支出绩效评价制度，对政府依PPP项目合同应履行支出责任所需安排、拨付、使用的预算资金进行全程监管，对PPP项目使用预算资金的效果和效率进行跟踪问效；监察部门协助发展改革、审计、财政等部门，负责对重大PPP项目绩效管理制度执行情况和项目具体实施情况进行监督检查等。

2.项目层面的绩效管理内容

围绕PPP项目全生命周期，由项目实施机构、政府方出资者代表根据细化的绩效目标，对支撑目标实现的项目运行过程开展绩效跟踪和检查，并建立系统、有针对性、可操作的PPP项目绩效评价指标体系，开展PPP项目全生命周期监测与评价活动，最终将跟踪评价结果反馈和应用于监管政府按效付费和督促社会资本方、项目公司依据PPP项目合同履约。

（二）不同环节PPP项目绩效管理的具体内容

1. PPP项目绩效目标管理

绩效目标管理是PPP项目开展绩效管理活动的前提和基础，通常PPP

项目绩效目标应该在 PPP 实施方案及合同约定中予以明确。

PPP 项目绩效目标管理首先要完成绩效目标的设置，其次要实施目标动态管理。

（1）不同层次 PPP 绩效目标的设置

由于绩效管理的层次不同，PPP 项目绩效管理目标的设置不尽相同。

政府层面 PPP 项目绩效目标设置

围绕提高项目决策水平和资源配置效率，提高财政资金使用效益，促使政府及所属部门转变职能，主动履行项目管理和监督职能并持续提升工作效能。

由于政府层面涉及部门、机构较多，其监管职能不同，根据绩效管理的目的和实施主体不同，政府层面 PPP 项目绩效目标可分两类实施主体设置具有针对性的绩效目标。

① 各级政府、行业或预算主管部门对同级或下级政府、行业或预算主管部门、项目实施机构、政府授权出资代表实施内部绩效管理的绩效目标包括：

- 区域、行业或部门实施 PPP 项目预期产出、效益、可持续性等综合性目标实现程度和动态管理
- PPP 政策文件贯彻执行和优化完善
- 政府围绕 PPP 项目履职履责及优化调整
- 公共资源的优化配置和效率提高
- PPP 项目目标相关利益方满意度
- 其他目标

② 政府职能部门为履行特定管理职责而对同级或下级职能部门、项目实施机构、政府授权出资代表等开展绩效监管的绩效目标。以财政部门为例，财政部门从财政资金监管角度，对所属预算主管部门、项目实施机构或项目出资者代表实现其职能职责对应的 PPP 项目绩效目标及其实现程度，以及所安排预算资金的使用效果开展综合性评价，绩效目标包括：

- PPP 项目绩效总体目标设置、细化分解及目标动态管理的实施
- 绩效目标实现程度和 PPP 项目的可持续性

- 公共财政资源的优化配置及财政资金使用效率
- 相关利益方满意度
- 其他目标

项目层面PPP项目绩效目标设置

从项目层面应考虑既定资源配置及合作期内，社会资本方、项目公司向政府及社会公众提供的产品或服务应达到PPP合同约定标准，并对经济、社会、环境等带来可持续性影响，最终实现PPP物有所值目标等内容，绩效目标主要内容如下。

① 预期产出目标，包括PPP项目产出的数量、质量、时效、安全等目标，以及达到预期产出所需要的资源配置、成本支出等。

② 预期效果目标，包括PPP项目经济效益、社会效益、生态环境效益、可持续影响和满意度等。

③ 衡量预期产出、效果、效率的绩效评价指标体系（评价指标、评价标准、指标权重）、与评价结构挂钩的政府支出付费办法等。

④ 为实现绩效目标所需要的项目制度保障、配套安排、实施方案及工作计划等。

⑤ 年度（阶段）目标设置，针对具体PPP项目所处项目执行期与移交期的不同特点，结合项目可研报告及立项批复、PPP实施方案和PPP合同约定，将项目总体绩效目标分解为年度或阶段性绩效目标，满足绩效运行监测和评价要求。

（2）PPP项目绩效目标动态管理

PPP项目绩效目标动态管理以PPP项目行业（预算）主管部门、项目实施机构等为主体，确定PPP项目总体目标和经分解的年度（阶段）目标并开展内部动态绩效管理，同时，以财政部门或预算主管部门为主体组织开展绩效目标运行监控，以财政或行业（预算）主管部门为主体组织开展PPP项目整体绩效监测与评价，从而构建多维度、多层次、动态化的PPP项目全生命周期绩效目标监测与评价体系。

此外，从PPP项目全生命周期不同阶段的特点和内容分析，实施绩效目标管理的侧重点有所不同。

一是 PPP 项目识别筛选阶段：绩效目标管理需要行业（预算）主管部门、项目实施机构等围绕城市总体规划和各类专项规划、部门重点工作和职能职责要求、项目立项依据等，对 PPP 项目的绩效总体目标进行明确设置、适度量化和清晰描述。财政部门依据国家预算管理要求、财政支出方向和重点等，对项目产出说明和实施方案中的绩效总体目标进行审核，确保设立的绩效目标科学合理、可量化、可实现、可考核。

二是 PPP 项目准备阶段：行业（预算）主管部门、项目实施机构等将 PPP 项目绩效总体目标报经同级人民政府批复后，以签署 PPP 合同的方式将其确立为政府与社会资本方、项目公司共同确认的目标。

三是 PPP 项目执行阶段：行业主管部门、项目实施机构等根据项目进度和执行阶段特点，与社会资本方和项目公司充分沟通后，将 PPP 项目绩效总体目标分解、细化为年度（阶段）绩效目标，包括产出目标、效果目标、可持续影响目标、公众满意度目标等，随同编制的预算绩效计划报送同级财政部门审核、各级人民代表大会审查批复，作为预算执行监控和绩效评价的依据。行业（预算）主管部门、项目实施机构等要围绕绩效目标，对申报预算资金进行科学、合理测算，编制预算绩效计划，报送财政部门。财政部门围绕 PPP 项目绩效目标，对预算资金申报的合规性、合理性、科学性进行审查。

四是 PPP 项目移交阶段：行业（预算）主管部门、项目实施机构将面临项目移交完成后由政府、财政部门或其他外部监督主体组织的对 PPP 项目合作周期的整体绩效评价，对绩效目标实现情况、项目产出、成本效益、监管成效、可持续性、PPP 模式应用是否物有所值等进行总结、评价，为今后 PPP 项目决策和监管积累经验。

2. PPP 项目事前绩效评估

PPP 项目事前绩效评估是围绕党的十九大报告提出的全面实施绩效管理要求开展的新探索、新尝试。

结合 PPP 项目立项审批、预算评审，统筹考虑物有所值评价和财政承

受能力论证，事前绩效评估的内容如下。

一是PPP项目实施的相关性：主要评估PPP项目立项依据是否充分，与国家政策、地区和行业规划、部门职能职责和工作部署是否相关；是否具有现实需求，需求是否迫切，是否有确定的公共服务和受益群体；是否有明显的经济、社会、生态环保可持续效益等。

二是PPP项目实施的可行性：主要评估PPP项目政府建立的相关工作机构是否健全，职责分工是否明确，工作机构是否可持续，是否联动运转；PPP项目投入、产出、绩效内容是否明确具体，是否与绩效目标匹配；政府财力、配套安排、风险分配及防范措施等是否能够支撑项目实施；PPP项目相关业务和管理制度是否健全，技术规程、标准是否完善，是否得到有效执行等。

三是项目预期绩效的可持续性：主要评估PPP项目预期经济效益、社会效益、政治效益、生态效益等是否明确具体，是否与绩效目标匹配、与PPP合同相衔接；年度（阶段）效益或总体效益能否如期实现，项目运行状况和相关保障措施是否支撑预期效益实现。

四是财政资金投入的可行性：主要评估PPP项目政府付费支出是否属于公共财政支持范围；项目股权设置及融资安排是否合理，各类资金到位时间、条件是否能够落实；财政资金支持方式、财政资金配套方式和承受能力是否科学合理；PPP项目支出预算是否与绩效目标、支出内容相匹配；预算编制依据是否充分，投入产出比是否合理。

事前绩效评估的主体包括与PPP项目相关的各级财政部门、与申报PPP财政预算资金相关的PPP项目预算主管部门、项目实施机构和独立核算的政府授权出资代表等。

事前绩效评估的对象为申请、使用财政资金的PPP项目。

事前绩效评估介入时点：与PPP项目预算评审同步实施，与PPP项目绩效目标审核相结合，评估结果与PPP项目中期绩效评估和预算监督衔接。

事前绩效评估方法包括以下五种。

一是成本效益法。指通过PPP项目支出预算安排与预期效益的对比分析，对PPP项目支出进行评估。

二是比较法。对比 PPP 项目预期绩效目标与实际目标实现程度，以及对不同部门和地区同类 PPP 项目执行效果及支出安排进行比较，对 PPP 项目支出进行评估。

三是因素分析法。综合分析 PPP 项目绩效目标实现、实施效果等内外因素，找出影响因素，对 PPP 项目支出进行评估。

四是最低成本法。针对 PPP 项目公益性特点，对部分不易计量的 PPP 项目支出预期效益，通过综合分析测算其最低实施成本，进行事前评估。

五是其他评估方法，如现场勘查、召开座谈会、问卷调查、资料审核、专家评议等。

事前绩效评估的结果为财政部门决定申报财政资金的 PPP 项目是否安排资金、安排多少资金提供参考依据。

3. PPP 项目绩效跟踪管理

绩效跟踪管理是 PPP 绩效管理的重要环节。

通过采集 PPP 项目建设期、运营期各年度各类信息，进行汇总分析，对绩效目标实现程度、项目运行情况、预算资金安排、使用情况进行跟踪检查，对发现的偏差和重大影响因素及时采取措施予以纠偏，情况严重时，财政部门将暂缓或停止 PPP 项目政府支出预算资金的拨付。

PPP 项目绩效跟踪管理主要内容如下。

①PPP 项目资金（股权及融资资金）是否落实到位，资金支出进度及资金使用情况。

②PPP 项目管理、资金管理等制度是否健全、完善，是否执行到位。

③PPP 项目是否按计划目标及计划进度实施，并分析目标任务未完成及进度滞后的原因，找到改进或解决措施。

④PPP 项目绩效目标的完成偏离项目预期绩效目标时，是否及时采取措施予以纠正，是否需要修改相关目标、指标。

⑤PPP 项目融资需求、建设需求、运营需求等是否发生重大变化，如发生本质变化，需分析主要原因并找到改进或解决措施。

⑥资金使用单位是否采取监控成本支出范围、节约成本支出金额等具体

措施，措施效果是否明显。

⑦其他有助于绩效目标实现情况与预算绩效目标进行比较的相关内容。

4. PPP项目绩效评价管理

绩效评价是PPP项目绩效管理的核心。PPP项目绩效评价包括执行阶段开展的定期、不定期绩效评价和移交结束后开展的项目整体评价。评价主体需要根据绩效目标运用适宜的评价方法和指标体系，对产出结果的效益效率、可持续性和满意度等开展绩效评价。

（1）绩效评价类型

①年度（阶段）绩效评价。一般以月、季、半年或年为单位实施阶段性评价，重点对项目年度（阶段）绩效目标实现程度、年度（阶段）产出完成情况和预算资金使用情况等进行评价，以绩效评价结果作为政府方履行PPP项目支出责任的依据，同时，通过绩效评价加强对项目建设、运营的监管，督促社会资本方和项目公司依据PPP合约履行职责。

②中期评估。在PPP项目年度（阶段）绩效评价基础上，每隔3~5年开展一次中期绩效评估，对一定时间维度下绩效目标实现程度、公共服务或产品提供的数量和质量、资金安排合理性、资金使用效率、建设及运营管理情况、项目可持续性、公众满意度等进行综合性评价，根据发现的阶段性目标和产出的偏差、风险因素和影响程度及时采取措施予以调整。

③项目移交完毕后开展覆盖项目合作周期的整体绩效评价。对项目总体绩效目标实现程度、资源配置、产出效果效率、可持续性、公众满意度等进行全面、系统、客观的评价，评价结果作为完善PPP政策措施、提高项目决策和管理水平、开展部门或单位履职履责奖惩等的依据。

（2）绩效评价的起点

PPP项目绩效评价建议从项目已有一定产出的建设期第一年开始，在项目移交阶段完成整体绩效评价后结束。绩效评价范围应向前延伸到项目立项、PPP模式筛选识别、PPP项目准备及采购合约签订阶段，基于项目前期研究论证和立项工作，对项目是否适合采用PPP模式，"一方案两论证"规范性和内容的科学合理性，以及采购文件、PPP合同、采购程序、合同谈判与签约的规范性、合法性等进行分析评价，评价结果应及时反馈给项目利益相关方，以便指导项目执行阶段相关工作。

（3）绩效评价的重点

PPP项目绩效评价的重点在于绩效评价指标框架搭建、绩效标准及权重的设置和与评价结果挂钩付费办法的制定。

① PPP项目绩效评价指标框架搭建方面

通常，PPP项目绩效评价指标框架包括投入、过程、产出、效益、可持续性和满意度六个维度，通过对PPP项目全生命周期不同阶段特点和侧重点的深入剖析，可以识别和找到影响和衡量各个阶段、各个层面项目绩效的重要因素，将这些因素转化为可以量化评分及定性评价的指标因子，建立能够反映PPP项目经济性、效率性、效果性、可持续发展能力的指标系统。

一是项目投入方面的绩效指标。在PPP项目人、财、物等诸多资源要素中，需要重点关注人力资源投入，如政府机构设置及监管人员能力、社会资本方专业能力及经验、项目公司组建及人员配置等，这些人力资源投入直接影响项目的实施，为此，可选择政府组织实施PPP项目个数和已推进阶段、社会资本开展类似PPP项目业绩和人才等来衡量人力资源投入绩效水平。资金投入方面，主要考察合作双方项目投融资能力，可选取资本金到位率、融资资金到位率、投资利润率、加权综合资金成本率等指标来衡量资金投入的绩效水平等。

二是项目过程实施方面的绩效指标。可从多个维度选取体现管理效能的指标，如从进度、成本、安全、质量等方面设定体现项目管理效能的指标；设定总资产收益率、资产保值增值率、设备利用率等指标反映项目资产运营效能；设置项目收入增长率、利润率等指标反映项目运行发展效能等。

三是项目产出效果方面的绩效指标。如对于生态环保、污染治理类PPP项目，项目建成后如达到产出要求将有利于环境保护、生态改善目标的实现，也为区域持续健康发展奠定基础。为此，需选取体现项目效果及适应性的指标，如出水水质达标率、有害指标去除率等。

四是项目效益方面的绩效指标。PPP项目的实施对地区社会经济发展的

引导作用大，能够增加当地就业机会，提高人居生态环境质量，改善投资环境，活跃区域内经济活动，拉动地方经济增长，其项目效益主要体现在社会、经济与环境等方面，不能简单用经济效益衡量。为此，可选择直接就业贡献度、经济内部收益率、综合污染物指数降低率、有害气体监测达标率等效益指标。

五是项目可持续性和满意度指标。围绕PPP项目合作期结束后既定目标是否实现，项目是否可以持续运行等内容，设置政府项目管理和沟通协调能力、财政公共资源配置的公平性和可持续性、项目回报机制和政府支付与绩效挂钩落实情况等指标，以及社会公众满意度、主管部门态度及满意度等指标。

考虑到PPP项目涉及19个行业、领域，一套指标体系无法适用于不同类型的PPP项目，为此，在PPP项目绩效指标设计上应该关注如下事项。

一是PPP项目绩效指标体系设置要遵从系统性、层次性和可操作性的原则。

系统性原则是指PPP项目绩效指标体系设置应考虑项目实施五个阶段的工作重点和相互影响，充分体现绩效目标的引领方向和绩效结果的导向特征，不同阶段考核指标既有所侧重、相互独立，又能前后联系、彼此印证。PPP项目绩效总目标能够覆盖各阶段目标，将各阶段的特性和绩效监管重点放到PPP项目全生命周期整体绩效管理的范畴，实现PPP项目指标体系完整、平衡、呼应。

层次性原则是指PPP项目绩效指标体系要分层次设置，从投入、产出、效果和效益、可持续性、公众满意度等一级指标，向二、三级指标逐级分解，上一级指标控制下一级指标，下一级指标支撑上一级指标，形成一个不可分割、结构清晰、逻辑关系严密的整体。

可操作性原则是指PPP项目绩效指标体系要满足绩效目标管理和评价需求，各指标设置尽量简洁、清晰、便于理解和掌握，各指标标准和权重设置要科学合理，具有可评价、可操作性，要对部分核心、关键指标做出定量处理，指标选取的计算量度和方法必须清晰，便于进行分析、比较。

二是 PPP 项目绩效指标设置需要考虑不同 PPP 项目特点、不同阶段 PPP 项目工作内容，也要考虑不同地区、不同类别项目绩效评价结果的可比性，分别设置共性和个性指标。由于各 PPP 项目边界范围、技术参数、实施条件等不同，具有显著的个性化特征，应有针对性地设置指标，体现项目参与主体工作能力、水平、产出结果和绩效的可匹配性。同时，要站在更高层面对不同区域、不同类型 PPP 项目绩效结果进行对比分析和研究，满足项目横向或纵向结果可比的要求，统一设置一级绩效评价指标，将其作为所有 PPP 项目都要遵从的共性指标，相应的评价标准、权重区间也设定在一定范畴中，而将体现 PPP 项目个性特征的指标设置为二级、三级指标。

三是 PPP 项目绩效指标体系设置要体现全面性和系统性，同时要关注重点与客观性问题。绩效指标设置要注意全面系统，如目前广泛运用的可用性绩效评价指标，需要从产出成果符合性、达标情况、质量、工期、环境保护、安全文明施工等目标的实现程度方面进行设置；运维服务绩效指标需要从项目公司运营方案合理性和执行情况、资金到位、使用情况、运维效果、应急预案等多角度设置。绩效指标设置要关注重点与客观性问题，如可用性绩效指标中的质量指标、产出指标，运维服务绩效指标中的运维效果、效益、满意度、可持续性属于重要指标，需要尽可能量化；环境保护项目中的水质目标指标、污水收集、排放量指标等要避免主观指标过多，降低考核结果的客观性。同时，针对重要指标加大权重，体现绩效管理重点和要求。在此基础上，根据需要设置分级明细指标，但考虑到考核效率和可操作性，原则上指标层级不宜超过三级。

四是 PPP 项目绩效评价指标设置要规范、务实。PPP 项目绩效评价指标体系设置应与行业建设质量标准和技术规范要求、运行维护标准及安全技术规程等一致。同时，PPP 项目公益特征显著，涉及公众安全，在指标体系设置方面要广泛征求公众意见、公示评价结果，确保 PPP 项目绩效评价指标设置规范、务实。

② PPP 项目绩效评价标准和权重设置方面

绩效评价指标需要赋予评价标准，做到清晰明了、易操作。绩效评价标准具体包括以下几点。

● 计划标准，指以预先确定的PPP项目目标、项目实施方案或计划、PPP合同约定、预算指标、定额指标等作为评价标准。

● 行业标准，指参照国家公布的行业质量标准和技术规范等制定评价标准。

● 历史标准，指参照同类或类似PPP项目绩效评价形成的历史数据或结果制定评价标准。

● 其他合作双方确认的评价标准。

在权重设定方面，单个指标赋予分值要考虑指标的重要性、可量化性和与上级指标的关系。重要的指标赋予分值要高，次要的指标赋予分值相对要低。一级指标分值要等于二级指标合计分值，二级指标分值要等于三级指标合计分值，不能出现下级指标合计分值超出或低于上级指标分值的情况。指标分值确定方法主要有赋予固定分值或区间分值两种。

③ PPP项目绩效评价结果挂钩付费办法的制定方面

在PPP项目绩效评价结果挂钩付费办法的制定方面，应该关注如下事项。

一是应针对不同项目特点，拟定多元化的绩效评价结果与付费支出挂钩的办法。

PPP项目绩效考核结果运用具有重要意义。以"激励相容、提质增效"为绩效目标的PPP项目绩效评价，其结果直接作为对项目公司成本补偿、支付合理回报的依据。以"提高财政资金使用效益和实现资源有效配置"为绩效目标的PPP项目绩效评价，其结果作为财政部门审核、拨付PPP项目预算资金的依据。因此，要建立绩效评价结果挂钩付费办法。财政部《PPP项目合同指南（试行）》明确，"根据项目类型和风险分配方案的不同，政府付费机制下，政府统筹会依据项目的可用性、使用量和绩效中的一个或多个要素的组合向项目公司付费"，财政部《关于规范政府和社会资本合作（PPP）综合信息平台项目库管理的通知》（财办金〔2017〕92号）规定："通过政府付费或可行性缺口补助方式获得回报，但未建立与项目产出绩效相挂钩的付费机制的；……项目建设成本不参与绩效考核，或实际与绩效考核结果挂钩部分占比不足30%，固化政府支出责任的。"不论哪种挂钩付费办法均应不违背国家、部委相关规定，同时要在PPP实施方案和PPP合同中事先明确约定。

二是绩效评价结果要设定明确的分值区间并与政府支出责任下的付费比例挂钩，例如，考核分值在90分以上，政府支出责任下的付费比例为100%；考核分值在80~90分，政府支出责任下的付费比例为90%等。明确绩效结果奖惩机制能够有效引导和激励社会资本、项目公司主动提高服务的质量和效果，同时在认定政府付费年度支出金额时提供明确的依据。

三是绩效挂钩办法应充分体现"激励相容、按效付费"的PPP精髓。财政部《关于印发政府和社会资本合作模式操作指南（试行）的通知》（财金〔2014〕113号）第二十六条规定，"项目实际绩效优于约定标准的，项目实施机构应执行项目合同约定的奖励条款，并可将其作为项目期满合同能否展期的依据；未达到约定标准的，项目实施机构应执行项目合同约定的惩处条款或救济措施"。目前，在PPP项目实务操作中，考核结果优异获得绩效奖励的项目很少，应该适当考虑增设奖励条款，体现激励相容。除采取给予一定金额奖励的方式外，还可以创新激励手段，如对社会资本方、项目公司建设管控有力且缩短工期验收合格的PPP项目，可以约定给予"合作期+缩短工期"的奖励；对运营期绩效评价结果优异的可以约定"合作期+延长一定经营年限"的奖励。

5. 绩效管理结果反馈和应用管理

根据PPP项目绩效评价结果，行业（预算）主管部门、项目实施机构、财政部门等需要不断完善绩效管理办法、措施，加大绩效管理结果反馈和应用力度，提升绩效管理的效果。

一是将绩效评价结果运用到政府支出责任履行的预算资金安排中。对绩效评价结果达到付费标准的，预算安排时应予以积极支持和激励；对绩效评价结果较差的，相应扣减政府付费预算支出，情况严重的，暂停本期政府付费支出，直至整改验收合格方可列入下期支付。

二是建立绩效评价结果反馈机制，将绩效评价结果运用到社会资本方和项目公司的日常项目管理活动中，及时将绩效评价发现的问题和漏洞反馈给项目公司，作为其改进管理机制、提高公共产品质量和公共服务水平的重要依据。

三是将绩效评价结果运用到行政问责和社会监督中，建立绩效问责机制，将绩效评价结果纳入项目实施机构、行业（预算）主管部门、财政部门等工作目标考核范畴，以评价结果作为部门考核奖惩、改进工作作风、提升行政效能等的依据。同时，建立PPP项目绩效评价结果信息公开机制，加强社会监督。

参考文献

［1］刘芳：《绩效评价，PPP项目政府付费支出的关键环节》，"PPP知乎"网站，http://wemedia.ifeng.com/22903794/wemedia.shtml，2017年7月19日。

［2］杨宝昆、刘芳：《PPP项目全生命周期绩效管理研究》，《工程经济》2018年第3期。

［3］赵琰、王建东、陈志鹏、解然：《PPP项目绩效评价指标体系及综合评级模型研究》，《会计之友》2018年第1期。

［4］王泽彩、杨宝昆：《政府与社会资本合作（PPP）项目绩效目标与绩效指标体系构建》，《财政科学》2018年第11期。

［5］王泽彩、杨宝昆：《PPP项目绩效目标与绩效指标体系的构建》，《中国发展观察》2018年第1期。

B.29
完善PPP绩效管理政策建议

杨宝昆[*]

摘　要： 本报告指出，未来我国PPP绩效管理的着力之处包括：完善PPP项目绩效管理顶层设计，加强PPP项目绩效目标管理，统一PPP项目绩效评价共性指标，建立分行业（领域）个性指标库等，实施PPP项目全生命周期预算绩效管理，建立全国和区域PPP项目绩效管理数据库，提升PPP项目预算绩效管理能力。

关键词： 目标管理　绩效评价　评价结果反馈和运用　动态绩效管理

一　完善PPP项目绩效管理顶层设计，切实提高各方对PPP项目全生命周期绩效管理及监督的重视程度和执行力度

结合党的十九大报告提出的全面实施绩效管理要求，凡是纳入PPP项目管理库的项目都应构建PPP项目全方位、全过程、全覆盖、多层次的绩效管理体系。

全面涉及与PPP项目相关的各方绩效管理主体。PPP项目绩效管理主体既包括与PPP项目直接相关的各级政府、行业（预算）主管部门、财政部

---

[*] 杨宝昆，云南云岭工程造价咨询有限公司董事长，国家发改委、财政部PPP专家库双库专家，中国财政学会绩效管理研究专业委员会常务委员，中央财经大学PPP智库专家。

门、项目实施机构、政府授权出资代表、社会资本方、项目公司，也包括对PPP项目开展外部监管的主体，如人大、审计部门、社会公众等。

全面覆盖与PPP项目相关的各绩效管理对象。PPP项目绩效管理对象包括与PPP项目绩效管理主体管理范围对应的下级政府、下级行业（预算）主管部门、下级财政部门、项目实施机构、政府授权出资代表、项目公司、社会资本方。

全面涵盖PPP项目合作期内的绩效管理活动。PPP项目绩效管理应针对全生命周期中前期研究论证和立项、PPP模式选用的识别筛选、PPP模式实施方案及论证、社会资本采购和签约、项目执行（建设期、运营期）和项目移交等过程全面开展。

全面包含PPP项目绩效管理内容。PPP项目绩效管理是包含绩效目标管理、事前评估管理、执行过程管理、绩效评价管理和结果反馈、运用管理五个环节的动态半闭环体系，以绩效目标实现为导向，以事前评估、跟踪监测和绩效评价为手段，以结果应用为保障，以改进项目和预算管理、优化资源配置、控制节约成本、提高公共产品质量和公共服务水平、实现物有所值为目标，贯穿于PPP项目预算编制、申报、审核（批）、执行、监督全过程，覆盖PPP项目整个生命周期。

综合运用全系列绩效管理方法。PPP项目绩效管理应结合政府及部门内部绩效管理方法与外部绩效监管方法，政府层面的绩效管理方法和项目层面的绩效管理方法，获得更加客观的绩效评价和管理结果，推动各方绩效管理工作水平的提升。

多维度运用PPP项目绩效管理结果。将PPP项目绩效管理结果纳入对项目实施机构、行业（预算）主管部门、财政部门等工作的考核范畴，建立问题整改和绩效问责机制，作为部门工作评价、干部任用、政府管理效能改进的依据；将绩效管理结果作为政府PPP项目决策的依据，优化资源配置，控制项目成本，提升财政资金使用效益；将绩效结果作为对社会资本、项目公司按效付费的依据，激发其创新管理方法、改进管理机制，持续提高公共产品质量和公共服务水平，最终实现PPP项目物有所值目标。

支撑 PPP 项目绩效管理的手段进一步信息化，实现多元共享。除了运用财政部 PPP 项目综合信息平台外，各行业（预算）主管部门、项目实施机构上报的 PPP 项目绩效管理信息应实现数据交换和共享，推进 PPP 项目管理、预算管理、绩效管理等数据平台的对接，逐步实现 PPP 项目绩效信息资源的共享，为加强 PPP 项目绩效管理，提升绩效管理质量提供技术支撑。

图 1 展示了理想的 PPP 的绩效管理与监控系统。

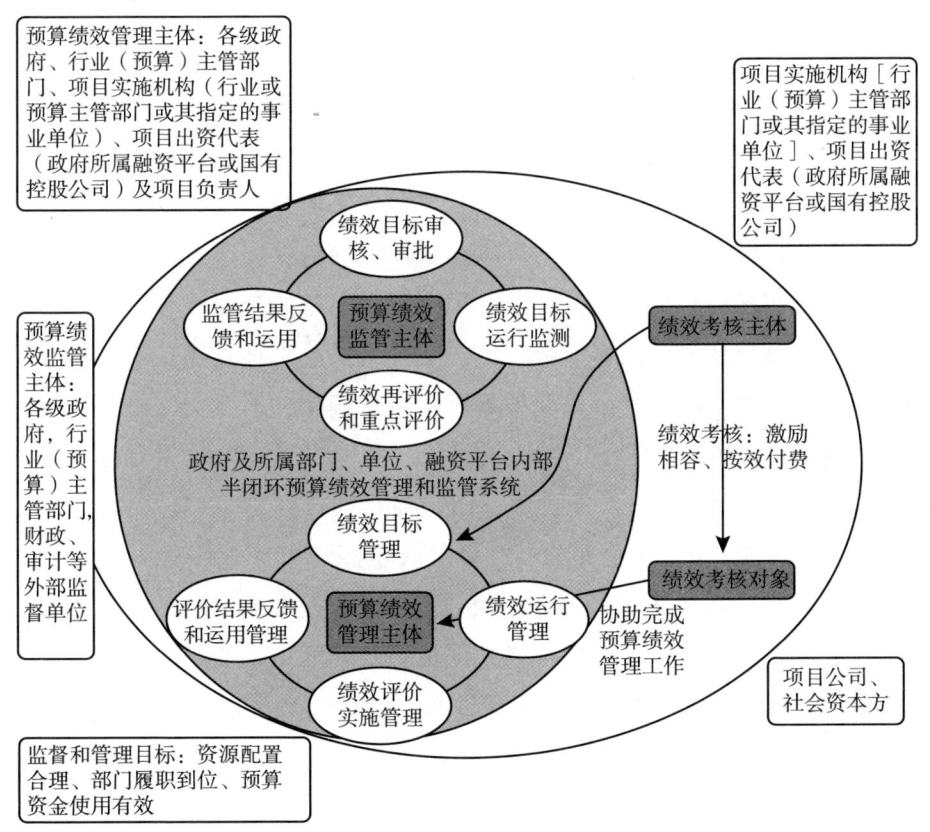

图 1　PPP 多维、多层次、半闭环、动态化绩效管理与监控系统

建议相关部门进一步研究完善 PPP 项目绩效管理顶层设计，在 PPP 上位法中体现，进而对各级政府、所属部门、相关方对 PPP 项目全生命周期

绩效管理予以约束，提高各层次、各级人员的重视程度，并切实提高PPP项目全生命周期绩效管理执行力度。

二 全国范围内推广实施PPP项目全生命周期预算绩效管理

按照党的十九大报告提出的全面实施绩效管理的要求，应从顶层设计方面建立、完善PPP项目全生命周期绩效管理机制。一是从项目绩效目标设置、审核入手，加强对行业（预算）主管部门、项目实施机构申报、使用PPP项目预算资金的跟踪问效，延伸财政部门监管链条，提升PPP项目绩效评价和预算管理精细化、科学化管理水平；二是以项目前期论证评估、立项环节为抓手，建立PPP项目库"可进可出"动态监管机制，将PPP项目库作为PPP项目申报、安排、使用政府支出预算的依据，通过事前评估机制对PPP项目实施的必要性、可行性及预算资金安排的合理性等进行科学论证、评估，为PPP项目预算资金审核、安排提供技术性支撑；三是建立完善PPP项目绩效跟踪机制，发现项目目标执行偏差、项目实施中的矛盾和问题，及时采取相应措施予以解决或纠正，合理控制PPP项目目标实现程度、资金支出进度和项目实施进程；四是强化绩效评价机制，引入行业专家、第三方机构、外部监管机构、社会公众等参与PPP项目绩效评价活动，优化PPP项目政府支出预算资金申报、审批、分配方式，同时也为PPP项目按效付费提供依据；五是加强PPP预算绩效管理结果的运用，既体现激励相容、风险共担的PPP精神，又促进部门提高行政效能、优化资源配置、提高项目决策水平和管控能力。

三 提升各级政府、相关部门、PPP项目参与方等的PPP项目预算绩效管理能力

一是各级政府及相关部门要主动、深入学习PPP绩效管理相关知识和

政策文件，提高绩效管理和监督能力，要主动做好政府层面和项目层面PPP绩效管理制度文件的制定，选派专门机构或人员积极参与PPP绩效管理和监督活动实践，不断总结经验，提高PPP项目在决策、执行、移交等阶段的绩效监管能力和履职水平。

财政部门作为PPP项目的牵头部门和预算绩效管理的主要实施部门，应该通过业务培训、部门预算布置会议以及事前绩效评估和绩效目标申报、审核工作等，加强对部门、单位年度财政资金预算绩效管理的专门辅导，牵头开展PPP项目预算绩效管理政策理论、实务操作流程、制度文件、操作指南的研究和宣讲。

二是社会资本方、项目公司要本着长期合作，提供高质量公共产品和服务的思想，正确认识开展PPP项目全生命周期绩效动态管理和监督的作用，积极配合政府及所属部门做好PPP项目绩效管理和监督工作，包括相关资料、信息的填报，主动接受对PPP项目的绩效评价等。

三是鉴于PPP项目投资规模大、合作周期长、涉及相关利益主体多、专业技术性强、专业领域广、风险大等特点，建议通过政府购买服务的方式引入综合实力强、PPP咨询经验和业绩突出的第三方咨询机构，借助其专业技术优势，协助行业（预算）主管部门、财政部门、项目实施机构、政府授权出资代表等做好PPP项目全生命周期预算绩效管理各环节的工作。

四 加强PPP项目绩效目标动态监管

对PPP项目绩效目标的设立、调整和执行情况的分析是绩效管理工作的核心和主线，目前90%以上在库PPP项目涉及政府补贴或补助支出，这意味着合作期内将大量申请、使用财政预算资金，如果政府方不能准确、清晰定义PPP项目总体目标并细化分解为可监测、可评价的年度（阶段）绩效目标，将难以对社会资本方和项目公司项目实际执行效果和效益进行准确评价，无法对项目最终实现物有所值目标的情况进行评判，更无法实施绩效目标动态管理和监督。为此，建议高度重视PPP项目绩效目标设定和动态管理工作，积极开展有关不同类型 PPP 项目绩效目标设置和管理的研究。对已经入库实施的 PPP 项目，进一步补充完善、细化分解绩效目标，并与社会资本方、项目公司签订补充合同，使其成为 PPP 项目合作各方理解、接受和共同追求的目标；对新入库的项目，要求将绩效目标作为项目产出说明、实施方案和 PPP 合同的重点予以明确，PPP 项目绩效总体目标一经确定，不得随意调整，并要细化量化到年度（阶段）考核目标中。相关监管部门要加强绩效目标的审核、监管工作。

五 统一绩效评价共性指标，分设绩效评价个性指标库，确保 PPP 项目绩效指标体系设置系统、完整、可比、客观、可操作

建议财政部牵头，联合各行业主管部门，充分结合 PPP 项目所处不同行业、领域的特点，技术标准、规范和适用的法规文件，共同编制分行业、分领域 PPP 项目绩效评价指标体系。一是全国范围内 PPP 项目统一绩效评价共性指标（一级大类指标），包括绩效标准、权重区间和考核办法等；二是建立分行业、分领域的 PPP 项目个性指标库（三、四级指标），包括权重区间、绩效标准和考核办法等；三是研究出台 PPP 绩效管理操作指南或细则，指导全国各地根据 PPP 项目特点，在共性指标相对统一的前提下，针对具体项目特点选取适宜的个性指标和绩效评价结果挂钩付费办法，确保 PPP 项目绩效评价结果的可比性和客观性，促使社会资本方和项目公司主动对照绩效评价指标和挂钩付费办法创新管理机制、改善管理效能、节约项目资金、控制项目成本，提升产品和服务质量，促进 PPP 项目全生命周期绩效管理水平的提高。

六 建立、完善 PPP 项目绩效管理问责、奖惩机制

截至 2018 年 12 月 31 日，PPP 入库项目的投资额已经高达 13.7 万亿

元，政府负有预算资金安排支出责任的项目及投资比例均超过90%，当期和未来政府方承担着艰巨的绩效考核任务和较重的履约支出责任，如政府方不能切实履行PPP项目绩效管理和监督的职责，PPP项目实施后质量和效率将无法实现公众满意，最终资源配置低效、财政资金使用效率低下、物有所值目标无法达到，进而加剧国家财政、金融风险。因此，必须强调政府方在PPP项目实施中的主导地位，加强政府方对全面实施PPP项目绩效管理和监督的引导和约束，建立和完善政府方对PPP履职情况、资源配置效率、预期效益效果等绩效预算管理与监督问责、奖惩机制，激励相容、物有所值的PPP精神应从项目层面扩展到政府层面，加强对政府方PPP项目前期立项、PPP模式引入、PPP项目执行、PPP项目支出责任履行等各个环节的绩效管理和考核，促使政府方在PPP项目中履行职责、做好监管工作、维护公众利益。

七 建立、完善全国、区域、行业范围的PPP项目信息平台，做好绩效数据的交流与共享

建立、完善PPP项目信息平台建设，利用信息化手段，集成大数据、云计算、GIS等互联网技术，收集、整理PPP项目全生命周期预算绩效管理各个环节的信息并纳入平台，从而形成PPP项目绩效管理信息库，包括分行业、分领域PPP项目绩效评价个性指标库和绩效评价结果运用数据库，这既有利于PPP项目各参与方加强绩效管理工作，从PPP项目目标设置和效益、效果分析入手，将绩效目标管理、绩效事前评估、绩效运行跟踪、绩效评价、结果反馈和运用等环节形成的数据和信息加工成能够支撑政府未来PPP项目决策的依据，又有利于优化PPP项目预算绩效管理流程，在此基础上制定有针对性的管理办法和操作规程，将PPP绩效监管部门和人员紧密捆绑在一起，实现信息集成、适时使用，更有利于人大、审计等外部监督机构和社会公众进行绩效监督，提高信息的透明度，扩大信息公开范围。

参考文献

[1] 杨宝昆、刘芳:《PPP 项目全生命周期绩效管理研究》,《工程经济》2018 年第 3 期。

[2] 杨宝昆:《PPP 项目全过程绩效管理思考》,《新理财》2018 年第 11 期。

[3] 王泽彩、杨宝昆:《中国政府与社会资本合作(PPP)项目绩效目标与绩效指标体系构建》,《财政科学》2018 年第 11 期。

[4] 王泽彩、杨宝昆:《PPP 项目绩效目标与绩效指标体系的构建》,《工程经济》2018 年第 3 期。

[5] 王泽彩:《对政府付费 PPP 项目实施绩效管理的探索》,《中国财经报》2017 年 9 月 5 日。

[6] 刘芳:《绩效评价,PPP 项目政府付费支出的关键环节》,"PPP 知乎"网站,http://wemedia.ifeng.com/22903794/wemedia.shtml,2017 年 7 月 19 日。

[7] 曹堂哲:《全面实施绩效管理 实现 PPP "平飞"发展》,《中国财经报》2017 年 12 月 11 日。

权威报告·一手数据·特色资源

皮书数据库
ANNUAL REPORT(YEARBOOK) DATABASE

当代中国经济与社会发展高端智库平台

所获荣誉

- 2016年，入选"'十三五'国家重点电子出版物出版规划骨干工程"
- 2015年，荣获"搜索中国正能量 点赞2015""创新中国科技创新奖"
- 2013年，荣获"中国出版政府奖·网络出版物奖"提名奖
- 连续多年荣获中国数字出版博览会"数字出版·优秀品牌"奖

成为会员

通过网址www.pishu.com.cn访问皮书数据库网站或下载皮书数据库APP，进行手机号码验证或邮箱验证即可成为皮书数据库会员。

会员福利

- 已注册用户购书后可免费获赠100元皮书数据库充值卡。刮开充值卡涂层获取充值密码，登录并进入"会员中心"—"在线充值"—"充值卡充值"，充值成功即可购买和查看数据库内容。
- 会员福利最终解释权归社会科学文献出版社所有。

数据库服务热线：400-008-6695
数据库服务QQ：2475522410
数据库服务邮箱：database@ssap.cn
图书销售热线：010-59367070/7028
图书服务QQ：1265056568
图书服务邮箱：duzhe@ssap.cn

社会科学文献出版社 皮书系列
SOCIAL SCIENCES ACADEMIC PRESS (CHINA)
卡号：763482381957
密码：

中国社会发展数据库（下设12个子库）

全面整合国内外中国社会发展研究成果，汇聚独家统计数据、深度分析报告，涉及社会、人口、政治、教育、法律等12个领域，为了解中国社会发展动态、跟踪社会核心热点、分析社会发展趋势提供一站式资源搜索和数据分析与挖掘服务。

中国经济发展数据库（下设12个子库）

基于"皮书系列"中涉及中国经济发展的研究资料构建，内容涵盖宏观经济、农业经济、工业经济、产业经济等12个重点经济领域，为实时掌控经济运行态势、把握经济发展规律、洞察经济形势、进行经济决策提供参考和依据。

中国行业发展数据库（下设17个子库）

以中国国民经济行业分类为依据，覆盖金融业、旅游、医疗卫生、交通运输、能源矿产等100多个行业，跟踪分析国民经济相关行业市场运行状况和政策导向，汇集行业发展前沿资讯，为投资、从业及各种经济决策提供理论基础和实践指导。

中国区域发展数据库（下设6个子库）

对中国特定区域内的经济、社会、文化等领域现状与发展情况进行深度分析和预测，研究层级至县及县以下行政区，涉及地区、区域经济体、城市、农村等不同维度。为地方经济社会宏观态势研究、发展经验研究、案例分析提供数据服务。

中国文化传媒数据库（下设18个子库）

汇聚文化传媒领域专家观点、热点资讯，梳理国内外中国文化发展相关学术研究成果、一手统计数据，涵盖文化产业、新闻传播、电影娱乐、文学艺术、群众文化等18个重点研究领域。为文化传媒研究提供相关数据、研究报告和综合分析服务。

世界经济与国际关系数据库（下设6个子库）

立足"皮书系列"世界经济、国际关系相关学术资源，整合世界经济、国际政治、世界文化与科技、全球性问题、国际组织与国际法、区域研究6大领域研究成果，为世界经济与国际关系研究提供全方位数据分析，为决策和形势研判提供参考。

法律声明

"皮书系列"(含蓝皮书、绿皮书、黄皮书)之品牌由社会科学文献出版社最早使用并持续至今,现已被中国图书市场所熟知。"皮书系列"的相关商标已在中华人民共和国国家工商行政管理总局商标局注册,如LOGO( )、皮书、Pishu、经济蓝皮书、社会蓝皮书等。"皮书系列"图书的注册商标专用权及封面设计、版式设计的著作权均为社会科学文献出版社所有。未经社会科学文献出版社书面授权许可,任何使用与"皮书系列"图书注册商标、封面设计、版式设计相同或者近似的文字、图形或其组合的行为均系侵权行为。

经作者授权,本书的专有出版权及信息网络传播权等为社会科学文献出版社享有。未经社会科学文献出版社书面授权许可,任何就本书内容的复制、发行或以数字形式进行网络传播的行为均系侵权行为。

社会科学文献出版社将通过法律途径追究上述侵权行为的法律责任,维护自身合法权益。

欢迎社会各界人士对侵犯社会科学文献出版社上述权利的侵权行为进行举报。电话:010-59367121,电子邮箱:fawubu@ssap.cn。

社会科学文献出版社